하이델베르크 요리문답 강해 시리즈 I

[재개정판]

진정한 기독교적 위로:

성부 하나님과 성자 하나님의 사역과 그 위로

〈하이델베르크 요리문답 강해 시리즈 I〉

진정한 기독교적 위로 :
성부 하나님과 성자 하나님의 사역과 그 위로 (개정판)

출판일 · 2011년 8월 26일 (1쇄)
　　　　 2013년 9월 10일 (2쇄)
　　　　 2015년 12월 15일 (3쇄)
재개정판 · 2022년 2월 28일 (1쇄)
지은이 · 이승구
펴낸이 · 김현숙
편집인 · 윤효배
펴낸곳 · 도서출판 **말씀과 언약**
인쇄 · 선아종합인쇄
디자인 · Yoon&Lee Design

ISBN : 979-11-970601-7-5 93230
가격 : 15,000원

하이델베르크 요리문답 강해 시리즈 Ⅰ

[재개정판]

진정한 기독교적 위로:

성부 하나님과 성자 하나님의 사역과 그 위로

이승구 지음

말씀과 언약

2022

Exposition on Heidelberg Catechism Series I:

A Genuine Christian Comfort:

The Works of God the Father and of God the Son and their Comfort

Revised Edition

The Rev. Seung-Goo Lee, Ph. D.
Professor of Reformed Dogmatics
Hapdong Theological Seminary

2022

이 책은
〈한국개혁주의연구소〉의 후원으로 출간이 가능하게 되었습니다.
이 땅에 개혁파적 사상이 가득하게 하기 위해
성경에 충실한 개혁파적인 책들을 출간하도록
귀한 도움을 주신 〈한국개혁주의연구소〉에 감사드립니다.
또한 이런 일이 이루어질 수 있도록 매달 귀한 후원비를 보내 주시는
다음 여러 교회와 성도들께도 깊이 감사드립니다.

정재훈 장로 (동부교회)
예수비젼교회 (도지원 목사 시무)
올곧은교회 (신호섭 목사 시무)
만수동교회 (최은준 목사 시무)
신반포중앙교회 (김지훈 목사 시무)
경신교회 (신민범 목사 시무)
언약교회 (박주동 목사 시무)
사명의 교회 (김승준 목사 시무)

차 례

초판 서문 (1998)

이 책은 개혁파 신앙고백서 중에서 대표적인 신앙고백서인 하이델베르크 요리문답에 대한 강해의 첫 번째 책입니다. 이 땅 위에 당신님의 교회를 세우신 주님께서는 당신님의 교회에 항상 풍성한 은혜를 그의 말씀을 사용하셔서 내려주셨고, 교회는 그 말씀을 받고 날마다 제대로 된 모습을 이루기 위해 노력해 왔습니다. 또 때때로 교회가 주님의 말씀에 유의하지 않음으로써 어두움 속에 빠지게 되었을 때에도 주님께서는 은혜로우셔서 하나님의 말씀을 잘 깨닫고 그 의미를 더 풍성히 밝혀내는 작업을 하는 분들을 세우셔서 온 세상에 빛을 비추게 하신 일이 많았습니다. 그러한 작업을 하신 이들 중의 대표적인 분들이 종교개혁 시대의 개혁자들(reformers)입니다. 개혁자들의 작업은 그들이 깨닫고 강조한 하나님의 말씀의 내용만이 중요한 것이 아니고, 한 시대의 영적인 어두움을 직시하고 그 어두움 속에서 빛을 비출 수 있는 용기와 힘을 성령님께로부터 받아서 외롭고 힘든 개혁의 작업을 아주 의연하게 해 나갔다는 데서도 우리에게 매우 중요하고 귀한 모범을 끼쳐줍니다. 그런 의미에서 어느 시대에든지 참된 하나님의 백성은 개혁자들의 후예이고, 또 그들의 후예여야만 한다고 말할 수 있을 것입니다.

하이델베르크 요리문답은 오랜 전통에 의하면 이런 개혁자들 가운데서 자카리우스 우르지누스(Zacharius Ursinus, 1534-1583)와 카스파 올레비아누스(Capar Olevianus, 1536-1587)의 노력으로 독일 팔라티네이트(Palatinate) 공국(公國)의 수도 하이델베르크(Heidelberg)에서 작성된 개혁파

자카리우스 우르지누스
(Zacharias Ursinus, 18 July 1534–6 May 1583)

신앙고백서입니다. 대부분이 루터파 교회들로 둘러싸인 독일 땅에서 이 하이델베르크 요리문답이 개혁 신앙을 강하게 변증하는 문서로 공표되어 팔라티네이트 공국의 개혁파적 종교 개혁을 확고하게 했다는 것은 이 저자들로 하여금 이런 신앙고백서를 작성해주실 것을 요청하고 그들로부터 하나님의 말씀을 잘 배우고 그것을 자신의 삶과 교회에 적용시켜 보려고 한 프레데릭 3세의 신앙과 용기 때문이었다고 할 수 있습니다. 그들의 개혁 작업과 당시의 상황을 깊이 생각하는 것만으로도 우리에게는 큰 도전이 됩니다.[1]

그러나 그들의 도전을 제대로 받는 길은 1563년 1월 19일자로 선포된 이 하이델베르크 요리문답의 내용과 깊이 대화하는 것입니다. 450년 정도의 시간적 거리를 가지고 있어도 우리의 선배들이 고백한

---

[1] 당시의 역사적 정황에 대한 좀더 자세한 이해를 위해서는 다음 글들을 참조하십시오. Philip Schaff, ed., *The Creeds of Christendom*, vol. 1: *The History of Creeds* (New York: Haper & Row, 1931), 531ff.; Lyle Bierma, *German Calvinism in the Confessional Age: The Covenant Theology of Caspar Olevianus* (Grand Rapids: Baker, 1996; 2d ed., 2005); Lyle Bierma, "The Purpose and Authorship of the Heidelberg Catechism," in Lyle Bierma et al., *An Introduction to the Heidelberg Catechism: Sources, History, and Theology* (Grand Rapids: Baker, 2005); Fred H. Klooster, *A Mighty Comfort* (Grand Rapids: Eerdmans, 1990), 이승구 역, 『하이델베르그 요리문답에 나타난 기독교 신앙』 (서울: 여수룬, 1993), 179–87=개정판, 『하나님의 강력한 위로』 (서울: 나눔과 섬김, 2014), 193–202.

Me Treviri genuére; fuo perfudit Iéſus
Meſſias oleo; hinc OLEVIANUS eram. fff!

카스파 올레비아누스
(Kaspar Olevianus or Caspar Olevian,
10 August 1536 – 15 March 1587)

바 내용을 깊이 생각하고, 우리의 신앙의 내용을 이 고백에 비추어서 검토해 보고, 점검하여 오래 전에 신실하게 살던 신앙의 선배들과 대화를 하여 나가며 그들과 우리의 동질성을 확인하며 우리가 같은 교회에 속한 한 교회의 지체됨을 확인한다는 것은 얼마나 기쁘고 즐거운 일입니까? 이 책이, 하나님께서 허락하셔서, 그런 작업을 하는데 한 부분을 담당할 수 있기를 원합니다.

이 하이델베르크 요리문답과의 대화를 촉진시키기 위해 쓰여진 첫째 권인 이 책은 다음 같은 두 가지 배경 가운데서 탄생했다고 할 수 있습니다. 그 한 배경은 저자의 "하이델베르크 요리문답" 강의입니다. 웨스트민스터 신학원에서 1992년부터 강의하면서 저자는 매년 2학기에 학부 2학년 학생들에게 "하이델베르크 요리문답"이라는 제목의 강의를 하였는 바, 이 강의를 듣는 학우들 중의 일부가 그 강의 내용을 정리해서 책으로 출판해 줄 것을 여러 번 요청한 바 있습니다. 그러나 강의를 책으로 만든다는 것은 늘 어렵고 부담스러운 일입니다. 생생한 강의실의 분위기가 전달되기도 어렵고, 책으로 내자니 좀더 깊이 있는 연구에 근거한 깊이 있는 저서가 쓰여져야 한다는 생각이 항상 모든 작업을 미루고 저어하게 하기 때문입니다. 그러므로 다음 두 번째의 배경이 없었더라면 이 책은 세상에 나오지 못했을 것입니다. 그 두 번째 배경이란 웨스트민스터 신학원에서 저자를 만나 교제하던 김대원 목사님께서 목회와 설교를 위한 월간지 『메시지』에 "조직신학이 주는 메시지"란 제목으로 정기적인 기고를 해주기를 요청하신 일입니다. 지난 1995년부터 1998년 5월호까지 3년 동안 34회에 걸쳐서 하이델베르크 요리문답 〈제 52 문〉까지의 내용을 설명하는 강설로 매달 실렸던 내용을 모아서 여기 하이델베르크 요리문답 강해 제 1 권을 내어 놓습니다. 주께서 건강과 여건을 허락하셔서 앞으로 계속해서 매달 쓰여질 내용이 129문까지를 포괄하게 될 때에 이 강해서의 다른 권들이 나오게 될 것입니다. 그러므로 이 책을 내면서 저자는 먼저 "하이델베르크 요리문답" 강의를 들었고, 지금 듣고 있으며, 앞으로 들을 모든 학우들에게 감사를 표하게 됩니다. 저는 그 분들과의 모든 학문적, 인격적 대화를 귀중하게 생각하며 감사드립니다. 또한 월간 『메시지』의 발행인인 김대원 목사님과 편집하시는 목사님들께도 감사를 드립니다. 그리고 이 책을 발행해 주시는 출판사의 사장님께도 깊은 감사를 드립니다. 이와 같은 분들의 지난한 노력 때문이 없었다면 우리는 이와 같은 책들과 대화하기 어려웠을 것이라고 감히 표현하고 싶습니다.

이 책의 제목을 『하이델베르크 요리문답 강해』라고 했습니다. 성경도 아닌 신앙 고백서에 대해서 '강해'라는 말을 써도 되느냐고 나무라실 분들이 있을 것 같아서, 이는 흔히 이런 종류의 책에 붙이는 이름을 그대로 사용한 것이라는 점을 밝힙니다. "웨스트민스터 신앙 고백서 강해"와 같은 책들의 제목을 생각하면서 말입니다. 그러나 저는 하이델베르크 요리문답만을 설명하는 해설서로서 이 책을 쓰기보다는 그 문답들이 다루고 있는 주제들이 근거하고 있는 성경의 내용을 전포괄적으로 "강해"하려고 시도했다는 말을 덧붙이고 싶습니다. 그런 의미에서 이 책은 하이델베르크 요리문답 제 1 문부터 제 52 문답까지의 내용이 근거하고 있는 성경 본문과 성경적 주제에 대한 강해서라고 할 수 있을 것입니다. 제 52 문까지가 다루어졌고 그 내용이 주로 성부와 성자와 성부와, 성자의 사역과 그로부터 오는 위로를 다루고 있으므로 "성부와 성자의 사역과 그들의 위로"라는 좀 딱딱해 보이는 부제를 달았습니다. 부디 주께서 그의 성경 가운데서 이 주제에 대해서 가르치시려는 바가 440년전 이 요리문답으로 자신들의 신앙을 고백하던 우리의 개혁 신앙의 선배들과의 대화를 통해서 우리네 한국 교회에도 풍성히 전달되었으면 하는 간절한 기도를 주께 드리면서 이 책을 출판에 붙입니다.

1998년 4월 11일
지금까지의 나의 생애 가운데서
가장 어렵고 고난스러운 2년을 지내며
그 가운데서 주께서 주시는
'진정한 위로'를 생각하면서

개정판에 붙이는 글

하이델베르크 요리문답에 대한 강해의 1권으로 1문부터 52문까지의 내용을 『진정한 기독교적 위로』로 제시한 것이 1998년이니 이 책이 나온 지가 벌써 10년도 넘었습니다. 『진정한 기독교적 위로』가 출간된 후에 많은 분들이 이 책을 읽고, 또 교회에서 같이 공부하시고 의미 있게 사용하신다는 말씀을 들으면서 깊은 감사의 마음을 가져 왔습니다. 이제 절판이 되어 많은 분들이 이 책을 필요할 때 찾기 어렵다는 소식을 듣고 이렇게 개정판을 내어놓습니다. 기본적인 내용은 그대로 초판과 같으나, 초판에 있던 오자를 바로 잡았고, 좀 난해한 표현들을 조금 가다듬었을 뿐입니다. 숙제로 이 책을 읽으면서 같이 대화를 나눈 학생들의 의견을 좀더 반영해 보려고 하면서 두어 군데 내용을 고쳐 쓰기도 했습니다. 무엇보다도 많은 학생들이 요청한 바와 같이 마지막 부분에 〈부록〉으로 하이델베르크 요리문답 1문부터 129문까지의 본문을 실었습니다.

그 동안 독립개신교회(IRC)의 교육위원회 번역으로 하이델베르크 요리문답도 전체적으로 번역되어 소개되었고(서울: 성약, 2004), 떼아 반 할세마(Thea B. Van Halsema)가 지은 『하이델베르크에서 온 세 사람』(서울: 성약, 2006)도 소개되었고, 프레드 끌로스터(Fred H. Klooster)의 『하나님의 강력한 위로』가 재개정판으로 다시 소개되었으며(서울: 나눔과 섬김, 2014), 또한 하이델베르크 요리문답 작성자의 한 사람인 우르지누스(Ursinus)의 강해서가 우리말로 번역되어 출간되었고,[2] 윌리암슨의 간단한 강해서 번

---

[2] Zacharius Ursinus, 『하이델베르크 요리문답 해설』, 원광연 옮김 (고양: 크리스챤 다이제스트, 2006).

역이 나왔습니다.[3] 더구나 감사하게도 드디어 우리나라 강해자들에 의한 강해도 또 시도되어 김병훈 교수님의 강해서와[4] 김헌수 목사님의 강해서[5] 출간으로 하이델베르크 요리문답이 한국 교회에 좀더 가까이 다가오는 기회가 있었습니다. 이 귀한 책들과 함께 이 개정판을 통해서도 우리들이 하이델베르크 요리문답과 좀더 가까워 질 수 있기를 원합니다.

이 절판된 책을 다시 내기 위해 애쓰신 〈나눔과 섬김〉에 감사를 드립니다. 이 땅 위에 하나님의 말씀을 바르게 해석하는 좋은 책들을 계속해서 제공하여 바른 교회를 세우는 일에 기여하고, 하나님 나라를 섬겨 보려고 하는 그 노력을 주께서 귀하게 사용하여 주시기를 기원합니다. 또한 이 책을 최종적으로 교정하는 귀한 일을 기쁨으로 감당해 준 합동신학대학원대학교의 박성은 형제에게도 감사를 표합니다.

그리고 부디 이 책도 전과 같이 많은 분들이 읽어 주시고, 사용하면서 유익을 얻으실 수 있기를 원합니다. 주께서 이 책의 글과 말씀들을 그런 은혜의 방도로 사용해 주시기를 앙망(仰望)하며 기도(祈禱)합니다.

2011년 6월 20일
합동신학대학원대학교   연구실에서

---

[3] G. I. Williamson, *Heidelberg Catechism*, 이길호 옮김, 『하이델베르크 요리문답 강해』 (서울: 베다니, 1995).

[4] 김병훈, 『소그룹 양육을 위한 하이델베르크 요리문답 1, 2』 (수원: 합신대학원 출판부, 2008, 2012).

[5] 김헌수, 『하이델베르크 요리문답 강해』, 제 1-4 권 (서울: 성약, 2009-2010).

재개정판에 붙이는 글

2015년에 내었던 개정 3판이 소진되었기에 이 재개정판을 출간합니다. 내용은 이전 판과 같으나 여러 번 교정쇄를 보아도 계속 남아 있던 곳곳의 오탈자를 바로 잡고, 문장을 조금 가다듬었기에 읽기가 좀 더 수월해졌을 것입니다. 이번에는 이 제 1권이 〈하이델베르크 요리문답 강해 시리즈〉 4권이 다 출간된 상태에서 다시 나온다는 것이 의미 있습니다. 그러므로 모든 분들과 교회들은 이 시리즈에 속한 다음 4권을 다 염두에 두면서 사용할 수 있을 것입니다.

제 1권: 〈성부 하나님과 성자 하나님의 사역과 그 위로〉, 본서.
제 2권: 〈성령의 위로와 교회〉 (이레서원, 2005, 최근 판, 2020).
제 3권: 〈위로받은 성도의 삶〉, 최근판 (도서출판 말씀과 언약, 2020).
제 4권: 〈하나님께 아룁니다〉 (도서출판 말씀과 언약, 2020).

　　1998년 처음 이 시리즈가 출간된 때로부터 4번이나 출판사가 바뀌어 이제는 2020년부터 나의 책들을 전담하여 출판하고 있는 〈도서출판 말씀과 언약〉이 다른 책들과 함께 이 시리즈도 출간하고 있습니다. 주께서 이 재개정판도 의미 있게 사용하여 주시기를 간절히 기도하면서, 이 새로운 판이 여러분들과 교회에 의해서 의미 있게 사용되기를 바랍니다.

2022년 2월 중순
코로나 바이러스의 종식을 위해 기도하면서

제 1 부
기독교적 위로와 그 출발점

A Genuine Christian
Comfort :

The Works of God the Father and of God the Son and their Comfort

제 1 부 기독교적 위로와 그 출발점

I. 진정한 기독교적 위로

제 1 강

당신의 유일한 위로는?(I)

본문: 고린도전서 6:19-20.

1. 들어가는 말

우리 각자에게 닥칠 수 있는 최대의 어려움을 한 번 상상해 보십시다. 어떤 일이 여러분 자신에게 일어날 수 있는 소위 '최대의 불행'이겠습니까? 여러분 자신의 건강이나, 사업에 관련된 문제일까요? 아니면 여러분의 가족들에게 일어 날 수 있는 어떤 일일까요? 물론, 각 사람마다 다 다른 어떤 것을 생각할 수 있을 것입니다.

우리가 어릴 때부터 그 속에서 자라온 한국적인 사고방식 중의 하나로 이런 생각을 하는 것 자체가 그런 불행을 우리에게 몰아올 수 있다는 생각이 있고, 또 우리도 이런 방정맞은 생각이 혹시 우리에게 어려움을 주지나 않을까 하며 불안해 할 수도 있습니다마는, 그런 것은 다 하나님의 전능하심과 그의 보호하심을 믿지 않는 불신앙에서 오는 미신적인 생각이니까 걱정하지 마시고, 즉 믿음을 가지고 안심하시고 제가 요구하는 생각을 한 번 해보십시오.

그리고 이번에는 그런 상황에서 우리에게 무엇이 최대의 위로가 될 수 있는지를 생각해 보십시오. 우리가 처한 그 구체적인 어려운 상황 가운데서 우리에게 무엇이 최대의 위로가 될 수 있는지를 생각해보시라는 말입니다. 우리가 처한 그 구체적인 어려운 상황 가운데서 우리에게 무엇이 최대의 위로가 될 수 있겠습니까?

이런 구체적인 상황에서 그 불행의 원인이 된 것을 제거해주는 것이 최대의 위로가 될 수 있겠습니까? 이 세상에 살고 있는 일반적인 사람들은 대부분 이런 구체적인 어려운 상황 가운데서 그 불행의 원인이 된 것을 제거해 주는 것이 최대의 위로라고 생각할 것입니다. 예를 들어서, 자신의 건강이나, 자녀들의 건강에 문제가 생긴 경우에는 그 건강을 회복시켜 주는 것이 최대의 위로라고 생각할 것이고, 사업이 아주 큰 어려움에 빠진 경우에는 그 사업이 다시 잘 될 수 있도록 하는 것이 최대의 위로라고 생각할 것입니다. 또한 본인이나 가족의 구성원 중 하나가 사경을 헤매고 있을 때는 그 사람이 다시 온전해져서 같이 일상적인 생활을 하는 것이 최대의 위로라고 생각할 것입니다. 이런 것은 이 세상을 사는 대부분의 사람들의 일반적인 생각입니다.

우리네 그리스도인들은 이런 상황에서 무엇을 최대의 위로라고 여깁니까? 아마도 우리들 대부분도 이 세상의 일반적인 사람들과 비슷한 생각을 하지 않을까요? 아마 그러리라고 생각합니다. 그리고 어떤 그리스도인들과 기독교 지도자들은 한 술 더 떠서, 바로 이런 문제의 해결에 있어서 유일한 해결책은 전능하신 하나님의 능력을 얻거나, 사용하는 것이라고 용감하게 말하고 외치는 일을 흔히 볼 수 있습니다. 과연 그들의 신앙이 분명하고 좋은 것일까요? 아니면 그들은 전능하신 하나님의 능력을 빌어서 그저 이 세상 사람들이 일반적으로 바라고 고대하는 바를 이루어 보려고 하는 이들일까요? 우리 자신은 그런 구체적인 문제 앞에서 과연 무엇을 최대의 위로라고 여깁니까?

여기서 저는 지금부터 약 450여년 전인 1563년에 독일 팔라티네이트(Palatinate) 지역에 살던 우리의 선배 그리스도인들이 고백하던 바를 소개할까 합니다.

하이델베르크 요리문답 〈제 1 문〉에서 "생사간(生死間) 당신의 유일한 위로는 무엇입니까?"라고 물은 우리의 선배 그리스도인들은 다른 어떤 것(위에서 우리가 우리에게 있어서 최대의 위로라고 생각했던 바들)을 유일한 위로라고 하지 않고 다음과 같이 대답했습니다.

> 생사간에 나의 유일한 위로는
> 내가 나 자신의 것이 아니라
> 사나 죽으나 나의 몸과 영혼이 모두 다
> 신실하신 나의 구주
> 예수 그리스도에게 속한다는 것입니다.
> (제 1 문)

우리의 선배 그리스도인들의 이 고백은 우리가 흔히 우리들의 최대의 위로라고 생각하는 것과 얼마나 다릅니까? 이 고백은 그리스도인들의 바르고 정상적인 고백이라고 여겨집니다. 오늘 우리가 읽은 본문의 말씀도 결국 이런 태도를 우리가 가져야 할 것이라고 말하고 있지 않습니까? "너희 몸은 너희가 하나님께로서 받은바 너희 가운데 계신 성령의 전인 줄을 알지 못하느냐, 너희 것이 아니라, 값으로 산 것이 되었으니 그런즉 너희 몸으로 하나님께 영광을 돌리라"(고전 6:19, 20). 이런 태도와 고백이 옳은 것이라면, 우리는 이를 잘 배워서 우리도 이와 같은 고백을 마음 속 깊은 곳에서부터 하도록 해야 할 것입니다. 이제 이 고백의 내용을 찬찬히 배워 가기로 합시다.

2. 나의 유일한 위로는 내가 그리스도께 속한다는 것입니다.

먼저 이 내용은 부정적으로 "내가 나 자신의 것이 아니다."라고 고백하는 데서 시작하고 있습니다. 사실 근원적으로 생각해보면 이 세상의 그어떤 사람도 그들 자신의 것이 아닙니다. 사람들은 마치 자신이 자신 것인 양 뽐내며, 그 힘을 자랑하면서 살아가고 있지만 그 누구도 자기 자신의 것이 아닌 것입니다. 왜냐하면 그들은 모두가 마치 토기장이가 자신의 기쁜 뜻대로 만들 듯이, 하나님께서 당신님의 기쁘신 뜻대로 창조하신 하나님의 창조의 산물이기 때문입니다. 따라서 마치 자신이 자신의 것인 양 하며 사는 것은 궁극적으로는 하나님의 창조를 무시하며, 따라서 하나님을 무시하며 살아가는 오만한 짓입니다.

우리가 흔히 잘못 생각하듯이 하늘을 향하여 손을 흔들며 하나님을 저주하는 자만이 아니라, 그 마음속에 하나님의 존재와 그의 창조 사실을 염두에 두지 않고 하나님께 대해 무관심한 채 살아가는 이들도 사실은 하나님을 무시하며, 하나님을 모독하는 것입니다. 그렇게 하나님에게 대해 전혀 관심 없는 듯이 살아가는 것도 하나님의 영예를 손상하는 것입니다. 이는 그가 하나님의 피조물로서 자신을 지으신 분께 마땅히 돌려드려야만 하는 영예와 영광을 하나님께 돌리지 않는 것이기 때문입니다. 그도 "하나님으로 영화롭게도 아니하며, 감사치도 아니하고, 오히려 그 생각이 허망하여지며, 미련한 마음이 어두워진 것"것입니다(롬 1:21). 그래서 스스로는 지혜 있다고 하지만, 하나님을 다른 것으로 바꾸어, 다른 것을 하나님이라고 섬기며, 혹은 자신이나 인류 일반이 하나님의 자리에 있는 듯이 생각하고, 행하는 죄를 짓는 것입니다. 결국 이들은 "그 마음에 하나님 두기를 싫어하는" 것입니다(롬 1:28). 그러나 이것은 사실상 "불의로 진리를 막는 것"(롬 1:18)이고, 그런 마음은 "상실한 마음"(롬 1:28)이라고 성경은 선언합니다. 그런 태도에서 사람들은 창조하신 하나님이 없는 듯이 마치 자신이 자기의 주인인 듯이 행합니다.

이런 자기 주장의 하나, 또는 이런 자기 주장의 오만이 가장 현저하게 드러나는 예의 하나로 인간의 "자살 행위"를 들 수 있습니다. 자살은 연약해 보이지만(그래서 어떤 이는 이를 "여성적 형태의 절망"이라고도 하였지만), 이 자살도 사실은 자기의 생명과 삶이 자기 자신에게 속한 것이라고 생각하는 것을 드러내는 것입니다. 그러므로 자살 행위도 인간의 오만의 표현입니다. 비록 자살이 아니라도 주어진 삶을 자포자기해 버려서 되는 대로 살아가겠다는 태도도 사실은 이런 자기 주장의 한 표현이 아닐 수 없습니다.

이런 것에 반하여 그리스도인들은 자신들이 자신들의 것이 아니라는 것을 인정합니다. 그리스도인들의 이 인정은 사실 이중적 근거에서 나오는 것입니다. 즉, 그들은 (1) 하나님의 창조 때문에 자신들이 하나님께 속하므로 자신의 것이 아니라는 것을 인정합니다. 그러나 그들은 또한 (2) 그리스도의 구원하여 주심 때문에 자신들의 것이 아니라는 것을 인정하는 것입니다. 그래서 창조와 구원이라는 이 이중의 근거에서 그리스도인들은 자신들이 자신들의 것이 아니라고 고백하는 것입니다. 그 중에서 두 번째 근거인 구원이 어떤 의미에서는 더 근원적인 것입니다. 왜냐하면 우리들은 그리스도를 통한 구원을 통해서 우리들이 본래 하나님의 창조에 의해서 하나님의 소유된 자임을 제대로 알게 되었기 때문입니다.

그래서 "우리는 우리의 것이 아닙니다"라는 그리스도인들의 이 고백은 적극적으로는 "우리는 그리스도에게 속한 존재들입니다"라는 표현으로 나타나는 것입니다. 이것이 우리 그리스도인들의 정체를 잘 표현하는 말입니다. 우리는 우리의 것이 아니라, 그리스도에게 속한 존재라는 말입니다. 우리는 그리스도의 소유라는 말입니다.

3. 그리스도께 속한 것이 왜 위로가 되는가?

우리가 그리스도께 속한다는 이것이 왜 우리에게 유일한 위로가 됩니까? 어떻게 해서 이 단순한 말이 모든 상황 가운데서 우리의 최대의 위로가 될 수 있다는 말입니까? 그 이유는 우리가 그리스도의 것이니, 우리의 존재와 그 모든 것에 대해서 그 소유주 되시는 그리스도께서 책임져 주신다는 점에 있습니다.

만일 우리가 우리의 것이고 우리가 우리 자신에게만 속한다면 우리는 우리들에게 있는 모든 문제에 대해서 스스로 책임져야 할 것입니다. 문제가 발생해도 그 모든 것이 다 혼자 알아서 처리해야 할 것입니다. 또한 자신의 지혜와 힘에 의존하고, 그것으로 안 되면 주위 사람들의 힘에 의존해서 모든 것을 해결해야 할 것입니다. 그러니 이 얼마나 힘겹고 어려운 삶이겠습니까? 이런 삶의 결국은 절망일 수밖에 없을 것입니다.

이런 상황에서 우리가 우리의 것이 아니고 그리스도의 것이어서 그리스도께서 모든 문제를 책임져 주신다면 이 얼마나 큰 위로가 되겠습니까? 스스로 노심초사하고, 동분서주하지 아니하고, 또 사실은 도울 힘이 없는 인생을 의지하지 아니하고서, 그저 주께서 주신 힘을 사용해서 주께서 하기를 원하시는 일들을 이루어 가면서 여유로운 삶을 살아갈 수 있는 길이 여기 있는 것입니다. 그러므로 이처럼 그리스도에게 속한 사람들에게는 이 세상의 염려와 걱정이 있을 수 없는 것입니다. 이런 뜻에서 우리가 그에게 속한 그리스도께서는 "목숨을 위하여 무엇을 먹을까 무엇을 마실까 몸을 위하여 무엇을 입을까 염려하지 말라" (마 6:25)고 말씀하셨습니다. 그는 또한 덧붙여 말씀하시기를 "이는 다 이방인들이 구하는 것이라 너희 천부(天父)께서 이 모든 것이 너희에게 있어야 할 줄을 아시느니라"(마 6:32)고 하십니다. 이런 일들에 대한 염려와 걱정은 그리스도에게 속하여 있지 않아서 그들 스스로 모든 문제를 해결하고, 그 해결을 위해서 노력해야 하는 이들이나 하는 것이라는 말씀입니다. 그리스도에게 속해 있는 이들은 그리스도께서 책임져 주시니 그들에게는 이 모든 것이 있어야 할 줄을 아시는 주님이 계시기 때문입니다.

이 얼마나 든든합니까! 우리 모두는 우리가 이런 진정한 기독교적 위로를 가지고 있는가를 자문해 보아야 할 것입니다.

제 2 강
당신의 유일한 위로는?(Ⅱ)

본문: 고린도전서 6:19-20.

지난번에 우리는 하이델베르크 요리문답을 작성했던 선배들을 따라서 우리들의 유일한 위로가 그리스도에게 속한 것이라고 고백했습니다. 이번에도 계속해서 이 문제를 좀더 생각해 보도록 하겠습니다. 그러면 이 놀라운 일, 그리스도에게 속한다는 이 일이 어떻게 해서 일어나게 되었습니까? 우리가 어떻게 그리스도의 것이 되었습니까? 이 질문에 대한 성경의 대답은 다음과 같습니다.

1. "값으로 산 것이 되었으니"

우리가 그리스도의 것이 된 것은 그리스도께서 우리를 "값 주고 사셨다"는 사실에 근거합니다. 이 값 주고 사는 일을 구속(救贖 redemption)이라고 합니다. 그리스도께서는 당신님께서 우리를 위해 대신해서 우리의 형벌을 감당하기 위해 죽으시는 실로 "값비싼 댓가"를 치루고 우리를 당신님의 것으로 삼으셨습니다.[1]

이런 일이 필요했던 것은 우리가 하나님으로부터 떨어져 나와 있는 지극히 비정상적인 상황 가운데 있었기 때문입니다. 이런 우리는 이 세상에서 소망이 없고 하나님도 없는 자들이었습니다(엡 2:12 하반절). 이런 이들은 감히 하나님 앞에 나아갈 수도 없었고, 하나님의 것일 수도 없는 자들이었습니다. 바로 이런 우리들을 위해서 그리스도께서는 당신님 자신을 주신 것입니다. 이런 자들은 하나님의 형벌을 받아 마땅하기에 그리스도께서 친히 그들의 자리에 서시어 그 형벌을 대신 받아 주신 것입니다. 사실 그만이 온전히 이 형벌을 다 받으실 수 있기에 그만이 우리의 구속자(redeemer)가 되셨습니다. 우리의 구속자가 되셔서 그가 우리에 대한 하나님의 형벌을 다 받으시고 그 형벌 받으신 공로(merit)를 우리에게 돌려주신 것입니다. 그는 바로 이 일을 위해서 이 땅에 오셨다고도 할 수 있습니다. 그래서 그리스도께서는 이 땅에 계실 때 친히

---

[1] 그러므로 기독교의 복음을 값싼 복음으로 전락시키는 일은 있을 수 없습니다. 하나님께서 아주 값비싼 댓가를 치루셨다는 사실을 깊이 있게 생각할 때 우리들은 그 값비싼 댓가를 치루심에 대하여 깊이 감사하면서 우리의 존재 전체를 하나님과 그의 뜻을 위해 헌신하지 않을 수 없습니다. 기독교 복음은 바르게 선포될 때는 결코 본회퍼가 걱정하듯이(D. Dietrich Bonhoeffer, *Cost of Discipleship* [1948], new edition, *Discipleship*, Dietrich Bonhoeffer Works, vol. 4, eds., John D. Dodsey and Geoffrey B. Kelly [Fortress Press, 2000]) 값싼 복음으로 전락할 수 없는 것입니다.

말씀하시기를 "인자의 온 것은 섬김을 받으려 함이 아니고 도리어 섬기려 하고 자기 목숨을 많은 사람의 대속물(ransom)로 주려 함이니라"(막 10:45)고 하셨습니다. 우리를 위해 그가 값으로 치루실 것이 그의 목숨이라는 이 말씀은 참으로 이루어져서 그는 십자가에서 당신님의 목숨을 우리를 위해 내어 놓으셨습니다. 십자가에서 우리의 대속이 이루어진 것입니다.

따라서 우리는 더 이상 우리의 잘못과 죄에 대한 율법의 공의로운 요구를 무서워하지 않아도 될 수 있게 되었습니다. 그 어떤 이도 이 법을 근거로 해서 우리가 형벌을 받아야만 한다고 주장할 수 없게 된 것입니다. 사단(Satan)도 더 이상 우리에 대한 그의 소유권을 주장하지 못하게 되었습니다. 우리는 율법의 공의의 요구로부터, 또 그것 때문에 발생한 사단의 노예됨으로부터도 자유하게 되었습니다. 이 자유의 기쁜 소식, 이 자유함의 복음이 우리에게 들려온 복음입니다. 그리스도께서 율법의 모든 요구를 이루심으로 율법의 요구에서 우리를 해방시키시고 우리로 하여금 자유로운 존재로 살아가도록 해 주신 것입니다. 그가 값을 치루시고 우리를 사 주셨다는 말입니다.

이런 일이 우리에게 발생했을 때 우리는 어떻게 해야 할까요? 우리는 이제 자유라고 외치면서 우리 마음대로 살아갈까요? 복음을 바르게 받아들인 이들은 그리하지 않을 것입니다. 우리는 오히려 그렇게 값비싼 댓가를 치루고 우리를 사주신 그분 앞에 엎드려 이렇게 외칠 것입니다. "오! 주님! 당신님께서 나를 위한 형벌을 다 받으시고, 나를 값주고 사셨으니, 나는 당신님의 것입니다. 이제부터 나는 당신님만을 따르겠사오니 나로 하여금 참으로 당신님을 따르게 하여 주옵소서." 한 마디로 우리는 그리스도의 소유요, 그리스도께서 값 주고 사주신 존재임을 자랑하게 될 것입니다.

그런데 이 때 이 그리스도에게 속했다는 것과 관련하여 우리가 강조해야 할 하나의 사실이 있습니다. 그것은 오래 전 하이델베르크 요리문답을 작성한 우리의 선배들이 다음과 같은 말로 표현한 것입니다.

2. "몸과 영혼으로서의 나의 전인(全人)이 그리스도에게 속한 것입니다."

하이델베르크 요리문답 제 1 문에 대한 이 대답은 참으로 옳은 것이고, 참으로 좋은 교정제 역할을 하는 것이 아닐 수 없습니다. 왜냐하면 기독교가 오랫동안 이상스러운 이원론(二元論)의 영향을 받아서 그리스도에 의해서 구속함을 받아 이 땅에서 살아가는 사람들도 그의 존재 모두가 온전히 다 그리스도에게 속한 것이 아닌 것처럼, 마치 그의 영혼은 그리스도의 것이나 그 몸은 그리스도의 것이 아닌 양 취급한 일이 비일비재하였기 때문입니다. 물론 이런 경향엔 많은 성도들의 '주의 것으로 살아가 보려는 노력에서 만일 몸이 없다면 더 잘 섬길 수 있겠다'고 느끼던 실제적인 경험이 작용하고 있을 것입니다. 그러나 우리는 우리의 믿는 바와 실천에 대한 그 어떤 것에 대해서도 우리의 경험을 위주로 하여 생각해 나가서는 안 됩니다. 오히려 우리는 하나님께서 이런 문제에 대하여는 어떤 가르침을 주셨는지를 잘 살펴서 우리의 생각을 정돈해 나가고, 우리의 경험을 그 하나님의 가르침에 복종시켜야 합니다.

우리가 주님의 것이 되었다는 문제와 관련해서 성경의 일치하는 가르침은 우리의 모든 존재가 다 주께 속한 것이 되었다는 것입니다. 우리의 영혼은 물론이거니와 우리의 몸까지도 구속에 의하여 주의 것이 되었다는 것입니다. 오늘 우리의 본문도 "값으로 산 것이 되었으니 그러므로 너희 몸으로 하나님께 영광을 돌리라"고 하지 않습니까? 이는 우리의 몸이 그리스도에게 속한다는 분명한 선언이 아닐 수 없습니다. 바울은 어디서나 몸을 가지고 있을 때가 하나님을 위해서, 또 성도들을 위해서 무엇인가를 할 수 있는 때라고 말합니다(빌 1:20-26 참조). 그러므로 우리도 우리의 몸을 포함한 우리의 전인(全人)이 그리스도에게 속한 그리스도의 것이라고 생각해야만 합니다. 우리의 영혼만 주의 것이 아니라, 우리의 몸을 포함한 우리 전체가 주의 것입니다. 하이델베르크 요리문답의 작성자들과 함께 우리는 단지 "영혼-기독교"(soul-Christianity)의 주장자들이 아니라, "전인-기독교"(全人-基督敎 wholeman-Christianity)의 주장자들이 되어야 할 것입니다.

전인(全人)이 다 그리스도에게 속한다고 믿는 그리스도인의 관점은 영혼만을 강조하는 것과 어떤 점에서 다를까요? 단순히 말해서 이는 온전한 기독교, 온전한 구원과 이에 대한 온전한 이해에 근거한 기독교를 제시하며 보여준다는 데에 있습니다. 구속이 전인을 대상으로 하는 것이라면, 구속 받은 삶의 자리도 당연히 전인이어야 합니다. 구원을 영혼에만 한정시키고, 영혼만을 중요시하는 것은 온전한 구원과 온전한 기독교에 대한 왜곡이 아닐 수 없습니다.

그렇다면 이렇게 "몸과 영혼으로서의 전인의 온전한 구속"을 제대로 표현해 내는 우리는 무엇을, 어떻게 해야 하는 것입니까? 오늘의 본문에서 바울은 이에 대한 대답으로 다음과 같은 명령을 하고 있습니다.

3. "그런즉 너희 몸으로 하나님께 영광을 돌리라."

그리스도에게 속한 우리들이 이제 해야 할 일은 그리스도께 속한 우리의 존재 전체를 사용해서 하나님께 영광을 돌려야 합니다. 하나님께 영광을 돌린다는 것은, 하나님의 영광이나 영광돌림이라는 말과 관련하여 우리의 개혁파 그리스도인들이 늘 말하여 왔듯이, 일차적으로 하나님의 영광스러우심을 인정한다는 것입니다. 사실 우리로서는 그것 이상을 할 수 있는 것이 없습니다. 우리는 하나님의 영광스러우심에 무엇인가를 더해 드릴 수가 없습니다. 하나님은 우리가 없어도 충분히 영광스러우시기 때문입니다. 따라서 "하나님께 영광을 돌린다" 는 말을 사용할 때에 우리의 심중에 혹여라도 우리가 하나님께 무엇인가를 더해 드릴 수 있는 것처럼 생각해서는 안 됩니다. 그것은 피조물로서도 합당치 않은 생각이거니와, 더구나 큰 죄악 중에서 하나님의 은혜로 구속함을 받은 존재로서는 더 할 수 없는 주제넘은 생각입니다. 그러므로 우리가 하나님께 영광을 돌린다는 것은 이미 영광스러우신 우리 하나님의 영광스러우심을 인정하여 드리는 것입니다. 이것에 대해서 좀 더 구체적으로 말해 보겠습니다.

첫째로, 우리들이 이렇게 그리스도의 것으로 존재하는 것에 대해서 하나님의 영광스러우심을 인정해 드려야 합니다. 하나님께서 그리스도를 통해 이루신 구속으로 하나님께서 우리를 그 영광스러우신 하나님과 관련된 존재로 살아가게 하심에 대해서 우리가 그 영광스러우신 하나님을 인정하고, 우리의 구속에 나타난 하나님의 영광을 인정해야 합니다. 이런 의미에서 우리를 구속하신 그 구속은 "영광스러운 구속"(glorious redemption)이 아닐 수 없습니다.

그런데 이 영광스러운 구속은 우리의 삶을 구속함 받은 자답게 살아가는데서 비로소 드러나게 됩니다. 우리의 몸과 영혼을 포함한 전인으로서의 내가 그 전인(全人)의 모든 기능을 다 사용해서 이 땅위에서 하나님의 뜻을 잘 수행하여 갈 때에 그 모습 속에서 우리를 구속하신 하나님의 영광이 찬연히 빛나게 되는 것입니다. 이것이 "하나님께 영광을 돌리는 것"입니다. 즉, 나의 전 존재에서 우리를 구원하신 하나님의 그 크신 영광이 나타나는 그것이 내가 하나님께 영광을 돌리는 것이라는 말입니다. 그러므로 우리에게 필요한 것은 그저 그리스도 안에 있는 존재로 서 있고 그런 존재에 충실한 것이지, 어떤 특별한 종교적인 일을 하는 것이 아닙니다. 단순히 그리스도 안에 있는 당신 자신이 되십시오!(Just be yourself in Christ!)

이런 입장에서는 우리가 하는 모든 일에서, 우리가 참으로 그리스도 안에 있음을 인정하고 그런 터에서 살아간다면 그 무엇을 하든지, 다 하나님께 영광을 돌리는 것, 즉 하나님의 영광을 인정해 드리는 것이 될 수 있습니다. 이런 뜻에서 바울은 다른 곳에서 "그런즉 너희가 먹든지 마시든지 무엇을 하든지 다 하나님의 영광을 위하여 하라"(고전 10:31)고 했던 것입니다. 모든 일에서 그리스도인은 이런 자세로 살아가야만 합니다.

우리가 이런 자세와 태도로 살아가면 여기서 하나님의 영광이 비취는 것이고 그것을 다른 이들이 보면서 또 하나님의 영광을 인정할 수 있게 되는 것입니다. 그래서 그리스도께서 이 땅에 계실 때 이와 같이 말씀해 주신 일이 있습니다. "이같이 너희 빛을 사람 앞에 비취게 하여 저희로 너희 착한 행실을 보고 하늘에 계신 너희 아버지께 영광을 돌리게 하라"(마 5:16). 우리들의 삶과 존재를 보면서 사람들이 하늘에 계신 "우리 아버지"의 영광을 인정하게 하라는 말씀입니다. 부디 바라기는 우리 모두가 이런 삶을 살아서 우리가 그리스도에게 속해 있음을 나타내어 우리를 구속하신 하나님의 영광을 우리 스스로도 온전히 인정하여 드리고 우리를 보는 이들도 우리를 통해서 하나님의 영광을 인정하게 될 수 있기를 원합니다.[2]

생사간에 당신의 위로는 무엇입니까?

생사간의 나의 유일한 위로는 내가 나 자신의 것이 아니라,
사나 죽으나 몸과 영혼으로서의 전인이
오직 나의 신실하신 구주 예수 그리스도께 속한다는 것입니다.

그는 그의 고귀한 피로써
나의 모든 죗값을 온전히 다 치루셨고
나를 악마의 독재에서 해방시키셨습니다.
그는 또한 하늘의 나의 아버지의 뜻이 아니고서는
머리카락 하나 떨어지지 않도록 나를 돌보십니다.

내가 그에게 속하므로 그리스도께서는 그의 성령님으로
내게 영생을 확신시키고 나로 하여금
이제부터는 전심으로 기꺼이
그를 위해 살게 하시고 준비하게 하십니다.
(하이델베르크 요리문답 제 1 문답)

---

2 하나님께 영광 돌림에 대한 좀더 자세한 설명을 위해서는 이승구, 『기독교 세계관이란 무
엇인가?』 개정판 (서울: SFC, 2009), 제8장 기독교 세계관의 실천, 199-225를 보십시오.

제 1 부 기독교적 위로와 그 출발점

II. 죄와 그로 인한 비참함

제 3 강

참된 기독교적 위로를 받기 위해서
알아야 하는 것은?

본문: 요한복음 8:1-11.

기독교가 이 세상에서 제시하는 위로를 받기 위해서 우리가 알아야 할
것이 있을까요?

위로는 그저 우리의 마음을 감싸 주거나 상처받은 것을 치료해 주
는 것이지, 참된 위로를 받기 위해서는 어떤 것을 알아야만 한다고 말
하는 것은 좀 이상한 것은 아닐까요? 그러나 이것이 아무리 이상하게
들린다고 해도 바로 여기에 기독교적 위로의 특성이 있습니다. 기독교
가 제시하려는 위로는 사람들이 스스로 자신의 문제를 알고 있는데 그
런 사람들에게 그 문제를 해결해 주거나 그 문제를 감싸 안도록 도와주
거나 그 문제를 초극(超克)하게 해 주는 것이 아니라, 실상은 자신들이

가지고 있으나 그것이 문제인지조차 모르는 사람들에게 그들이 가진 가장 심각한 문제를 알려 주는 것으로부터 시작됩니다. 그러므로 기독교적인 위로는 사람들이 처해 있는 정확한 정황을 알 수 있도록 하는 데서 출발합니다. 우리네 인간들이 다 같은 상황에 빠져 있으나 실상은 그 문제를 인식하지 못하는 가장 심각한 문제는 무엇일까요?

1. 죄와 그것이 가져온 비참함

이것이야 말로 우리네 인간들의 가장 심각한 문제입니다. 이것이 심각한 것이라고 말하는 이유는 우리가 죄된 존재라는 사실 때문이기도 하지만, 우리는 우리가 그런 존재라는 것을 인정하지 않음으로써 문제의 심각성을 더하며, 죄를 증대시키고 있다는 점 때문이기도 합니다. 자신이 무슨 병에 걸려 있는지를 모르는 환자가 가장 심각하듯이, 또는 병이 가장 깊어졌을 때 마치 문제가 없듯이 하는 이가 가장 위험하듯이, 실상은 아주 심각한 문제 중에 있으면서도 그것을 모르고 인정하지 아니하는 사람이 위험한 것입니다.

그러므로 이 심각한 위험에 처해 있는 사람들에게 우리는 문제의 실상을 알려주어야만 합니다: "당신은 죄인입니다." 이 말은 말하기만 어려운 말이 아니라, 그 정확한 의미도 이해하기 어려운 말입니다. 이 말이 들려오면 많은 사람들은 자신들이 죄인이 아니라고 반발하거나, 혹은 자신이 죄인이라고 시인하는 자가 있다고 해도 우리가 말하려는 가장 심각한 의미에서 죄인은 아니라고들 생각합니다. 즉, 사람들은 일반적으로 자신들의 의미로 이 말을 이해할 뿐입니다. 그러므로 사람들에게 죄인임을 알려주는 것도 중요하지만 그들이 어떤 의미에서 죄인인지를 알려주는 것도 중요한 일입니다.

일단 사람들이 죄인임을 알려주는 방법부터 생각하도록 합시다. 아마 이를 위해서 가장 효과적인 방법 중의 하나는 신약 성경 요한복음 8장에 나오는 간음하다가 현장에서 잡혀온 여인을 예수님 앞으로 데려와서는 그녀와 예수님을 둘러싸고 있던 유대인들을 생각해보는 일일 것입니다. 그 여인이 참으로 죄인임을 확신하고 하나님의 법이 그런 것을 용납하지 않는다는 것을 잘 알며, 따라서 기세등등하여 그 여인을 돌로 치려던 사람들에게 예수님께서 하신 말씀은 이제는 성경을 읽어보지 않고 기독교인이 아닌 이들도 다 잘 아는 말이 되었습니다. "너희 중에 죄 없는 자가 먼저 돌로 치라."

이 말씀에 대한 우리의 반응은 어떤 것입니까? 이 말씀이 성경에 기록되고 많은 이들이 이에 대해서 이렇게 저렇게 생각해 본 다음에는 사람들이 또 다른 변명과 또 다른 도피의 수단을 마련할런지도 모르겠습니다. 그러나 이 말씀을 그 현장에서 들었던 그 유대인들의 놀람, 그들의 즉각적인 반응이야말로 우리의 참된 모습을 잘 나타내 줄 것입니다. "저희가 이 말씀을 듣고 양심의 가책을 받아 어른으로 시작하여 젊은이까지 하나씩 하나씩 나가고 오직 예수와 그 가운데 섰던 여자만 남았더라"(요 8:9). 그렇습니다. 그들은 하나씩 하나씩 밖으로 나갈 수밖에 없었습니다. 그것이 그들 자신의 정확한 모습이었습니다. 그들은 그 여인과 같이 간음하지 않았다고 할지라도(혹시 모르지요 은밀하게 그런 죄를 범한 이도 그 중에 있었는지?), 그 여인을 정죄하고 그 여인에게 돌을 던질 수 있는 죄 없는 존재는 아니었습니다. 그들 스스로가 그것을 인정하였습니다. 즉, 자신들도 죄인임을 인정한 것입니다.

잠깐! 이 사람들은 조금 전에 그 여인을 끌고 와서 예수님께 "모세는 율법에 이러한 여자를 돌로 치라 명하였거니와 선생은 어떻게 말하시겠나이까?"(요 8:5)라고 묻던 자들이 아니었던가요? 그렇습니다. 바로 그 사람들이었습니다. 그렇다면 다른 사람들이 아니고 동일한 사람들이 어떻게 이렇게 다른 반응을 보일 수 있습니까? 그들은 "너희 중에 죄 없는 자가 먼저 돌로 치라"는 예수님의 말 앞에 구체적으로 실존적으로 설 수 있는 기회를 가졌었기 때문입니다. 그 예수님의 말 앞에서 그들은 "그래도 우리의 죄는 그 여인보다는 적다"든지, "그런 식으로 말하는 것은 문제를 해결한 것이 아니라 문제를 파고 증폭시키는 것이 된다"든지, "그 말은 우리의 작은 죄책감을 이용하려는 심리적인 전략"이라든지 하는 변명을 하지 않았습니다. 예수님의 엄위로운 말 앞에서 그들은 그렇게 할 수 없었고, 그저 자신들의 죄인 됨을 솔직하게 인정하는 수밖에 없었습니다. 그리고 바로 그것이 우리들 자신의 모습이기도 하고, 또 그래야만 합니다.

우리도 예수님과 그 여인을 떠나면서 우리 자신의 죄인 됨을 깊이 인정해야 합니다. 그러므로 결국은 "오직 예수와 그 가운데 섰던 여자만 남은" 것이 아니고, 우리들 모두가 다 죄인으로 그 여인의 위치에, 즉 예수님 앞에 서 있다고도 할 수 있습니다. 이 위치! - 그 위치만큼 자신의 죄인 됨을 깊이 느끼는 위치는 없습니다. 우리는 우리의 죄인 됨을 바로 이 위치에서 인정해야 합니다. 그리고 그 위치에서만 우리는 죄인임이 얼마나 비참한 것이며, 소망이 없는 것이며, 어떻게 큰 비참함으로 우리를 몰아가는 것인지를 제대로 인식할 수 있습니다. 죄와 그 비참함을 아는 것 - 이것은 참으로 비참한 것이나, 그것이 우리의 실상(實狀)이며, 그것이 참된 위로를 받는 전제 조건이 되는 것입니다.

2. "우리가 이 죄와 비참함에서 어떻게 건짐 받는가"를 알아야

죄와 그 비참함을 안 뒤에는 이 상황에서 우리가 어떻게 건짐을 받는가를 알아야 합니다. 그리고 이는 죄와 그 비참함을 얼마나 철저히 아는가와 관련됩니다. 죄와 그 비참함을 인정하되 그래도 지금부터라도 우리가 최선을 다해서 노력한다면 이 문제를 극복하고, 보다 나은 상태를 향해서 나아갈 수 있다고 생각한다면, 그것은 사실상 우리의 죄가 얼마나 심각한 것인지를 바르게 아는 것이 아닙니다. (후에 우리가 자세히 배우겠지만) 사실상 우리는 바울이 말하듯이 "죄와 허물로 죽은" 상태(엡 2:1)에 있는 것이므로, 우리는 스스로의 노력으로 이 죄와 비참에서 벗어날 수 있는 존재들이 아닙니다. 그러므로 우리가 이 비참하고 참담한 상태에서 구원을 받는 것은 오직 우리 밖에서 어떤 힘이 작용하여 이루어질 수밖에 없습니다. 즉, 우리는 우리 스스로의 힘으로 죄와 그로 인한 비참함에서 벗어날 수 있는 존재들이 아닙니다. 오직 하나님께서 친히 마련해 주시는 구원 사역을 통해서 건짐을 받는 것입니다.

사실 오늘의 본문 중에서 예수와 단 둘이만 서게 된 이 여인에게 예수님께서 하신 말씀도 이런 것을 전제하고 하시는 말씀으로 이해해야 합니다. "나도 너를 정죄하지 아니하노니"라고 하신 이 말씀은 이 여인이 정죄 받을 만한 여인이 아니라든지, 아니면 정죄 받을 만하지만 예수님은 마음이 너그러우셔서 정죄하지 않으시겠다고 하시는 말씀이 아닙니다. 만일 그렇다면 예수님은 아주 마음이 너그러운 분이 될런지는 몰라도, 죄를 차마 보지 못하시는 엄위하신 하나님께서 성육하신 분은 아닐 것입니다. 그가 우리가 믿고 고백하듯이 성육하신 하나님이시며, 그가 성육하신 것이 그의 하나님 되심에 조금의 손상을 준 것이 아니라면, 그는 죄를 전혀 문제되지 않는 것으로 여기실 수 없습니다. 이 여인의 심각한 죄 문제가 여기 있고, 또한, 이 여인의 사건에서 드러난, 이 사람들의 죄 문제가 있다면 엄위하신 하나님께서는 그런 문제가 마치 없는 것처럼 그대로 스쳐 지나갈 수 없는 것입니다.

그렇다면 이 여인과 마주하여 서신 예수님께서 하신 말씀 – "나도 너를 정죄하지 아니하노니"라는 말씀은 어떤 뜻이고, 예수님께서는 과연 어떤 의미로 이 말씀을 하신 것일까요? 엄위하신 신-인(神人, the God-man)이신 분으로서 하시는 이 말씀은 일종의 사죄의 선언이라고 생각되어야 합니다. 이 말은 그저 예수님께서도 다른 이들처럼 그 여인을 정죄할 수 없었다든지, 자신은 무죄하므로 정죄할 수는 있지만 그리하지 않으시겠다는 말이 아니고, 그의 이 세상에 오신 그 자격, 즉 하나님의 메시야의 자격으로서 그 여인의 죄를 용서하신다고 선언하시는 것으로 보아야 한다는 말입니다.

그러나 그가 이런 선언을 하기 위해서는 사실상 어떤 근거가 있어야만 합니다. 그 근거, 즉 사죄의 근거는 이 사건이 발생한 상황에서는 아직 역사 속에 구현되지는 않았습니다. 그것은 예수님께서 그의 공생애의 모든 일들을 다 이루시고, 그의 삶으로 율법의 모든 요구를 이루시며, 최종적으로 십자가에서 당신님의 백성들을 위한 속죄(贖罪)의 죽음을 죽으시어 그들을 율법의 형벌과 저주로부터 풀어 주시는 일을 통해서 이루어지는 것이기 때문입니다. 그러므로 예수님께서 당신님의 온전한 삶과 대속의 죽음으로서의 십자가 사건을 바라보시며, 이를 근거로 하여 "나도 너를 정죄하지 아니하노니"라고 말씀하신 것입니다. 예수님은 이렇게 자신이 이루실 속죄 사역을 염두에 두고 여인에게 사죄의 선언을 하신 것입니다. 이는 속죄 사역을 이루실 예수님만이 하실 수 있는 선언입니다.

우리 중에 그 누구라도 감히 다른 이를 향하여 이렇게 말할 수 있는 사람은 없습니다. 혹시 사죄와 관련하여 우리가 할 수 있는 말이 있다면 그것은 예수 그리스도의 속죄 사역에 근거한 다음과 같은 말일 것입니다: "그가 위하여 그 피를 흘리고, 그 살을 찢어주신 분들, 즉 결과적으로 끝까지 계속해서 그를 의지하고 믿는 이들에게는 더 이상 정죄함이 없습니다." 이것이 바로 바울이 속죄 사실에 근거해서 다음과 같이 말할 때 그가 하고 있는 말이 아닙니까? "그러므로 이제 그리스도 예수 안에 있는 자에게는 결코 정죄함이 없나니, 이는 그리스도 예수 안에 있는 생명의 성령의 법이 죄와 사망의 법에서 너를 해방하였음이니라"(롬 8:1-2). 사도라고 해도 사죄의 선언은 오직 그리스도이신 예수님과 관련해서 이야기할 수밖에 없습니다. 다른 모든 사람들도 다 그렇게 말해야만 합니다. 그러나 예수께서는 자신이 바로 속죄 사역을 몸소 이루실 분이셨기에 그 죄인인 여인을 향하여 "나도 너를 정죄하지 아니하노니"라고 말씀하실 수 있으셨던 것입니다.

이 여인을 향해 들려온 이 선언은 이 세상에서 죄 용서함을 받는, 즉 죄와 그 비참함으로부터 건짐을 받는 모든 사람들에게도 그대로 적용되는 말입니다. 이 세상에 그 누구라도 예수 그리스도에 의한 속죄의 사역에 적용을 받지 아니하고서 죄 용서함을 받을 사람은 하나도 없습니다. 그러므로 예수님께서 이루신 속죄의 사실과 의미를 인정하는 것이 중요합니다. 이를 "그리스도를 믿는 신앙"[基督教 信仰], 또는 그저 "신앙"이라고 합니다. 그를 믿는 우리 모두는 예수님께서 그의 삶 전체로 이루신 구원을 통해서 우리의 죄와 그 비참함에서 건짐을 받는다는 말입니다. 이것이 우리가 죄와 그 비참함에서 구원함을 받는 유일한 방법입니다. 예수님께서 이루신 속죄 사역에 의존하고 그 예수님을 의지하는 이들은 "나도 너를 정죄하지 아니하노니"라는 예수님의 이 선언을 자신에게 적용할 수 있는 것입니다.

3. 하나님께 어떻게 감사해야 하는지를 알아야

다음으로 우리가 알아야 하는 것은 이렇게 심각한 죄와 비참에서 우리를 구하신 하나님께 어떻게 감사해야 하는지에 관한 것입니다.

사실 이 세 가지는 앞으로 이 하이델베르크 요리문답을 찬찬히 검토해 가면서 구체적으로 살필 것입니다. 그러므로 이 전체의 마지막 부분은 이제 구원함을 받은 자로서의 감사의 삶은 어떻게 나타나야 하는가를 중심으로 할 것입니다. 그러나 오늘은 오늘의 본문을 중심으로 사죄의 선언을 받은 사람이 그 사죄에 감사하기 위해서 어떻게 해야 하는지에 대해서 한 가지만 생각해 보도록 하겠습니다. 그것이 그 여인을 향하여 사죄의 선언을 하신 예수님께서 그 여인에게 덧붙여 하시는 다음 말씀 속에 함의되어 있는 것입니다. "가서 다시는 죄를 범치 말라" (요 8:11 하반절).

우리의 죄와 그 비참함에서 구하신 분을 향한 우리의 감사는 그분의 명하시는 말씀, 그분의 뜻을 존중하는 것으로 표현되어야만 할 것입니다. 그래야 그가 해주신 것에 대해서 참으로 감사하는 것일테니 말입니다. 그런데 그 속죄의 주(主)이신 예수께서 "가서 다시는 죄를 범치 말라"라고 하실 때, 사죄의 선언을 그 심각한 의미에서 받아들인 우리는 어떻게 할 것인가요? 우리가 할 수 있는 일은 그 분의 뜻을 따라 다시는 죄를 범하지 않으려고 노력하는 일입니다.

그러나 우리가 그렇게 노력하면 할수록 우리는 이 일은 우리들 자신의 힘, '부패한 인간성'을 뜻하는 '육체'(σάρξ)의 힘으로는 이룰 수 없음을 깨닫게 됩니다. 다시 한 번 강조하지만, 이 깨달음은 우리가 참으로 진지하게 노력했다는 증거로 나타나야 합니다. (그러므로 한 번도 그렇게 애써서 노력해 보지 않은 이들은 참된 의미에서 이는 인간의 힘으로 되는 것이 아니라고 말할 수 있는 자격이 없습니다.)

참으로 인간의 힘, 신약 성경이 "육체"($σάρξ$)라고 부르는 것에 대해 참으로 절망한 사람들만이 하나님 앞에서 이 일이 자신들의 힘으로 될 수 없는 일임을 겸손히 인정하게 되고 이제는 하나님의 힘, 성령님의 힘에 의존해서 다시는 죄를 범하지 않으려고 점진적으로 노력해 갈 것입니다. 그런 이들은 그 누구보다 더한 열심히 주어진 삶을 살아 나가며, 죄를 범하지 않으려고 할 것입니다. 그러나 그들에게는 무엇인가를 했다는 마음도 전혀 없는 것입니다. 그들은 정말 그들을 구하신 하나님께 감사해서 주어진 삶을 그 감사를 표현하는 삶으로 살아갈 것입니다.

부디 바라기는 이 글을 읽는 모든 사람들이 이제는 이런 식으로 우리를 죄와 그 비참함에서 구하신 하나님께 대한 감사를 표현해 내었으면 합니다.

제 4 강

당신은 어떻게 당신의 비참함을

알게 됩니까?

본문: 마태복음 22:37-40.

1. 들어가는 말

우리가 죄에 빠져 있고 이로부터 오는 모든 결과는 아주 비참한 것이며, 또 이로부터 우리네 인간의 힘으로는 무슨 수를 쓰더라도 그 비참함으로부터 빠져 나올 수 없다는 것은 도대체 어떻게 알 수 있을까요? 사람이 조용한 시간을 내어서 자신의 삶을 곱씹어 보면 자신의 죄와 비참함을 알 수 있을까요? 아니면 인생의 쾌락을 추구하다가 그것이 허무한 것을 알면 그렇게 될까요? 그것도 아니면 누군가가 직접적으로 우리의 삶을 들여다보면서 지적해 주면 그것을 알 수 있을까요? 이런 것들이 우리로 하여금 때로는 죄에 대한 희미한 의식을 가지게 할 수도 있습니다. 그러나 그렇게 해서 사람들이 가지게 되는 죄의식이란 매우 주관적인 것입니다. 그래서 사람에 따라서 그 기준이 다르기도 하고, 그 인식 가능성 여부도 각기 다릅니다. 그러므로 위에 열거한 것들은 우리의 죄와 그에 따른 비참함을 인식하게 하는 일종의 계기는 될 수 있어도 그런 것들이 우리로 하여금 죄와 비참함을 알도록 하는 절대적인 것은 될 수 없습니다.

그렇다면 도대체 인간들의 죄와 그 비참함을 알려주는 절대적인 기준은 무엇입니까? 하이델베르크 요리문답을 작성한 우리 신앙의 선배들은 기독교의 바른 전통을 따라서 "하나님의 율법이 (그것을) 나에게 가르쳐 줍니다"(제 3 문에 대한 대답)고 고백했습니다. 이는 매우 소박하고 단순한 이의 대답 같지만 이것 이상의 정답은 있을 수 없습니다. 성경은 사실 모든 면에서 절대적인 기준 역할을 합니다. 특히 우리 믿는 실천에 대해서는 성경만이 유일한 규범임을 인정해야 합니다. 하이델베르크 요리문답의 작성자들은 죄에 대한 인식 문제에 있어서 성경이 우리의 기준이 된다는 것을 잘 표현했습니다. 이를 그들이 옛날에 살던 이들이기 때문이라고 요즈음 신학계에서 유행하는 말로 소위 "비판–이전 시대(pre-critical period)"에 살던 이들이기 때문이라고 여기는 것은 옳은 태도가 아닐 것입니다. 왜냐하면, 어떤 문제에 대한 판단에 있어서 성경의 판단을 절대적으로 여기는 입장은 적어도 우리가 오늘날과 같은 후현대적인 시대에도 그대로 유지되어져야 하는 입장이기 때문입니다. 그런데도 불구하고 바로 이 문제가 우리 시대 기독교에서 가장 중요한 논쟁거리의 하나가 되어 있습니다. 성경을 그렇게 절대적인 권위의 책으로 보는 것은 이제 옳지도 않고 솔직하지도 않다고 여기는 이들이 소위 교회 공동체 안에도 많이 생긴 것입니다.

그러므로 우리 시대에는 어떤 의미에서는 이 '성경에 대한 태도'가 그리스도인의 외적인 표지, 또는 교회의 외적인 징표가 된다고도 할 수 있습니다. 즉, 성경의 절대적인 권위를 믿고 받아들이는 이와 그런 교회가 적어도 외적으로는 참된 그리스도인과 교회로 인정될 수 있을 것이라는 말입니다. 그런 의미에서 하이델베르크 요리문답의 작성자들이 속해 있던 팔라티네이트의 개혁교회는 참 교회였고, 우리가 귀한 모범으로 삼고 따라 가야하는 교회입니다.

그런데 그들은 그저 단순하게 성경이 우리가 죄인임과 그로부터 오는 비참함을 보여준다고만 말하지 않고, 좀 더 구체적으로 우리가 성경에서 이를 깨닫는 과정을 제시합니다. 여기서 이 요리문답의 특징인 아주 개인적인 문답법의 장점이 잘 드러납니다. 이제 그들의 추론 과정을 좀 더 따라가 보도록 하겠습니다.

[한 가운데 '성령 교회'가 보이는 하이델베르크 시내 전경]

2. "하나님의 율법은 우리에게 무엇을 요구합니까?"(제 4 문)

하나님의 율법은 우리에게 우리가 죄인인 것을 알려 준다는 것을 분명히 하기 위해서 그들은 먼저 그 하나님의 율법이 무엇을 요구하는지를 묻고 있습니다. "하나님의 율법은 우리에게 무엇을 요구합니까?"(제 4 문) 이에 대한 대답으로 그들은 구약 전체를 말하거나, 십계명을 말하고 있지 않습니다. 물론 그것을 언급하는 것이지만, 그들은 보다 율법이 요구하는 바를 **보다 효과적으로** 우리 앞에 제시합니다. 즉, 그들은 예수님께서 요약하신 '율법과 선지자, 즉 구약 전체의 대 강령'을 제시한 것입니다. 이는 참으로 효과적인 방법이 아닐 수 없습니다. 왜냐하면 사람들은 율법의 말씀을 들어도 그것을 피상적으로 들어서 율법이 요구하는 바는 어릴 때부터 다 지켜왔다고 생각하지만, 그 법의 정신을 잘 구현해 내어서 그 법을 내신 하나님의 뜻을 잘 드러내지 못할 수 있기 때문입니다. 율법을 가지고 있었던 유대인들에게 이런 문제가 있던 것을, 특히 예수님 당시의 유대인들이 이런 태도를 가졌던 것을 우리는 복음서의 기록을 통해서 잘 알 수 있습니다. 이는 사람들이 어두워져 있어서 율법을 가지고도 그 율법이 제대로 그 기능을 발휘하지 못하게 하기 때문입니다. 이런 사람들에게는 율법의 바른 의도를 잘 설명해 주시는 예수님의 말씀 앞에 서는 것이 율법의 의도를 잘 깨달을 수 있는 최선의 방법입니다.

지금 여기서 하이델베르크 요리문답의 작성자들이 하고 있는 작업이 바로 그것입니다. 즉, 그들은 예수님의 말씀 가운데서 구약의 전체 요구를 잘 요약할 수 있는 말씀을 찾아 우리 앞에 제시하는 것입니다. 이로써 우리는 예수님에 의해서 잘 해석된 율법의 요구 앞에 서게 됩니다. 이 요구 앞에서 우리 자신들이 어떤 존재들인지를 잘 생각해 보십시다.

(1) 율법의 첫째 요구: 하나님 사랑

예수님께서 요약하신 율법의 첫째 요구는 그가 신명기 6장 5절을 인용하여 말씀하시고 계시는 '하나님 사랑'입니다. 하나님을 우리의 하나님으로 섬기면서 그 분을 사랑해야 한다는 것입니다. 여기서 그 마음에 하나님 두기를 싫어하는 사람들의 죄악이 적나라하게 드러납니다. 사람이 하나님을 섬기면서 사는 것이 마땅한 일이라고 선언되기 때문입니다.

우리는 하나님을 섬기되 ⑴ 그분을 주님으로 섬겨야 합니다. 그렇다면 우리는 그분이 어떤 분인지를 알고, 특히 그 분의 뜻을 잘 살펴서 우리의 삶에서 그 뜻이 잘 드러나게끔 해야만 합니다. 또한 ⑵ 우리는 하나님을 '우리의 하나님'으로 섬겨야 합니다. 우리의 구체적인 삶과는 상관이 없는 멀리 떨어진 하나님이 아니라, 우리와 언약을 맺으시고 우리에게 당신님을 매셔서 우리와 함께 하시는 하나님으로 섬겨야 합니다. 우리의 구체적인 삶이 문제가 되는 것은 바로 우리의 삶이 하나님께서 하시는 바와 연관되어 있기 때문입니다. 그러므로 하나님을 제대로 섬기며 사는 사람은 자기 마음대로 살거나, 아무런 계획 없이 살 수 없는 것입니다. 그런데 ⑶ 우리는 하나님을 이렇게 섬기되 단순히 두려움 가운데서 섬기거나, 억지로 섬기는 것이 아니라, 그 분을 참으로 '사랑해서' 섬겨야 합니다. 그 분에 대한 사랑이 없다면 우리의 봉사와 애씀은 다 헛것입니다. 우리가 하나님을 섬기는 진정한 이유가 무엇인지를 생각해 보십시오. 그것이 하나님에 대한 사랑 때문이 아니라면, 하나님을 섬긴다는 우리의 삶도 하나님께 전혀 관심을 기울이지 않는 분들의 삶과 별로 다르지 않은 것입니다.

하나님을 사랑하되 우리는 절대적으로 사랑해야 합니다. 이 하나님에 대한 사랑은 다른 것에 대한 사랑과는 비교도 되지 않는 것입니다. 그런 의미에서 이는 참으로 절대적인 사랑입니다. 그것을 본문은 "네 마음을 다하고 목숨을 다하고, 뜻을 다하여" 사랑하라고 표현합니다. 우리의 존재 전체를 드러서 사랑하는 것이 하나님에 대한 사랑입니다. 하나님은 그 이하의 것을 받으실 수 없으십니다. 그러므로 하나님께는 우리 존재 전체를 드려야만 합니다. 진정한 사랑을 드려야만 합니다. 어떤 유보나 조건이 여기에 있을 수 없습니다. 그리고 하나님께서는 이런 절대적인 사랑, 우리 존재 전체의 사랑을 받으시는 것이 마땅하니, 그는 우리 존재 전체의 창조주와 구속주가 되시기 때문입니다. 우리는 이 마땅한 하나님에 대한 사랑을 이런 정도로 하나님께 드리고 있는가를 물어야 합니다.

(2) 율법의 둘째 요구: 이웃 사랑

하나님을 사랑하는 사람은 그 사랑의 태도를 유지하고 살게 됩니다. 그래서 그는 하나님을 사랑하기 때문에 그 하나님 사랑에 근거해서 다른 이들을 사랑해야만 합니다. 즉, 그의 다른 이들에 대한 사랑의 근거는 하나님 사랑이라는 말입니다. 다시 한번 더 강조해서 말하자면 이것은 "하나님을 사랑하기 때문에 하는 사랑"입니다. 그러므로 참된 사랑에서는 하나님 사랑과 이웃 사랑 사이에 갈등이 있을 수가 없습니다. 또한 참된 사랑에서는 하나님 사랑도 있고, 이웃 사랑도 있는 것이지, 그 어느 하나가 다른 하나를 대신하거나 다른 하나의 표현일 수 없는 것입니다. 즉, "나는 하나님을 사랑하므로 이웃을 사랑하지 않아도 된다"(잘못된 신앙의 표현)든지, "나는 이웃을 사랑하는 것으로 하나님 사랑을 표현하며, 대신한다"(구 자유주의적 이해)고 말할 수 없는 것입니다. 참으로 하나님을 사랑하는 사람은 그 하나님 때문에 다른 이들을 사랑하게끔 되어야 합니다.

그런데 이웃 사랑은 하나님 사랑만큼 절대적인 것이어서는 안 됩니다. 예수님께서는 레위기 19장 18절의 말씀을 인용하시면서 "네 이웃을 네 몸과 같이 사랑하라"고 그 기준을 명시해 주셨습니다. 물론 그것도 높은 기준입니다. 다음에 살펴보겠지만 우리는 이 기준도 충족시키지 못합니다. 그러나 이웃 사랑의 기준은 그저 피조물 사이에 있을 수 있는 정도의 것입니다. 그래서 "네 몸과 같이" 사랑하라고 하신 것입니다. 이웃 사랑은 우리의 존재 전체를 드려서 하나님을 사랑하듯이 하는 것이 아닙니다. 그저 우리 자신의 몸을 잘 돌아보듯이 하면 되는 것입니다. 하나님을 진정으로 사랑하는 이는 하나님에 대한 사랑에 근거해서 하나님께서 창조하고 새롭게 하여 세우신 자신의 몸과 존재에 대해 책임과 사랑을 가져야만 하지 않습니까? 그리고 이런 생각에서 자신의 몸을 잘 돌보아 그것으로 하나님께서 원하시는 일을 제대로 할 수 있도록 해야 하지 않습니까? 그와 같이 이웃도 그들을 잘 돌보아 그들이 하나님을 잘 섬기고 사랑하며, 하나님의 뜻을 잘 이루게끔 해야만 한다는 말입니다. 참 사랑은 우리 이웃으로 하여금 하나님을 더욱 사랑하도록 하는 것입니다.

3. 율법의 요구 앞에서의 우리의 모습

예수님께서 이렇게 요약해 주신 이 율법과 선지자의 대 강령 앞에서 우리는 어떤 사람으로 드러납니까? 우리는 하나님을 제대로 사랑하고, 이웃을 바르게 사랑하는 사람들로 드러납니까? 이렇게 예수님의 절대적인 요구 앞에서는 이제 우리의 자기 성찰이 작용해도 좋습니다. 예수님의 요구, 율법의 요구 앞에서 우리는 어떤 사람들인지를 깊이 생각해 보십시다. 여기서 우리의 적나라한 모습이 드러나는 바, 우리는 정도의 차이는 있어도 모두 다 하나님을 우리의 모든 존재를 다해서 사랑하지는 않았고, 우리의 이웃도 우리의 몸과 같이 사랑하지 않는다는 것이 드러나는 것입니다. 그저 사랑하지 않는 것이 아니라, 제 5 문답의 대답이 잘 진술하듯이 우리는 "하나님과 이웃을 미워하는" 것입니다. 여기에 우리의 죄된 모습이 있습니다.

하나님의 절대적인 기준인 성경의 요구에 비추어 보니 우리의 존재가 죄된 존재로 드러납니다. 이렇게 우리는 우리의 죄와 그로 인한 비참함을 성경으로부터 배우게 됩니다. 그리고 그 성경의 가르침에 의하면 우리의 죄된 상태는 아주 절망적입니다. 이런 절망적 상황 속에 있는 우리의 모습 - 그것이 우리의 적나라한 모습이고, 그러기에 이런 이들에게는 복음의 소식 이외의 그 어떤 것도 참된 위로가 될 수 없는 것입니다.

제 5 강
인간의 창조함 받은 본래의 모습

본문: 창세기 1:26-28.

1. 들어가는 말: 본래부터 잘못되었는가?

지난번에 우리는 하나님의 법에 비추어 볼 때 우리의 죄악이 드러나고, 따라서 우리가 죄인임을 알게 된다는 말을 하였습니다. 인생에게 주신 법 앞에서 우리는 하나님과 이웃을 사랑하는 것은 고사하고 본성상 하나님과 이웃을 미워하는 성향이 있다는 것을 발견하였습니다(제 5 문답). 이것이 우리의 죄악된 현실입니다. 여기서 한 가지 질문이 제기될 수 있습니다. 그것은 하나님께서 인간을 본래부터 그렇게 미워하는 성향을 가지게끔 만드셨는가 하는 것입니다. 이 질문은 인간의 문제에 대하여 하나님께 책임을 전가하려는 방식으로 물어질 수도 있고, 그런 사악한 시도를 미리 봉쇄하려는 의도로 물어질 수 있습니다. 아주 교육적인 요리문답이라고 할 수 있는 하이델베르크 요리문답의 작성자들은 후자와 같은 교육적인 의도를 가지고서 우리를 대신해서 다음과 같은 질문을 제기합니다. "하나님께서 사람을 그렇게 사악하고 왜곡되게 창조하셨습니까?"(제 6 문) 이 질문은 결국 이에 대해 "아닙니다"고 하는 부정적인 대답과 함께 하나님께서 창조하신 본래의 상태에 있는 인간의 모습에 대한 탐구를 유도합니다.

2. 원상(原狀)의 인간(1): 하나님의 형상을 따라서 창조된 인간

그렇다면 창조함을 받은 본래 상태의 인간은 어떤 존재였습니까? 이에 대한 성경의 대답, 기독교적인 대답은 하나님께서 당신님의 형상을 따라서(after his own image) 인간을 창조하셨다는 것입니다. 그러므로 인간은 하나님의 형상(imago Dei), 즉 하나님의 반영입니다. 이에 대해서는 여러 가지 해석이 있을 수 있고, 여러 가지 생각을 해볼 수 있을 만큼 중요한 주제이지만 여기서는 하이델베르크 요리문답을 따라서 이 "하나님의 형상"에 대한 이해를 진술해 보도록 하겠습니다.

하이델베르크 요리문답은 개혁파적 "형상" 이해를 잘 반영하면서 하나님의 형상으로 만들어졌다는 것은 "의와 참된 거룩성을 가진 존재로" 만들어진 것이라고 이해합니다. 이런 이해는 소위 좁은 의미의 "형상"에 대한 이해입니다. 이 협의(狹義)의 "형상"의 개념에 의하면, 참된 의(義)와 참된 거룩성을 잃어버리면 형상을 상실한 것이 됩니다.

그러나 우리가 넓은 의미의 형상이라고 하는 것이 또 있어서 인간

됨의 모든 특성이 다 하나님의 "형상"이라고 할 수 있습니다. 이런 의미에서는 인간은 타락하여 (위에서 말한) 좁은 의미의 하나님의 형상을 상실해도 여전히 "하나님의 형상"이라고 불릴 수 있는 것입니다. 실제로 성경에서는 타락한 인간도 하나님의 형상으로 지어졌다고 말하고 있는데(창 9:6; 약 3:9), 이는 다 "하나님의 형상"이라는 말을 넓은 의미에서 사용하여 하는 말입니다. 그러므로 이런 광의의 개념에 의하면 인간은 그가 어떤 상태에 있든지 다 하나님의 형상입니다. 그러나 타락한 인간은 형식상으로만 하나님의 형상이지 실질적으로는 하나님의 형상이 아니라고도 말할 수 있습니다. 그는 실질적으로 하나님의 어떠하심을 잘 반영하지 못하기 때문입니다.

그렇다면 하나님의 어떠하심을 제대로 반영했어야 하고 또 그리하였던 본래 상태의 인간은 어떤 존재입니까? 이는 (위에서 말한) 좁은 의미의 하나님의 "형상" 역할을 제대로 하는 인간, 즉 참으로 의롭고, 참으로 거룩한 존재로서의 인간입니다. 사실 인간의 본래 상태(原狀, original state)가 이러했다는 것은 우리가 처음 창조함을 받은 사람을 보거나, 창세기의 창조 기록에 이에 대한 어떤 시사가 있어서 그로부터 배운 것이 아닙니다. 이는 구원의 역사가 진전되어 이 땅 위에 우리의 구원자가 참 인간성을 취하여 오시었는데, 그가 하나님의 참된 형상이셨음에서 얻게 된 지식, 즉 구속사적인 지식입니다. 이를 잘 의식한 바울은 그리스도 안에 있어서 그 안에서 가르침을 받은 우리가 "심령으로 새롭게 되어 하나님을 따라 의와 진리의 거룩함으로 지으심을 받은 새사람을" 입었다(엡 4:23-24)고 말하고 있습니다. 과거의 개혁 신학자들은 이 구절에서 "하나님을 따라 지으심을 받은" 것이 무엇인지를 찾은 것입니다. 즉, "의와 진리의 거룩함으로 지으심 받은 것"이 "하나님을 따라 지으심 받은 것"이라고 이해한 것입니다. 하이델베르크 요리문답도 이에 따라서 하나님의 형상으로 지으심 받는 것이 "의와 참된 거룩함"을 가진 것이라고 하였습니다. 이런 이해는 매우 옳은 것입니다. 창조함을 받은 처음 사람은 참으로 의로운 사람이었던 것입니다. 그가 가지고 있었던 의(義)는 본래의 상태의 사람이 가지고 있던 의이므로 원의(原義, original righteousness)라고 하기도 하는데, 처음의 인간은 이런 본래적인 의를 구비한 하나님 보시기에 의로운 사람이었던 것입니다. 또한 그는 참과 진리를 아는 것에서 나오는 거룩함을 구비한 사람이기도 하였습니다. 이처럼 하나님의 형상 역할을 제대로 하던 사람은 온전한 사람이었고 완벽한 사람이었습니다.

3. 하나님의 형상인 원상의 인간의 과업

이렇게 고귀하게 창조함을 받은 사람은 사실 그렇게 창조함을 받을만한 이유와 목적을 가지고 그렇게 창조함을 받았습니다. 그리고 그 이유와 목적은 그의 이 세상에 존재하는 목적과 밀접한 관련을 지닌 것입니다. 이것은 오늘의 본문인 창세기 1장 26절과 28절에서 잘 드러나고 있습니다. 26절을 잘 살펴보십시오. 여기엔 다른 피조물들을 만드실 때와는 달리 창조의 과정과 시간 내에서 그가 인간을 만드시는 목적을 미리 선언하시고 있는 하나님의 말씀이 나타나 있습니다: "그로 바다의 고기와 공중의 새와 육축과 온 땅과 땅에 기는 모든 것을 다스리게 하자 하시고." 인간을 하나님의 형상으로 그렇게 고귀하게 만드신 이유가 여기 진술되어 있지 않습니까? 이 땅과 이 땅의 모든 것을 잘 다스리는 이 일을 위해서 인간은 하나님을 반영하며 닮게끔 창조된 것입니다. 그러므로 인간의 하나님의 형상됨은 이 세상을 하나님께서 원하시는 대로 잘 다스리는 데서 드러나게 된다고 할 수 있습니다.

이 세상과 그 피조물을 잘 다스린다는 일은 농사하고 목축하고 과수를 돌보는 단순한 일을 하는 것만을 말하는 것이 아닙니다. 처음에는 그런 일로 시작되겠지만 이런 것이 점증해 나가면 이 세상을 잘 지배하는 포괄적인 문화 활동 전반으로 나아가게 되는 것입니다. 그리고 하나님께서 이 말씀을 하셨을 때는 이 모든 것을 염두에 두고서 말씀하신 것이 아닐 수 없습니다. 이런 하나님의 의도를 잘 깨닫고서 개혁신학계에서는 이미 옛날부터 이 하나님의 말씀을 문화 명령(cultural mandate)이라고 불러 왔습니다. 이는 아주 옳은 통찰력이 아닐 수 없습니다. 이것은 하나님의 이 말씀을 이 땅 위에 하나님이 원하시는 문화를 이루어내어 인간을 창조하신 하나님의 의도를 잘 드러내라는 뜻으로 이해한 것입니다. 이 땅위에 하나님의 뜻이 이루어지는 하나님의 나라를 구현하라는 뜻으로 파악한 것입니다.

그런데 이 하나님의 부왕(副王), 그의 대리 통치자(vice-regent)로서의 직무는 그저 아담 한 사람이 아니라 모든 사람들에 의해서 수행되어야 하고, 또 그 모든 이들에 의해서라야 비로소 이루어질 수 있는 성격의 일입니다. 그래서 인간은 본문 28절에 나온 바와 같이 "생육하고 번성하여, 땅에 충만하라. [그 안의 모든 피조물을] 다스리라"는 축복과 명령을 받은 것입니다. 여기 사람을 남자와 여자로 만드신 하나님의 뜻의 일부분이 나타나 있기도 합니다. 그 원상의 인간은 혼자서 하나님께서 부여하신 목적을 다 이룰 수 없고, 반드시 남자와 여자가 서로 도와서 주어진 사명을 이루도록 의도된 것입니다. 그런 일 중의 하나가 아이들을 낳아 그 아이들이 하나님의 형상답게 주어진 일을 잘 수행할 수 있도록 잘 양육하여, 그런 모든 사람들이 온 땅에 충만하여져서 그 땅과 그 안의 모든 피조물을 다스리도록 하는 일입니다. 이처럼 "생육하고 번성하고 땅에 충만해 지는 것"은 다 연결된 것이고 이는 그렇게 하여 온 땅에서 땅과 피조물을 하나님이 원하시는 대로 잘 다스리도록 하기 위한 것입니다. 이런 일을 할 수 있도록 하나님께서는 인간을 당신님을 잘 반영하고 대리하고 대표하도록 하신 것입니다. 또한 이 형상됨은 한 사람에서가 아니라 인간의 남자와 여자 됨에 의해서 비로소 나타난다고도 할 수 있고, 그 결과로 이루어지는 인간의 사회성에서 온전히 드러나게 되는 것이라고도 말할 수 있는 것입니다.

4. 하나님의 형상인 원상의 인간의 선함(Goodness)

이처럼 놀라운 일에로 부름을 받고 그 일을 위해 창조함을 받은 그 원래의 인간은 선한 사람이었습니다. 그는 악하지 않을 뿐만 아니라 중립적이지도 않은, 다시 말해서 적극적으로 선을 구비한 사람이었다는 말입니다. 그러므로 이제까지의 (하이델베르크 요리문답에 따른) 우리의 고찰과 관련하여 말하자면, 그는 자신을 만드신 하나님을 참으로 바르게 알고 사랑하고, 이웃을 참으로 사랑하는 성향을 가진 사람이었습니다. 그는 하나님과 함께 살면서 그를 높이고 찬양하며 하나님께 영광을 돌리는 참으로 복된 존재였던 것입니다.

이것은 지금 우리가 우리네 인간들에게서 관찰할 수 있는 하나님을 미워하고 이웃을 미워하는 그런 본성적인 성향이 창조에서 기인한 것이 아님을 분명히 말해 주는 것입니다. 하나님의 손에서 나올 때에는 그런 미워하는 성향을 도무지 가지고 있지 않았던 것입니다.[1]

그렇다면 오늘날 우리가 관찰할 수 있는 그런 악한 성향은 도대체 어디서 나온 것일까요? 그것이 우리가 다음에 살펴보려고 하는 제 7

---

[1] 이 장에서의 주제를 좀더 자세히 알기를 원하면 이승구, 『기독교 세계관이란 무엇인가』, 제 5 장: 인간의 창조와 그 상태의 변화, 123–43을 보십시오.

문의 질문이기도 합니다. "그렇다면 사람의 이 부패한 본성은 어디서 왔습니까?" 이에 대해서 다음 장에서 고찰해 보기로 하겠습니다.

제 6 강

그렇다면 사람의 이 부패한 본성은 어디서 왔습니까?

본문: 창세기 2:15-17, 로마서 5장, 창세기 3장.

우리는 지난번에 하나님께서 창조하신 본래의 인간의 모습을 생각하면서 손상되지 않은 하나님의 형상으로 창조함을 받는 그 원상의 인간은 선하다고 했습니다. 여기에서 우리에게는 한 가지 질문이 제기됩니다. 그것은 하이델베르크 요리문답 제 7 문이 묻고 있는 "그렇다면 사람의 부패한 이 본성은 어디서 왔습니까?" 라는 질문입니다. 우리가 현실에서 보고 경험하여 친숙히 알고 있는 "하나님과 이웃을 미워하는 이 성향"(제 5 문답)은 도대체 어디서 온 것인가 하는 질문입니다. 하나님께서 우리로 하나님과 이웃을 미워하는 성향을 가지도록 만드시지 않으셨다면 도대체 본성의 이 부패는 어디서 온 것인가를 묻는 것입니다.

1. 로마서 5장에 나타난 바울의 대답

바울 사도는 보다 중요한 복음의 진리인 그리스도가 우리의 대표가 되신다는 소위 "대표의 원리"를 설명하면서 이 문제에 대해서도 간접적인 시사를 하여 그의 대답을 전합니다. 그것은 이 세상 ─ 하나님께서 선하게 창조하셔서 죄와 부패한 것이라고는 없던 ─ 이 세상에 죄와 그에 따른 본성의 부패와 사망이 한 사람으로 말미암아 왔다는 것입니다. 그의 말을 들어봅시다. "한 사람으로 말미암아 죄가 세상에 들어오고 죄로 말미암아 사망이 왔나니(12상) ······ 심판은 한 사람을 인하여 정죄에 이르렀으나(16중) ······ 한 사람의 범죄를 인하여 사망이 그 한 사람으로 말미암아 왕 노릇 하였으니(17상) ······ 한 범죄로 많은 사람들이 정죄에 이른 것같이(19상)". 그러므로 바울의 말에 의하면 이 세상에 죄가 들어오고 우리가 그로 말미암아 사망에 매어 있게 된 일이 한 사람으로 말미암아 되었다는 것입니다. 여기서 우리가 알 수 있는 것은 그 한 사람이 우리의 대표로 행하던 때와 기간이 있었다는 사실입니다.

그가 우리의 대표가 아니었다면 바울은 "한 사람의 범죄를 인하여 사망이 그 한 사람으로 말미암아 왕 노릇 하였은즉(17상) ······ 한 범죄로 많은 사람이 정죄에 이른 것 같이(18상) ······ 한 사람의 순종치 아니함으로 많은 사람이 죄인된 것 같이(19상)"와 같은 말들을 할 수 없었을 것이기 때문입니다. 적어도 바울의 생각에는 한 사람이 모든 인류의 대표로 행하던 때가 있었다는 의식이 있습니다. 이런 의미에서 바울은 그 한 사람이 "오실 자의 표상"(14절)이라고 합니다. 즉, 장차 오실 자가 우리의 대표이듯이, 이 한 사람이 우리의 대표였다는 것입니다. 그리고 그 때에 그 한 사람은 인류의 대표로서의 지위 속에서 범죄하였고 불순종하였다는 것입니다. 그러면 도대체 우리의 대표로 범죄하고 불순종한 이 한 사람은 누구입니까? 바울은 그가 아담이라고 말합니다(14절). 하나님께서 처음 창조하신 아담이 우리의 대표였다는 것입니다.

2. 아담은 어떤 불순종을 하였는가?

우리의 대표인 아담은 하나님에 의해서 고귀하게 지음을 받고서 온 세상을 잘 다스리라는 명령을 받았습니다.

그러나 그가 이 일을 수행할 때에 한 가지 유념해야 할 일이 있었습니다. 그것은 하나님을 의존하면서 하나님의 뜻에 따라서 온 세상을 다스리는 것입니다. 아담은 그렇게 할 수 있는 지식과 의로움과 거룩함을 가지고 있었던 것입니다. 따라서 그는 자신에게 주어진 사명을 하나님의 뜻에 대한 온전한 인식과 존중 가운데서 이룰 수 있었습니다. 그리고 그것은 하나님에 의해서 피조함을 받은 그의 마땅한 의무였습니다. 그런데 하나님께서는 그가 이 의무를 다하면 그에게 놀라운 보상을 주시기를 기뻐하셨습니다. 물론 그가 이 의무를 다하지 않고 자신의 뜻에 따라 살아가면 그는 하나님에게서 떨어지게 되고 그것은 곧 사망이라는 것도 분명한 사실이었습니다.

하나님께서 이를 알리시고 표현하시기 위해서 아담으로 하여금 다스리고 지키도록 하신 에덴동산 중앙에 한 나무를 만드시고 그 나무의 열매를 먹지 말라고 금하시는 형식을 취하셔서 명령을 내리셨습니다(창 2:17). "먹는 날에는 정녕 죽으리라"는 이 말씀은 이 나무의 열매에 무슨 독(毒)이 있어서 이런 일이 발생한다는 말이 아니고, 하나님께서 내신 계시의 말씀에 주의하지 아니하고 사는 생활의 결국은 생명의 원천이신 하나님과 분리된 것이므로 결국 죽음임을 선언하시는 말씀입니다.[1] 하나님께서 왜 우리에게 이 땅을 다스리는 일을 하게 하셨는지, 그 일을 하나님께서 내신 원칙에 따라서 감당하게 하셨는지를 생각하지 않고 그저 마음대로 살아가는 삶은 결국 죽음에 이르는 삶이라는 것입니다.

그러나 이 금지의 명령에는 또한 놀라운 선언과 약속의 말씀이 들어있기도 합니다. 그것은 만일 하나님의 말씀에 의존하고 살아간다면 하나님께서 사망과는 정반대의 것인 참 생명, 영원한 생명을 주시겠다고 하시는 것입니다. 이는 말로 표현되어 있지는 않지만 이 금령 안에 내포되어 있는 것입니다. 또한 이것은 이 금령을 지킬 경우에 허락되어 있는 생명나무로도 상징되어 있습니다.[2] 생명나무도 그 자체에 어떤 놀라운 생명의 능력이 있어서 사람의 생명을 유지해 주고 증진시키는 일종의 불로초나, 불사의 약이 아니라, 순종하는 사람들에게 하나님께서 부여해 주시는 충만한 생명을 상징하는 일종의 성례전적 나무였던 것입니다.[3]

그러므로 이 선과 악을 알게 하는 나무의 열매를 먹는가 아닌가 하는 것은 평소에 하나님께서 내리신 계시를 얼마나 존중하며, 그 말씀에 대해 얼마나 주의를 기울이고 살아가느냐 하는 것을 밖으로 드러내는 한 시금석(criterion)인 것입니다. 하나님께 의존하며 그의 뜻에 따라

---

[1] 이 점을 분명히 밝히고 있는 Geerhardus Vos, 『성경신학』, 개정역, 이승구 옮김 (서울: CLC, 2000), 의 해당 부분과 그를 따르고 있는 건전한 성경 해석자들을 참고하십시오.

[2] 이에 대해서도 Vos, 『성경신학』, 해당 부분을 숙고하면서 읽어 주십시오.

[3] 이 용어도 보스에게서 온 용어입니다. 이를 비롯해서 이 문제에 대한 좀 더 깊이 있는 논의로 이승구, "생명에 대한 종말론적 접근", 「신학 정론」 27/2 (2009년 11월): 217-44과 그에 인용된 내용들을 숙고하면서 읽어 보십시오.

주어진 사명을 이루어 나가면 그것이 복된 것이고, 그에 대해서 하나님께서는 참 생명, 생명의 의미에 충실한 생명을 상급으로 주신다고 하시는 것입니다. 그러나 또 한편 하나님께 의존하지 아니하고 자기의 뜻을 주장하고 나아가는 삶은 소망이 없고 결국은 죽음뿐이라고 하십니다. 그러므로 아담은 궁극적 생명이냐, 궁극적 사망이냐 하는 것을 선택해야 했던 것입니다. 그것도 우리가 말한 대로 우리의 대표로서 말입니다.

그런데 우리가 창세기 3장의 기록을 통해서 발견할 수 있는 것은 결국 아담이 사망의 길로 나아갔다는 것입니다. 그는 하나님께서 먹지 말라고 말씀하신 나무의 실과를 먹었고(창 3:6), 이로써 자신이 하나님의 말씀에 의존하고 있지 않음을 드러낸 것이 됩니다. 이에 따라 그는 곧바로 하나님을 두려워하게 되었고 하나님 앞에서 피하여 숨는 존재가 되었습니다. 또한 하나님께서는 그에게 형벌을 선언하십니다(창 3:17-19). 즉, 그는 땅에서 수고하여야 땅의 소산을 먹을 것이고, 결국은 땅으로 돌아갈 것이라고 하시는 것입니다. 우리의 대표인 아담의 불순종의 결과가 이처럼 비참한 것입니다. 그런데 아담이 우리의 대표이므로 그의 비참은 곧 우리의 비참입니다.

3. 대표 아담의 부패와 우리의 관계

우리의 대표 아담은 하나님의 뜻에 불순종하여서 (1) 하나님으로부터 떨어지게 되었고, (2) 이 세상에서 고생하며 살다가, (3) 결국은 죽게 되었고, (4) 그 후에는 자신의 이 범죄에 대한 '영원한 형벌'을 받아야만 하게 되었습니다. 그런데 그가 이 불순종을 한 것이 우리의 대표로서의 지위와 대표의 자격으로 한 것이면, 이런 상황은 그대로 우리에게도 적용되는 것입니다. 따라서 우리도 한 사람 아담 안에서 ⑴ 하나님으로부터 떨어진 것이고, ⑵ 그처럼 이 세상에서 고생을 하다가 ⑶ 결국 죽게 되었으며, 후에는 ⑷ 영원한 형벌을 받게 되었습니다. 이 세 가지 사실 가운데서 사람들이 가장 쉽게 납득할 수 있는 것은 아마 두 번째와 세 번째 사실일 것입니다. 우리 모두가 고난 중에 있고 결국은 죽는다는 현실은 누구나 다 인정합니다. (물론 이것이 한 사람 아담의 우리의 대표로서의 범죄 때문에 있게 되었다는 것을 인정하는 이들은 오직 성경을 통해서 이 가르침을 받은 사람들뿐이지만 말입니다.) 그러나 아담의 대표로서의 불순종으로 말미암아 물리적 죽음만이 아니라, 하나님으로부터의 분리라는 영적인 사망과 후에 있을 영원한 형벌(영원한 사망)도 초래한 것입니다.

우리의 부패성은 이 중에서 하나님과의 분리라는 영적 사망에서 나오는 현실입니다. 아담이 하나님에게서 분리된 후에는 적극적으로 하나님의 뜻을 따르지 않음은 물론 계속해서 범죄하고 또 그렇게 하지 않을 수 없는 상황 중에 처하게 되었듯이, 우리도 역시 같은 상황 가운데 있는 것입니다. 우리는 처음 창조함을 받은 아담과 같은 성향을 가지고 태어나는 것이 아니라, 아담이 불순종한 후에 처하게 된 그 타락하여 부패한 본성을 가지고 태어나기 때문입니다. 따라서 우리가 하나님과 이웃을 미워하는 성향을 가진 것은 하나님의 창조가 우리를 그렇게 만든 것이 아니고, 고귀하신 하나님의 창조와 인류를 향한 그의 뜻에서 벗어난 불순종에서 유래하는 것입니다.

4. 본성의 부패성의 정도: 얼마나 부패하였는가?

이 최초의 불순종의 결과로 우리의 본성이 부패하고 우리는 죄 가운데서 수태되고 태어나는 것입니다(제 7 문에 대한 대답). 최초의 죄로 인한 본성의 부패와 최초의 죄에 대한 죄책[형벌 받아야 마땅함]을 우리는 원죄(原罪, original sin)라고 부릅니다. 원죄의 첫 요소인 이 본성의 부패는 얼마나 심각한 것인지, 이에 대해서 하이델베르크 요리문답은 "우리가 그어떤 선도 전혀 행할 수 없으며, 모든 악에로 향하는 성향을 가질 정도로 그렇게 부패되었습니까?"고 묻고는 "그렇습니다 하나님의 성령에 의해서 다시 나지 않으면 우리는 그러합니다"고 대답하고 있을 정도입니다(제 8 문답).

우리의 본성의 부패는 아주 괴악한 것이어서 (1) 그것은 우리로 그어떤 선도 전혀 행할 수 없게 하는 것이라는 이 말은 우리가 악마와 같이 되었다는 말이 아니고, 우리는 하나님께서 보시기에 선한 것으로 인정하실만한 것을 내지 못한다는 말입니다. 소위 시민적인 선(civil good), 자연적인 선(natural good)은 부패한 사람들에 의해서도 행해질 수 있습니다. 즉, 부패한 사람도 그 부모와, 그 자녀를 사랑하고, 이웃과 따뜻한 정을 나누기도 하며, 나라를 사랑하고 사람을 위해 온갖 희생을 하기도 할 수 있습니다. 그러나 그것이 하나님 보시기에 선할 만큼 온전하지 않고 오히려 죄와 부패에 물들어 있는 것이라는 말입니다. 따라서 (2) 부패한 본성은 우리를 실제적인 온갖 악에로 향하게 하는 것입니다. 우리가 선하다고 하는 것조차도 악으로 물들어 있기에 이런 말이 나오는 것입니다. 이런 현실을 가르쳐서 전통적으로는 "전적 부패"(total depravity)라고 합니다. 이는 모든 부분에 폭넓게 미치는 부패라는 뜻입니다.

그리고 (3) 이 본성의 부패는 우리 자신의 힘으로 고쳐질 수 있는 것이 아닙니다. 우리를 새롭게 하는 일에 대해서 부패한 사람은 자기 자신을 고치는 일이나 새롭게 하는 일에 있어서 전적으로 무능력한 것입니다(total inability). 오직 하나님의 창조적 능력만이 우리를 새롭게 할 수 있을 정도로 우리가 부패한 것입니다. 따라서 하나님의 성령에 의해서 다시 낳아진 사람만이 이런 본성의 부패로부터 자유로운 것입니다. 이런 우리의 상황을 잘 아는 사람들은 우리의 능력으로 이 본성의 부패로부터 건짐을 받을 수 있다고 생각하지 않습니다. 따라서 하나님께서 구원하심이 하나님의 크신 능력으로 베푸는 일임을 인정하며 하나님께 크게 감사하게 되는 것입니다.

제 7 강

우리의 죄악과 하나님의 의로우심

본문: 창세기 3:16-24.

이 땅에서 하나님을 섬기는 우리에게는 무엇에 대해서 생각하든지 간에 그 주제들로부터 하나님의 어떠하심을 생각하는 것이 중요합니다. 인간의 죄악과 관련해서는 우리가 하나님의 어떠하심을 배울 수 있을까요? 하이델베르크 요리문답은 우리의 죄악과 이에 대한 하나님의 처리와 관련해서 하나님의 의로우심을 이중적으로 선언하고 있습니다. 첫째는 사람들에게 하나님의 뜻을 잘 따르도록 요구하시는 것과 관련해서 하나님의 의로우심을 말하며, 둘째는 사람들의 죄에 대해서 형벌을 내리시는 것과 관련해서 하나님의 의로우심을 말합니다. 우리도 하이델베르크 요리문답을 따라서 이 두 가지 측면에서 하나님의 의로우심을 생각해 보기로 합시다.

1. 우리에게 하나님의 뜻을 수행할 것을 요구하시는 하나님은 의로우시다.

인간이 철저하게 부패해서 하나님의 뜻을 제대로 수행할 수 없음을 말하고 나면 사람들의 마음속에는 그 부패한 심성에서 "하나님께서 그 율법 가운데서 사람이 수행할 수 없는 것을 요구하시는 것은 잘못된 것이 아닙니까?" 라는 식의 질문이 제기될 수 있습니다. 교육적인 요리문답인 하이델베르크 요리문답에서는 이 질문을 미리 제기하여 인간들의 부패한 심성에서 나오는 질문을 방지하며, 그런 질문에 대해서 미리 대답을 해 주고 있습니다(제 9 문). 그 대답은 한 마디로 하나님에게는 조금도 잘못이 없다는 것입니다. 왜 그렇습니까?

첫째로, 하나님께서는 처음에 사람들이, 특히 인류의 대표자로서의 아담이 하나님께서 그의 율법 가운데서 요구하시는 것을 다 행할 수 있도록 만드셨기 때문입니다. 하나님은 모든 조건을 다 허락하셔서 사람이 하나님의 명령하시는 바를 행할 수 있도록 하셨습니다. 사람을 하나님의 뜻을 준행할 수 있게 만드시고 그런 사람에게 명령을 하신 것은 전혀 잘못된 것이 아닙니다.

둘째로, 사람은 자신의 고의적인 불순종으로 자신과 모든 후손의 "하나님의 명령을 행할 수 있는 능력"을 상실했기 때문입니다. 그러므로 이 능력을 상실한 책임이 사람에게 있는 것입니다. 그렇기 때문에 사람에게 하나님의 뜻을 따를 것을 요구하시는 하나님께는 잘못된 것이 조금도 없는 것입니다. 하나님은 사람을 옳고 바르게 지으셨으나 사람이 어그러지게 만들었고 또 지금도 어그러진 길로 가고 있기 때문입니다.

2. 죄에 대하여 형벌을 내리시는 하나님은 의로우시다.

하나님은 우리가 타고난 죄와 스스로 범한 죄들을 아주 불쾌하게 여기실 정도로 의로우십니다. 그의 의로우심은 우리의 모든 죄악을 참아 보실 수 없을 정도의 것입니다. 하나님의 이러하심을 잘 인식하고서 하박국 선지자는 "주께서는 눈이 정결하므로 악을 참아 보지 못하시며, 패역을 참아 보지 못 하신다"고 말한 바 있습니다(합 1:13상). 하나님께서는 당신님의 본성의 성격상 죄를 묵과하실 수 없습니다. 따라서 하나님께서는 우리의 죄에 대하여 공정한 심판으로 형벌하십니다. 이 심판은 아주 공정하고 의로우니 그의 본성이 의로우시기 때문입니다. 그의 본성상 하나님은 의로운 심판을 행하십니다.

그런데 사람들의 범죄는 하나님의 가장 높은 엄위에 대하여 범하여진 것입니다. 죄는 하나님의 본성을 잘 반영하는 하나님의 뜻을 어기고 나아가는 것이기 때문입니다. 따라서 이것에 대해서 사람은 가장 극심한 형벌을 받아야 합니다.

그 형벌이 내용이 어떠한 것인지를 찬찬히 생각해 보기로 합시다. 먼저는 기본적으로 인간이 전인으로서 범죄한 것이므로 형벌도 전인으로 받지 않을 수 없다는 점을 말해야 합니다(제 11 문에 대한 답). 몸과 영혼으로 범죄한 인간은 몸과 영혼의 형벌을 받는 것입니다. 이 전인(全人)이 받는 형벌은 시간 내에서 받는 형벌과 영원에서 받는 형벌로 나눌

수 있습니다(제 10 문에 대한 답).

(1) 시간 내에서 받는 형벌

일단 시간 안에서 주어지는 형벌은 인간이 이 세상에 사는 동안에 받는
형벌을 의미합니다. 우리는 이 형벌의 내용을 창세기 3장에 나타나는
타락한 사람들에게 하나님께서 선언하신 심판 선고를 통해서 말할 수
있습니다. 먼저, 여자에게 내리신 형벌은 여자들에게 "잉태하는 고통을
크게 더 하신 것"입니다. 따라서 여자들은 수고하고 자녀를 낳게 되었
습니다(창 3:16상). 또 하나 여자들의 마음속에 남자를 지배하려는 소원
이 있으나 결국에는 남자의 지배를 받게 되는 일이 있게끔 되었습니다.
이를 우리 개역 성경은 "너는 남편을 사모하고 남편은 너를 다스릴 것
이라"(창 3:16하)고 옮기고 있습니다. 이렇게 이해하는 것도 좋으나 이 말
의 표현에는 후에 가인을 향해서 하나님께서 말씀하시는 "죄의 소원은
네게 있으나 너는 죄를 다스릴니라"(창 4:8하)는 말씀의 구조가 나타나고
있으므로, 그와 연관해서 해석한다면, (위에서 우리가 시사한대로) 여자와 남
자 사이에 서로를 지배하려는 우위권 다툼이 있게 되리라는 식으로 해
석할 수 있는 것입니다. 즉, 사람들 사이에 관계가 협조하고 돕는 관계
가 아니라, 서로 대립하고 투쟁하는 관계로 변한 것입니다. 남자와 여
자의 투쟁, 만인에 대한 만인의 투쟁(Homo homini lupus)이 시작된 것입니
다.

또한 남자에게 주어진 형벌은 "종신토록 수고하여야 [땅의] 소산
을" 먹을 수 있게 된 것입니다. 다른 말로 하면, "얼굴에 땀이 흘러야
식물을 먹게 되는 것입니다." 그 이유는 사람의 범죄로 말미암아 땅이
저주를 받게 되어서 땅이 가시와 엉겅퀴를 낼 것이기 때문입니다. 여기
에는 하나님의 본래 창조에는 속하지 않았던 모든 현실이 나타날 것에

대한 시사가 포함되어 있습니다. 이 세상에 있는 모든 자연적인 악이 바로 이런 것입니다. 질병, 자연의 부조화와 재난, 천재지변 등이 이에 속합니다. 하나님의 선하신 창조에는 이런 것이 있도록 의도되지 않았으나, 이제 인간의 죄악 때문에 그런 일들이 따르게 된 것입니다. 따라서 이 땅 위에서 사는 사람의 삶이 고난과 어려움으로 점철되게 되었습니다. 수고로이 일하는 삶이 시작된 것입니다. 그러므로 산다는 일, 일한다는 것이 고생과 수고로 가득 찬 일이 된 것입니다. 기쁨과 행복으로 가득차야 할 인간의 삶과 일이 고통과 슬픔으로 가득 차게 된 것입니다. 이런 상황에서는 산다는 것 자체가 고난이고 형벌이 아닐 수 없습니다. 그러므로 사람들은 삶 자체에 대해서 일종의 양면 감정을 가지게 되었다고 할 수 있습니다. 한편으로는 삶에 대한 욕구가 있으면서도, 또 한편으로는 삶으로부터 도피하려는 마음, 즉 죽음에로의 욕구가 있게 된 것입니다. 이것 역시 죄에 대한 형벌 때문에 우리에게 다가온 현실에 대한 우리의 기괴한 반응이라고 할 수 있습니다.

그러나 삶이 괴롭다고 해서 죽는다고 모든 것이 다 해결되는 것도 아닙니다. 왜냐하면 이렇게 고난의 삶을 살다가 사람들은 급기야 죽게 되는데, 이것도 인간의 죄에 대한 하나님의 형벌로 주어진 것이기 때문입니다. 죄악 때문에 하나님께서는 사람에게 "너는 흙이니 흙을 돌아갈 것이니라"(창 3:19하)고 선언하신 것입니다. 우리네 인간이 그로부터 취하여진 흙으로 돌아가는 일은 그렇게 취함을 입은 때부터 그렇게 돌아가도록 된 것이 아닙니다. 흙으로부터 취하여졌지만 인간은 아주 고귀하게 창조되어 이 땅에 있는 '하나님의 형상'이고 영원히 살 수 있었던 것입니다. 그러나 범죄한 인간은 이제 죽을 수밖에 없는 것입니다. 따라서 그는 하나님과의 풍성하고 충만한 교제를 상징하는 생명나무의 실과를 먹을 수 있는 자격이 없다고 선언되었습니다. 그것이 인간이 생명

나무가 있는 에덴동산에서 축출된 이유입니다. 범죄한 우리들 인간은 이제 하나님과의 교제의 영역 밖에 있을 수밖에 없다는 엄중한 선언이 이와 같은 식으로 표현된 것입니다.

(2) 영원히 주어지는 형벌

그러나 죽는다고 해서 하나님의 인간에 대한 형벌이 끝난 것은 아닙니다. 영혼과 몸의 분리로 이 세상에서 우리의 영혼과 몸이 받는 형벌이 끝나게 되면 그때부터 몸은 땅 속에 들어가서 썩지만 그 후에는 영혼의 고통이 시작됩니다. 그 사후 상태에서의 영혼의 고통은 잘 알 수는 없지만 최후에 우리가 부활하여서 몸과 영혼이 함께 받을 "영원한 형벌"을 생각하면 그 영원한 형벌을 영혼이 미리 받고 있을 것임을 충분히 짐작할 수 있습니다. 그러므로 인간의 영혼은 이 세상에 있을 때부터 계속해서 형벌을 받고, 몸도 이 세상에서도 형벌을 받고 죽어서 썩는 것도 형벌이며, 부활 후에도 몸과 영혼으로 형벌을 받는 것입니다. 이와 같이 하여 범죄한 사람은 몸과 영혼에 대한 영원한 형벌도 받게 되는 것입니다.

3. 형벌과 관련해서 하나님을 어떻게 생각해야 하는가?

이렇게 형벌을 받으면서 우리는 하나님이 심하시다고 생각하게 될까요? 타락한 인간의 심성은 분명히 그런 식으로 생각할 것입니다. 마치 동산 중앙에 있는 나무의 실과를 따 먹지 말라고 한 것이 하나님의 너무한 처사라는 생각을 사단이 주입시키자 최초의 여인이 그런 생각을 하게 된 것처럼, 오늘날 타락한 사람들도 하나님께서 성경에서 시사(示唆)한 바와 같이 이렇게 심판하시고 형벌하신다면 너무한 것이 아니냐는 생각을 하는 것입니다. 그래서 타락한 인간들은 하나님의 형벌은 없다든지, 죄인은 결국 없어지는 것(멸절하는 것)으로 다 끝나고 만다든지 하는 생각을 발전시켜 나가려고 합니다. 그러나 이런 생각들은 옳은 것이 아닙니다.

여기 450여년 전 하이델베르크 요리문답을 작성한 우리 신앙의 선배들의 사고의 고귀성이 있습니다. 그들은 이 하나님의 형벌을 생각하면서 이렇게 형벌하시는 하나님은 의로우시다고 선언했기 때문입니다. 즉, 그들은 하나님의 형벌에서 하나님의 공의로우심을 보았습니다. 물론 그들이 하나님의 자비로우심을 보지 못하거나 무시한 것은 아닙니다. 그들은 **"그렇다면 하나님은 자비하시지는 않으십니까?"**고 묻고는 아주 분명하게 **"하나님은 참으로 자비하십니다"**고 대답합니다(제 11 문). 그러나 그들은 이 자비와 함께 하나님의 공의로우심, 옳으심을 분명히 보고 잘 선언한 것입니다. 우리도 그 선배들의 신앙을 따라서 그의 형벌에서도 하나님의 공의하심을 고백할 수 있어야 할 것입니다.

제 1 부 기독교적 위로와 그 출발점

III. 죄로부터의 구원

제 8 강

우리 스스로 하나님의 공의를
만족시킬 수 있을까?

본문: 창세기 3:16-24.

하나님은 너무나 자비하셔서 의로우심을 잊어버리시는 분도 아니시고, 또한 너무나도 의로우셔서 자비하심 없이 계시는 분도 아니십니다. 사람들은 그렇게 조화롭게 이 둘의 관계를 잘 생각할 수 없다고 해도 하나님에게 있어서는 공의와 자비가 완벽한 조화를 이루고 있습니다. 하나님은 전체로 자비로우시며, 또한 전체로 아주 의로우십니다. 하나님의 공의와 자비의 조화를 가장 잘 나타내 보여주는 일이 우리를 구원하시는 것과 관련해서 발생했습니다. 우리 주 예수 그리스도께서 우리를 위해 구원을 이루신 일에는 하나님의 크신 자비와 엄위하신 공의가 둘 다 아주 잘 나타나 있습니다. 이 사건이 발생한 후에 이 사건과 관련된 모든 정황을 살피면서 우리는 하나님이 이렇게 자비와 공의로 충만한 분이심을 잘 깨닫게 됩니다. 즉, 우리는 우리를 구원하신 이 사건 속에서 하나님의 어떠하심을 배우게 되는 것입니다. 이제 우리는 하이델베르크 요리문답 제 2 부의 앞부분(제 12 문답-제 18 문답)을 통해서 우리를 구원하신 하나님의 구원 사건에서 어떻게 하나님의 공의와 자비가 잘 조화되어서 나타났는지를 살펴보려고 합니다.

1. 하나님의 공의가 만족되어야

"그와 같이 하나님의 의로우신 심판에 의해서 우리가 마땅히 현세적 형벌과 영원한 형벌을 받아야만 한다면, 우리가 이 형벌을 피하고 다시 (하나님의) 애호를 받기 위해서는 무엇이 요구됩니까?"(제 12 문) 하이델베르크 요리문답의 작성자들은 이와 같은 식으로 우리가 처한 비참한 상황을 소개하면서, 그러나 또 한편으로는 이로부터의 어떤 구출의 가능성이 있음을 시사하면서 이렇게 질문하고 있습니다. 이것이 얼마나 비참한 상황에 대한 묘사인지, 또한 이것이 어떤 가능성을 염두에 두고 있는 질문인지는 앞으로의 논의의 과정에서 점점 더 분명해질 것입니다. 여하간 지금 하나님께 범죄한 우리가 처한 상황은 하나님의 의로우신 심판에 의하여 현세와 영원의 형벌을 받아야만 하는 상황입니다.

이런 상황 가운데 있는 이들을 향하여 요리문답의 작성자들은 아주 냉정하게 하나님의 공의를 다시 한 번 더 언급하면서 다음과 같이 선언합니다: "하나님께서는 당신님의 공의가 만족되기를 원하십니다. 그러므로 우리는 우리 스스로나 아니면 다른 분에 의해서 하나님의 공의를 온전히 만족시켜야만 합니다"(제 12 문답). 하나님의 공의에 대한 이 선언이 담긴 이 대답은 우리가 처한 처지를 좀더 분명하게 해주고 있습니다. 하나님의 형벌을 피하고 다시금 하나님의 호의와 애호를 받는 입장로 나아가기 위해서도 하나님의 공의를 만족시켜야 한다는 것입니다. 우리가 죄를 지었을 때 하나님의 형벌을 받아 마땅함도 하나님의 공의(의로우심) 때문이라면, 이 형벌을 받아 마땅함에서 벗어나기 위해서도 하나님의 공의를 만족시켜야 하는 것입니다. 그만큼 하나님은 의로우신 분이십니다. 그 분은 죄에 대해 형벌을 하시지 않고 그저 넘어 가실 수 있는 그런 종류의 존재가 아니십니다. 그는 온전히 의로우시기에 범죄에 대해서는 마땅한 형벌이 그의 거룩하심으로부터 나오게끔 되어 있다고도 할 수 있을 정도입니다. 하나님의 거룩(구별되심)이 죄와 그 죄를 범한 자를 돌격하게끔 되어 있다고 할 수 있습니다.

그러므로 우리는 엄위하신 하나님께 순간순간 다음과 같이 기도하지 않을 수 없습니다: "주님! 우리의 죄를 지금 이 순간에도 용서하옵소서! 그러하지 아니하시면 우리 모두가 당신님의 거룩하심에 의해 멸망할 것입니다. 우리를 불쌍히 여기사 우리의 죄를 용서하소서!" - 그러나 이 기도가 우리로 하여금 하나님의 용서나 그 근거가 되는 자비와 사랑을 오해하도록 해서는 안 될 것입니다. 하나님의 용서는 값싼 용서가 아니기 때문입니다. 우리의 이 기도는 앞으로 우리가 고찰할 하나님 당신님께서 갚으신 아주 값비싼 대가를 믿는 마음으로 받아들이면서 그 토대 위에서 믿음으로 하는 기도입니다.

하나님의 공의에 의한 형벌을 벗어날 수 있기 위해서는 우리 스스로가 하나님의 공의를 온전히 만족시키든지, 다른 분이 그 공의를 만족시켜주어야만 한다고 했습니다. 이제 하이델베르크 요리문답의 물음과 대답을 따라서 그 하나 하나의 가능성에 대해서 생각해 보기로 하겠습니다.

2. "우리 스스로 하나님의 공의를 만족시킬 수 있습니까?"
(제 13 문)

(1) 자력 구원 주장

만일에 우리 스스로 하나님의 공의를 온전히 다 만족시킬 수 있다면, 우리는 우리 스스로 하나님의 공의에 의한 현세와 영원의 형벌을 다 피하고, 하나님의 호의와 애호의 상태에로 회복될 수 있다는 것이 됩니다. 그것은 결국 우리 스스로 우리의 죄악의 문제를 해결할 수 있고, 따라서 우리 스스로 우리를 구원할 수 있다는 말이 되는 것입니다. 소위 자력 구원(自力救援, autosoteria)의 가능성이 있다고 하는 말이 됩니다. 이런 주장을 하는 사람들이 이 세상에는 아주 많이 있습니다. 따라서 이런 자력 구원 주장은 여러 가지 형태로 나타납니다.

첫째로, 사람은 구원받을 필요가 없다는 주장도 결국 스스로가 자신들의 문제를 해결할 수 있다고 주장하는 것이므로 사실은 자력 구원을 주장하는 것이 됩니다. 과거에도 이렇게 생각하는 이들이 있어 왔지만, 특히 르네상스 이후 인문주의적 태도를 유지하는 소위 현대인들은 기본적으로 이런 태도를 유지하고 있습니다. 마치 우리가 우리들 스스로의 문제를 다 해결할 수 있을 것처럼 생각하는 것입니다. 인간들이 함께 노력해 가면 우리들 사회의 모든 문제를 해결하고, 결국에는 이 땅위에 유토피아(utopia, 地上天國)를 이룰 수 있는 듯이 생각하는 것입니다. 양차 세계 대전 이후 인간성에 대해 깊이 실망해 버리고서도 사람들은 참된 절망을 상실한 채, 스스로 문제를 해결할 수 있고, 또 그렇게 하지 못한다고 해도 그런 방향을 향해서 최선의 노력을 다해 가는 것이 인간적인 것이라고들 생각하고 있습니다. 소위 현대의 실존주의자들이 그렇게들 합니다. 결국 현대인을 비롯한 인간들은 자신들 스스로가 문제를 해결해 보려고 노력하는 것입니다. 그것이 쓸데없는 수고일 뿐이라는 것을 아는 사람들 조차도 계속해서 그 길 위에서 나아가기를 노력하고, 또 그렇게 하라고 사람들을 권하고 있습니다. 그것만이 우리 손에 쥐어진 유일한 길이므로, 그렇게 하는 것이 인간다운 일이라고들 합니다. 이렇게 사람들은 자신의 길을 자신들이 개척해 나가려고 합니다. 자신만이 자신의 삶의 주인이라는 것입니다.

그러나 이것은 현대인들의 문제만이 아닙니다. 하나님을 떠난 사람들은 처음부터 하나님이 아니라 우리 스스로가 우리의 삶을 주관해야 한다고 교만(hubris)의 죄를 범한 것입니다(창세기 3장). 그러므로 이는 창세기 3장 이후에 계속해서 나타나는 인간의 문제입니다.

참 하나님을 떠난 인간들의 종교성이 만들어낸 이 세상의 대부분의 종교들도 인간 스스로가 구원을 이룰 수 있다고 옛적부터 주장해 왔습니다. 불교를 그런 자력 구원 주장의 가장 대표적인 예로 들 수 있습니다. 우리가 노력해서 해탈, 또는 열반의 경지에 이르면 우리가 부처[佛]가 될 수 있다는 그 주장에서 그렇습니다. 그것은 개인의 문제를 해결하는 것일 뿐만이 아니라, 사회와 세계의 문제를 해결하는 길도 된다고 보는 그 태도에서도 그렇습니다. 또한 유교의 윤리적 세계관도 결국은 그런 자기 노력에 의해 인간의 문제를 스스로 해결해 보려는 것이라고 할 수 있습니다.

이렇게 인간들은 처음부터 이런저런 다양한 태도로 스스로를 주장하며 자신들이 구원을 이룰 수 있을 것 같이 주장해 왔습니다. 때로는 자신의 주먹을 믿는다는 식으로 완강하고 소박하게 자력 구원의 주장을 하는가 하면, 또 때로는 아주 교묘하게 스스로의 무력(無力)함과 문제를 잘 지적하면서도 결국은 인간 스스로가 인간의 문제를 해결하려고 할수있다는 주장을 하는 것입니다.

3. 자력 구원 주장 (2): 특별 계시를 받은 이후에 나타난 자력 구원 주장

둘째로는 좀 더 교묘한 형태의 자력 구원설을 말할 수 있는데, 이는 하나님의 특별 계시를 받아 그 은혜를 받았으면서도 그 하나님의 계시를 제대로 받지 않아서 하나님의 특별 계시를 가지고도 그런 자력 구원을 생각하는 것입니다. 하나님의 특별 계시를 받았으므로 그 교훈을 받아서 하나님의 은혜를 말하면서도, 결국에는 우리가 하나님의 율법을 지키면 그런 노력과 그 공로와 의에 의해서 구원함을 얻을 수 있다고 주장하는 것이 이에 해당합니다. 그렇게 하는 사람들이 과연 있었는가 하고 물으면, 현대의 학자들은 마치 그런 사람들이 없었던 듯이 주장하려고 하지만, 결국 예수님과 바울의 비판의 대상이 된 유대인들의 사고는 사람이 하나님이 주신 율법을 지킴으로써 구원을 얻는다고 하는 것이었음을 부인하기 어렵습니다. 특히 바리새인들이 하던 사고는 하나님의 은혜로 인한 하나님의 율법에 대한 강조는 하나님의 도우심에 대한 강조에도 불구하고, 결국은 각자가 하나님의 율법을 신실하게 지키는 일에 큰 강조가 주어져서, 그렇게 신실하게 율법을 지켜 나가는 사람들에 대해 하나님께서 은혜스럽게 대해 주실 것임을 강조하여 궁극적으로 인간의 힘에 의한 구원을 생각하도록 합니다.

예수님과 바울은 이런 식의 생각을 강하게 비판하고, 인간들은 전적으로 하나님의 능력과 주권과 은혜로만 구원 얻을 수 있음을 잘 가르

펠라기우스
(Pelagius, ca. AD 354 - ca. AD 420/440)

처 주었습니다. 그런데, 사람들은 이 가르침에 충실하지 못해서 이런 저런 이유로 사람들 자신들의 능력으로 구원을 받을 수 있다고 생각하는 사람들이 교회 안에 계속 있어 왔습니다. 예를 들자면, 어거스틴과 동시대에 살던 펠라기우스(Pelagius)라는 수도사는 하나님의 은혜를 생각하고 그리스도인들이 참으로 신실하게 윤리적으로도 흠 없이 살아야함을 강조하다가 결국은 사람들이 자신들의 힘으로 하나님의 뜻을 잘 행하면 구원을 얻을 수 있다고 가르쳤던 것입니다.

어거스틴이 이를 강력하게 비판하고 하나님이 은혜를 주셔야만 사람이 하나님의 뜻을 행할 수 있음을 강조했음에도 불구하고, 그의 전통에 나름대로 충실해 보겠다고 하던 중세의 천주교회는 (그리고 지금의 천주교회도) 결국은 반(牛)-펠라기우스적인(semi-Pelagian) 입장을 견지하여 한편에서는 펠라기우스파의 원죄 부인에 반대하여 원죄와 세례받을 때까지의 죄는 오직 예수 그리스도의 속죄에 의해서 해결되고 용서되지만, 세례 받은 자들에게는 하나님의 은혜가 주입되어서 그것에 의해 습성적으로 하나님의 뜻을 행하는 사람들의 실질적인 공로에 의해 종국적 구

어거스틴(보틸첼리 作)
Aurelius Augustinus Hipponensis (354 - 430)

원이 주어지게 된다고 가르쳤던 것입니다. 결국 이것도 하나님과 그의 은혜와 그 은혜에 의한 변화, 그리스도의 속죄의 필요성에 대한 강조에도 불구하고, 결국은 사람이 힘써서 이루는 의와 공로에 의한 구원을 주장하는 것이 아닐 수 없습니다.

이런 입장의 공통점은 결국 인간의 타락에 대해서 그렇게 심각하게 생각하지 않는다는 점입니다. 물론 개개의 주장에 따라서 타락의 심각성을 생각하는 정도의 차이가 있습니다. 은혜의 상태에서 죄악의 상태로의 타락이 없다고 보는 입장에서부터, 심각한 문제가 발생하여 사람에게는 소위 본래적 고악(radical evil)과 같은 것이 있으나 그것에도 불구하고 사람들이 스스로 문제를 해결할 수 있다는 입장, 그리고 심각하게 타락하여 죄악의 상태 가운데 있으나 하나님의 형상은 본래적으로 선하게 남아 있어서 그것을 가지고 노력을 하여 나가면 은혜의 상태에 이를 수 있다는 다양한 입장이 있습니다. 그러나 이 모두의 공통점은 그래도 인간이 스스로 노력하여 나갈 만한 여지는 있는 것이라고 생각하는 데에 있습니다. 그것에 근거해서 계속 노력하여 나가면 결국 구원에 이를 수 있다는 것입니다.

4. 자력 구원 주장(3): 가장 교묘한 형태의 자력 구원 주장

종교 개혁자들이 일어나서 천주교회의 이러한 자력 구원에 대한 가르침
이 비성경적이고 옳지 않은 것임을 강력하게 주장하고, 인간들이 구원
을 얻으려면 오직 하나님의 은혜에 의해서 베풀어주시는 구속에 의해서
만 구원을 얻을 수 있다고 성경적 입장을 천명한 후에는 이런 개혁자들
의 주장에 충실한 사람들에게는 이런 인간의 의와 공로에 의한 구원을
생각하는 사람들은 없었습니다. (물론 세월이 지나자 개혁자들의 입장에 대해 비판
을 하면서 비성경적인 입장을 주장하며, 천주교회의 구원에 대한 가르침과 절충을 시도하거나
(Hans Küng), 아주 자유스러운 입장을 제시하며 그것이 개혁자들의 원리에 충실한 것이라고
생각하는 이들(Rudolf Bultmann, Paul Tillich)도 생기기는 하였습니다. 그러나 이들은 일단
개혁자들의 가르침에 충실하지 않은 이들로 간주하고서 우리의 논의 밖에 두도록 하겠습니다).

그러나 개혁자들 이후에는 가장 교묘한 형태의 자력 구원 주장이
나타났으니, 이는 하나님의 은혜로 말미암는 구원을 주장하면서도 최후
의 한 마디만을 바꾸거나 하는 것입니다. 예를 들자면, 하나님께서 예
수 그리스도의 십자가 구속 사건을 통하여 모든 구원의 가능성과 토대
를 마련해 놓았으나, 하나님께서 전적으로 구원하시는 것은 아니고 최
후의 결정은 각각의 사람들이 하도록 했다고 주장하는 것입니다. 이렇
게 되면 결국 최종적인 것은 하나님의 뜻이 아니라, 사람들의 뜻이 되
어 버리고 마는 것입니다. 왜냐하면 최종적인 결정은 사람들이 하도록
되어 있는 것이니 말입니다. 이런 주장은 하나님께서 하시는 구원을 말
하려고 하면서도 사람들의 타락의 정도가 적어도 '구원의 복음'이 제시
되면 타락한 사람들도 그것에 반응할 수는 있을 정도였다고 하는 것입

니다.

5. 우리의 현실

과연 우리는 그 어떤 형태로라도 우리의 힘으로 우리를 구원할 수 있는 것일까요? 하이델베르크 요리문답의 작성자들은 그렇지 않다는 것을 아주 잘 알고 있었습니다. 그래서 그들은 "우리는 오히려 날마다 우리의 죄책을 증가시킬 뿐입니다"(제 13 문에 대한 대답)라고 고백하였습니다. 이는 아주 실존적인 고백입니다. 우리네 인간이 어떠한 존재임을 아주 잘 아는 고백이 아닐 수 없습니다. 우리의 현실은 우리 스스로가 하나님의 공의를 만족시킬 수 없습니다. 우리는 오히려 날마다 하나님의 형벌을 받기에 마땅한 죄책을 더욱 더 증가시키고 있음을 경험적으로 잘 알기 때문입니다.

이런 우리의 현실에서 우리 스스로에게는 아무런 희망도 없고, 오직 하나님께서 우리를 불쌍히 여기사 구원을 베풀어주시기를 바랄 뿐입니다. 이런 현실 가운데서 참으로 지혜로운 이들은 하나님의 구원만을 고요히 바랄 뿐입니다. 부디 우리는 그 어떤 형태의 자력 구원의 주장도 하지 않고서 고요한 심정으로 하나님의 구원을 바라고, 하나님께서 구원의 길을 제시하신 것을 그대로 받아 믿어 나갈 수 있기 바랍니다.

제 9 강

다른 어떤 피조물이 하나님의 공의를
만족시킬 수 있습니까?

본문: 로마서 3:9-23.

우리는 지난번에 죄악에 빠진 우리는 우리 스스로 하나님의 공의를 만족시킬 수 없을 뿐만 아니라, 날마다 죄악을 더해 가는 존재라는 것을 확실히 하였습니다. 죄악에 빠진 인간에 의한 그 어떤 형태의 자력 구원도 가능하지 않다는 것을 말했던 것입니다. "죄와 허물로 죽은 우리"(엡 2:1)에 대한 정확한 모습이 제시된 것입니다. 이런 영적 사망에 대한 이해가 바르지 못하면 우리의 구원에 대하여 여러 가지 잘못된 이해가 나타날 수 있습니다. 그러므로 우리는 인간의 영적 사망에 대한 철저한 인식 가운데서 생각해야만 합니다. 이점을 염두에 두고서, 이번에는 우리 스스로가 아닌 다른 어떤 피조물이 우리를 위해서 대신 우리의 죄악에 대한 하나님의 형벌을 받고, 그리하여 하나님의 공의를 만족시킬 수 있는지에 대해서 생각해 보도록 하겠습니다.

"우리가 행한 잘못과 죄악에 대해서 우리 대신 다른 사람이나, 다른 동물이나, 천사 등이 대신 형벌을 받고서 하나님의 공의를 만족시킬 수 있습니까?" 이것이 우리가 이번에 묻고자 하는 질문입니다. 이를 하이델베르크 요리문답 제 13 문은 다음 같은 식으로 질문하고 답하고 있습니다.

1. "어떤 단순히 피조물이기만 한 존재가 우리를 위하여 (하나님의 공의를) 만족시킬 수 있습니까?"

〈답〉"그럴 수 없습니다"(하이델베르크 요리문답 제 14 문답).

첫째로, 우리를 대신해서 하나님의 공의를 만족시킬 수 있는 사람이 없습니다. 우리가 지난번에 잘 살펴 본 바와 같이 모든 인간은 다 철저하게 부패해서 하나님의 뜻을 제대로 수행할 수 없습니다. 모든 사람은 그들 스스로가 자신의 죄악에 대해서 하나님의 공의를 만족시켜야 하는 문제를 가지고 있는 것입니다. 그러므로 아무리 선한 사람, 의로운 사람이라고 할지라도 그가 부패하고 타락한 인간인 한(限) (그리고 여기서 예외적인 인물이 있을 수 없습니다), 그는 자기 자신의 문제도 해결하지 못하는 인간일 뿐입니다.

바울 사도는 이에 대해서 "모든 사람이 죄를 범하였으매 하나님의 영광에 이르지 못하더니"(롬 3:23)라고 말하고, 또한 모든 인류를 유대인과 헬라인이라는 두 범주로 나누어 대표시키면서 "유대인이나 헬라인이나 다 죄 아래 있다고 우리가 이미 선언하였느니라"(롬 3:9)고 말하기도 합니다. 그는 또한 시편의 이곳저곳을 인용하면서 소위 인간의 죄악의 현상학을 다음과 같이 제시하기도 합니다:

> 기록된 바 "의인은 없나니 하나도 없으며, 깨닫는 자도 없고 하나님을 찾는 자도 없고, 다 치우쳐 한 가지로 무익하게 되고, 선을 행하는 자가 없나니 하나도 없도다. 저희 목구멍은 열린 무덤이요, 그 혀로는 속임을 베풀며, 그 입술에는 독사의 독이 있고, 그 입에는 저주와 악독이 가득하고, 그 발은 피 흘리는 데 빠른지라. 파멸과 고생이 그 길에 있어 평강의 길을 알지 못하였고, 저희의 눈앞에 하나님을 두려워함이 없느니라" 함과 같으니라(롬 3:10-18).

이와 같이 모든 사람이 다 죄악 속에 있으므로, 다른 이를 위해 그들의 죄악의 문제를 해결하고, 그를 위해 하나님의 공의를 만족시킬 수 있는 사람은 하나도 없는 것입니다.

둘째로, 다른 피조물이 우리의 인간의 죄를 대신해서 죽음으로써 하나님의 공의를 만족시킬 수도 없습니다.

우리가 잘못한 것에 대하여 하나님께 황소나 염소를 잡아서 속죄 제로 드리면 우리의 죄악이 그 황소나 염소의 피와 희생으로 용서될 수 있는 것이 아닙니다. 히브리서 기자는 아주 분명하게 "황소와 염소의 피가 능히 죄를 없이 하지 못함이라"(히 10:4)고 말하고 있습니다. 제사 장이 속죄제로 드리는 그 희생제물의 피 자체의 무슨 효력이 있어서 그 제사들이 속죄제가 될 수 있던 것이 아님을 분명히 말하고 있는 것입니다. 그래서 히브리서 기자는 계속하여 "제사장마다 매일 서서 섬기며 자주 같은 제사를 드리되 이 제사는 언제든지 죄를 없게 하지 못하거니와"(히 10:11)라고 말하기도 합니다. 히브리서 기자의 이런 말씀이 하나님의 말씀인 한 우리는 달리 생각할 수 없고, 우리도 그에게 동의하여 동물 희생제사가 우리의 죄를 사하지 못하는 것이라고 선언해야 합니다.[1]

셋째로, 또 다른 하나의 피조물인 천사가 우리를 위하여 형벌을 대신 받고 하나님의 공의를 만족시킬 수도 없는 것입니다. 물론 천사들은 "부리는 영(ministering spirits)으로서 구원받을 후사들을 위하여 섬기라고 보내심"을 받은 존재들입니다(히 1:14). 천사는 하나님의 뜻을 받들어서, 구원에 참여하는 사람들을 섬기는 존재들이라는 말입니다. 그런 존재가 우리의 구원을 이루는 존재는 아닙니다. 그러므로 천사가 우리를 위해 하나님의 공의를 만족시킬 수 없는 것입니다.

이처럼 피조물 가운데서는 그 어떤 사람이든지, 동물이든지, 천사이든지 우리의 죄악에 대한 형벌을 대신 받고서 하나님의 공의를 만족시킬 수 있는 존재가 하나도 없다는 것을 성경의 명백한 선언으로부터 배울 수 있습니다. 성경을 따라서 이런 선언을 한 우리는 이제 그럴 수밖에 없는 논리적인 이유를 우리의 신앙의 선배들의 추론을 따라서 진술해 보려고 합니다.

2. 다른 피조물이 우리 대신 하나님의 공의를 만족시킬 수 없는 두 가지 이유

하이델베르크 요리문답의 작성자들은 이렇게 다른 피조물들이 우리 대신 하나님의 공의를 만족시킬 수 없는 논리적인 이유를 두 가지로 제시하고 있습니다. 첫째는 하나님의 어떠하심과 관련된 이유이고, 둘째는

---

[1] 구약 시대의 동물 희생 제사와 후에 나타날 그리스도의 십자가의 관계는 후에 자세히 논의될 것입니다. 여기서는 동물 희생 제사 그 자체는 구속적 힘을 전혀 가지지 못한다는 것만을 지적하는 것입니다.

하나님 형벌의 엄중함과 피조물의 성격과 관련된 이유입니다.

첫째로, 하나님께서는 사람 자신이 잘못한 것에 대해서 그 어떤 다른 피조물에게 형벌을 내리시지 않으실 것이기 때문입니다. 하나님의 공의로우신 성격 상 하나님께서는 사람이 잘못하고 죄책이 있는 것에 대해서 다른 피조물에게 벌을 내리시지 않으시는 것입니다. 사람이 잘 못한 것은 사람이 형벌을 받아야만 하는 것입니다. 사람이 잘못한 것에 대해서 동물을 대신 벌하시거나, 천사를 대신 벌하심으로 하나님의 공의를 만족시킬 수 없다는 말입니다. 사람이 잘못한 것이므로 오직 사람만이 우리들 사람을 대신하여 형벌을 받을 수는 있는데, 우리는 이미 사람들 가운데서는 그렇게 다른 이를 위하여 형벌을 받을 수 있는 이가 없다는 것을 살펴 본 바 있습니다.

둘째로, 단순히 피조물이기만한 존재는 죄에 대한 하나님의 영원한 진노라는 부담을 받고서 다른 이들을 구속할 수 없기 때문입니다. 죄에 대한 하나님의 영원한 진노는 아주 엄청난 것입니다. 우리가 상상할 수도 없는 무시무시함이 함께 하는 것입니다. 히브리서 기자도 "살아 계신 하나님의 손에 빠져 들어가는 것이 무서울진저"(히 10:31)라고 말하지 않습니까? 이 말씀에 대한 요나단 에드워즈(Jonathan Edwards)의 묘사가 그의 설교를 듣는 이들의 마음을 아주 심각하게 움직였다는 말을 들으면서, 우리는 하나님의 죄에 대한 심판의 엄중함을 얼마나 심각하게 생각하고 있는지 물어야 할 것입니다. 죄악에 대한 하나님의 그런 엄청난 진노를 받고서 감당할 수 있는 피조물은 아주 없는 것입니다. 그러기에 그 어떤 피조물이 우리를 대신해서 하나님의 진노를 감당하고 하나님의 공의를 만족시킬 수 없습니다.

3. 한 가지 문제: 구약의 속죄제는 전혀 헛된 것이었습니까?

이렇게 우리 대신해서 죄에 대한 벌을 받고 감당할 수 있는 피조물은 없다고 생각하면서 우리는 이와 함께 이 논의 가운데서 나타난 한 가지 흥미로운 문제에 대해 질문을 하고 그에 대한 대답을 찾아보아야 할 것입니다. 그 흥미로운 질문이란 다른 피조물이 우리를 대신해서 형벌을 받아 우리의 죄를 사하게 할 수 없었다면 구약의 희생 제사 제도는 과연 전혀 쓸데없는 것이었는가 하는 질문입니다. 그렇다면 그런 희생 제사를 속죄제로 드리라고 하시던 하나님의 의도는 무엇이었습니까? 매일 서서 제사를 드리던 제사장들의 제사 행위는 전혀 쓸데없는 것이었습니까?

이런 질문에 답하기 위해서 우리는 위에서 했던 우리의 논의를 조심스럽게 되돌아 볼 필요가 있습니다. 우리는 위에서 속죄제의 제물 **자체**가 우리의 죄를 사(赦)할 수 있는 것은 아니라고 했습니다. 황소나 염소의 피가 속죄를 이루는 것은 아니라는 말입니다. 그러나 하나님께서 이런 것들을 사용해서 속죄제 제사를 드리도록 했을 때는 어떤 분명한 의도를 가지고서 그리하도록 하셨던 것입니다. 그 의도는 어떤 것이었습니까?

첫째로는 이런 속죄제를 드림으로서 사람들로 하여금 죄를 생각하게 하는 것이었습니다(히 10:3). 해마다 죄를 생각하게 하여 자신들이 죄 속죄함을 받을 필요가 있는 존재들임을 깨닫도록 하는 것입니다. 동물 희생제를 드리면서 이 동물이 이렇게 피를 흘려 죽듯이 우리도 마땅히 죽어야만 하는 존재들임을 생각하도록 하는 것입니다. 하나님의 공의 때문에 하나님은 죄악에 대해서 그렇게 반응하실 수밖에 없음을 깨닫게 하는 것입니다.

둘째로는 이런 속죄제가 참으로 우리의 죄를 사하시는 예수 그리스도의 영원하신 속죄를 바라보도록 하는 것입니다. 구약에서라도 속죄제의 제사를 드리면서 앞으로 오실 속죄주의 구속을 바라보며 믿는 이들은 그 구속의 공효(功效)를 믿음으로 미리 얻도록 하셨던 것입니다.

이 두 가지 의미 때문에 하나님께서는 크신 은혜 가운데서 구약에서라도 속죄제를 통하여 복음의 은혜에 참여할 수 있도록 하신 것입니다. 그러므로 우리는 다른 어떤 피조물이라도 우리의 죄에 대한 형벌을 받고서 하나님의 공의를 만족시킬 수 없다는 것을 배우면서 동시에 구약에서도 그리스도의 구속을 바라보며 미리 누리도록 하는 은혜가 있었음을 배울 수 있습니다. 이처럼 우리는 그 어떤 가르침 가운데서도 하나님의 크신 은혜로 말미암는 구원과 구속을 생각할 수 있습니다.

제 10 강

"그렇다면 도대체 누가 우리를 대신해서 하나님의 공의를 만족시킬 수 있습니까?"

본문: 히브리서 4:14-5:10, 로마서 1:2-4.

우리는 지금까지 죄악에 빠진 우리는 우리 스스로 하나님의 공의를 만족시킬 수 없을 뿐만 아니라, 오히려 날마다 죄악을 더해 가는 존재라는 것과 다른 어떤 피조물이 우리를 대신해서 하나님의 공의를 만족시킬 수 없다는 것을 확실히 하였습니다. 이런 논의로부터 우리는 철저한 절망 속에서 "그렇다면 도대체 우리를 대신해서 하나님의 공의를 만족시킬 수 있는 분은 누구신가?" 라고 부르짖게 됩니다. 이는 우리를 이 지독한 절망적 상황에서 구원하실 수 있는 분은 누구시냐고 묻는 것과 같은 질문입니다. 하이델베르크 요리문답의 작성자들은 "그렇다면 우리는 어떤 종류의 중보자와 구속자를 추구해야 합니까?" 라는 질문으로 묻고 있습니다(제 15 문). 이에 대한 대답으로 "참되고 죄 없는 사람이면서 동시에 모든 피조물보다 더 강력하신 분, 즉 동시에 참되신 하나님이신 분이어야만 합니다" 라는 진술을 제공하고 있습니다. 그리고 제 18 문답에서는 "그렇다면 (그와 같이) 동시에 참되신 하나님이시고, 참되고 죄 없으신 사람이신 중보자는 누구십니까?" 라고 질문한 후에 "온전한 구속과 의를 위하여 우리에게 값없이 주어지신 우리 주 예수 그리스도가 바로 그런 중보자이십니다" 라고 답하고 있습니다. 이는 우리의 유일하신 중보자이신 예수 그리스도의 어떠하심을 우리의 구원과 관련하여 설명하는 것입니다.

안쎌(Anselm of Canterbury, c. 1033 - 1109),

이러한 제시와 하이델베르크 요리문답이 그 뒤에 (제 16 문답과 제 17 문답에서) 이것을 설명하는 방식은 과거 11세기에 영국 캔터베리의 주교였던 안쎌(Anselm of Canterbury, 약 1033–1109)이라는 분이 이 문제를 설명하려고 했던 것과 상당히 비슷합니다. 안쎌도 "왜 하나님이 인간이 되셨는가?"(Cur Deus Homo?)라는 그의 글 속에서 이 질문을 사용해서 우리의 구속을 위하여 왜 예수 그리스도가 왜 온전하신 하나님(Vere Deus)이시면서 동시에 온전하신 사람(vere homo)이셔야만 하셨는지를 설명해 보려고 했습니다. 그래서 예수 그리스도께서 온전한 신성을 가지고 계시면서 인성을 취하신 것을 우리의 구속의 성격과 연관해서 설명하는 이런 설명을 안셀적인 논의(Anselmian argument)라고 부르기도 합니다. 이런 안셀적인 설명 방식에 문제가 없는 것은 아니나, 이를 어떤 논리적 근거를 마련하는 논의로 보지 않고, 그저 역사의 한가운데서 우리에게 주어진 구속자의 어떠하심을 설명하면서 그가 왜 그런 존재이실 수밖에 없었는지에 대한 우리 나름의 지난(至難)한 설명의 시도라고 본다면 그런 대로 의미 있게 생각하고 활용할 수 있는 것이라고 생각됩니다. 그러므로 우리도 이런 설명 방식을 따라서 우리의 중보자이신 예수 그리스도가 과연 어떤 분이시고, 왜 그러한 분이셔야만 했는지를 생각해 보도록 하겠습니다.

1. "왜 우리의 중보자는 참되고 죄 없는 사람이셔야만 합니까?"(제 16 문)

〈답〉 "왜냐하면 하나님의 공의는 죄를 범한 그 같은 인간성이 죄에 대해서 (하나님께) 만족을 드릴 것을 요구하기 때문이고, 또한 사람들은 그 누구나 그 스스로가 죄인이므로 다른 사람들을 대신해서 (하나님께) 만족을 드릴 수가 없기 때문입니다."

하이델베르크 요리문답의 대답은 이중적으로 제시되고 있습니다. 첫째로는 우리의 중보자가 왜 참된 사람이어야만 하는가에 대한 것이고, 둘째로는 기존의 사람들 가운데서는 이런 중보자의 직무를 감당할 수 있는 사람이 하나도 없으므로 **특별히 죄 없는 사람**이 우리를 대신해서 하나님의 공의를 만족시킬 수 있다는 것을 말합니다. 이를 하나하나 생각해 보기로 하겠습니다.

첫째로, 우리의 구속자는 반드시 사람이어야 하니, 이는 하이델베르크 요리문답이 말하는 바와 같이 "죄를 범한 같은 인간성이 죄에 대해서 하나님께 만족을 드려야 한다는 것을 하나님의 공의가 요구하기 때문입니다." 인간이 하나님께 죄를 범하고 하나님께 마땅히 드려야만 하는 영예를 범하고 하나님의 뜻을 어겼습니다. 따라서 하나님께서는 사람이 범한 이 죄악에 대해서 마땅히 벌하시게 됩니다. 하나님의 공의가 그것을 요구하는 것입니다. 그러나 하나님의 공의는 또한 사람이 범한 죄에 대해서 다른 피조물인 천사나 동물을 벌할 수 없다고 합니다. 왜냐하면 하나님께 마땅히 드려야 할 영예를 마땅히 드리지 않고, 그 영예에 손상을 가한 것은 동물들이 아니고, 선한 천사들도 아니기 때문입니다. 그러므로 인간이 범한 죄에 대해서, 인간이 하나님께 드린 손상에 대해서 하나님의 공의를 만족시킬 수 있는 분은 우리네 인간과 같은 인간성(human nature)을 가진 존재여야만 하는 것입니다. 하나님의 공의가 그것을 요구하는 것입니다. 따라서 오직 우리와 같은 인간성을 가진 존재만이 우리의 구속자가 되어 우리를 대신해서 우리의 자리에서 하나님의 공의를 만족시킬 수 있는 것입니다. 이렇게 인간성을 가진 분만이 우리를 구속할 수 있습니다.

그런데, 둘째로, 우리가 지난번에 잘 살펴 본 바와 같이 모든 인간은 다 철저하게 부패해서 하나님의 뜻을 제대로 수행할 수 없습니다. 모든 사람은 그들 스스로가 자신의 죄악에 대해서 하나님의 공의를 만족시켜야 하는 문제를 가지고 있는 것입니다. 그러므로 아무리 선한 사람, 의로운 사람이라고 할지라도 그가 부패하고 타락한 인간인 한 (그리고 여기서 예외적인 인물이 있을 수 없습니다), 그는 자기 자신의 문제도 해결하지 못하는 인간일 뿐입니다. 바울 사도는 이에 대해서 "모든 사람이 죄를 범하였으매 하나님의 영광에 이르지 못하더니"(롬 3:23)라고 말하는 것입니다. 이와 같이 모든 사람이 다 죄악 속에 있으므로, 다른 이를 위해 그들의 죄악의 문제를 해결하고, 그를 위해 하나님의 공의를 만족시킬 수 있는 사람은 하나도 없는 것입니다. 그렇기 때문에 타락한 인간들 가운데서는 우리를 대신해서, 우리의 자리에서 하나님의 공의를 만족시킬 수 있는 존재는 하나도 없습니다. 만일에 어디엔가 "죄 없는 사람"이 있다면 그는 우리를 대신해서 우리의 자리에서 하나님의 공의를 만족시킬 수 있는 존재일 것입니다.

그러므로 우리의 자리에서, 우리를 대신해서 하나님의 공의를 만족시킬 수 있는 구속자는 그의 인성에 관한 한 참된 인성을 가지고 있되, 죄가 없어야만 하는 것입니다. 그러나 만일에 이런 무죄하고 완벽한 어떤 한 사람의 인간이 있다면 그가 과연 우리의 모든 죄 문제를 다 해결할 수 있겠습니까? 이 질문과 함께 우리는 다음 문답으로 가야 할 것입니다.

2. "우리의 구속자는 왜 동시에 참된 하나님이시기도 해야 합니까? (제 17 문)

〈답〉 "왜냐하면 그의 신성의 능력으로 그의 인간성 가운데서 하나님의 진노를 담당하시고, 그럼으로써 우리에게 의와 생명을 얻고 회복시켜 주셔야만 하기 때문입니다."

우리가 그저 한 사람의 인간이기만 하면서 무죄한 한 사람을 찾을 수 있다면, 그는 어떤 다른 한 사람의 죄를 대신해서 죽고 형벌을 감당할 수 있을는지 모릅니다. 그러나 이것조차도 과연 그럴 수 있는지 의심스러운 것입니다. 왜냐하면 죄에 대한 모든 형벌을 다 감당한다는 것과 관련해서도 이 형벌은 무한한 형벌이므로 상당히 감당하기 어려운 것이므로 아무리 무죄한 인간이라도 그가 단순히 인간인 한 그것을 다 감당할 수 있다고 말하기 어렵기 때문입니다. 죄에 대한 하나님의 무한한 진노를 다 감당한다는 일은 아주 심각한 일입니다.

여기서 우리는 예수 그리스도의 죽음이 과연 어떤 것이었는지를 이해할 수 있습니다. 과거에 사형 선고를 담담하게 받아들였던 소크라테스의 죽음과 예수 그리스도의 죽음을 비교해 보려고 하던 사람들이 있었습니다. 그들에 의하면 아주 당당하게 자신의 죽음을 받아들이던 소크라테스에 비해서 겟세마네에서 고뇌에 찬 기도를 올리며 십자가를 바라보던 그리스도는 너무나도 연약해 보인다는 것입니다. 그러나 이것은 예수 그리스도가 과연 어떤 죽음을 죽어야 한다는 것을 잘 인식하지 못한 비교가 아닐 수 없습니다. 소크라테스는 비록 그가 기소당한 그 죄로는 죽을 이유가 없는 억울한 죽음을 사형으로 받는다고 해도 그는 그저 한 사람의 인간이 죽는 그런 죽음을 죽을 뿐인 것입니다. 그러나 예수 그리스도는 자신이 인간들의 죄에 대한 하나님의 무한하신 진노를 다 짊어지고서 죽는 죽음을 죽어야만 한다는 것을 너무나도 잘 알고 계셨던 것입니다.

그렇기에 그는 죄에 대한 하나님의 진노를 생각하면서, 그런 형벌과 저주의 죽음은 참으로 하나님에게서 저버림을 받는 죽음이라는 것을 알기에 그렇게도 고뇌하셨던 것입니다. 만일 그가 그저 한 사람의 인간이기만 하였다면 그는 이 무한한 진노의 부담을 견뎌 내지 못했을 것입니다. 이것을 잘 깨달은 안쉘이나 하이델베르크 요리문답의 작성자들은 그가 신성의 능력으로 그의 인간성 가운데서 이 진노를 감당하실 수 있었다고 말하는 것입니다. 그러하기에 그에게 신성이 있어야만 했다고 말하는 것입니다. 그는 이 신성의 능력으로 그의 인성으로 우리의 죽음을 대신 죽으셔서 우리를 위한 생명을 얻어 주신 것입니다.

또한 그가 그저 한 사람의 무죄한 인간이었다면 그는 다른 죄 있는 한 사람을 대신해서 그의 자리에서 그의 형벌을 받아 대신 죽을 수 있을지는 모르지만 그의 죽음을 많은 사람을 위해 대속의 죽음으로 여길 수는 없을 것입니다. 그렇다면 어떻게 해야 한 사람이 많은 사람을 대신해서 그들의 자리에서 대리 속죄의 죽음을 죽을 수 있습니까? 아무 일이 발생하지 않은 채 우리에게 이 질문을 하였다면 우리는 이에 대해 대답할 수 있는 말을 찾을 수 없었을 것입니다. 그러나 우리는 이미 예수 그리스도의 십자가 사건과 이를 우리들을 위한 대리 희생의 죽음으로 바르게 해석해 주는 예수 그리스도 자신과 사도들의 영감된 해석을 가지고 있기에, 그의 죽음이 "많은 사람을 위한 대속물"(막 10:45)이며, 그리스도는 "자기를 단번에 제사로 드려 죄를 없게 하시려고 세상 끝에 나타나셔서"(히 9:26하), "죄를 위하여 한 영원한 제사를 드리시고"(히 10:12) 승천하셔서 온 세상을 다스린다고 말할 수 있는 것입니다. 그렇다면 그의 십자가에서의 죽음이 과연 많은 사람들, 곧 자기 백성을 저희 죄에서 구원하시는 그런 죽음이었다는 것이 아주 분명합니다.

어떻게 그리스도 한 분의 죽음이 이렇게도 많은 사람들을 위한 대속의 죽음일 수 있습니까? 그의 죽음이 무한한 가치의 죽음이 아닌 한 이는 있을 수 있는 일이 아닙니다. 어떻게 그의 죽음이 무한한 가치의 죽음일 수 있습니까? 이는 그리스도께서 우리를 위해 죽으신 그 인성이 신성과 함께 하시던 인성이기 때문이라고 할 수밖에 없습니다. 물론 신성이 죽으시거나 고난을 당하시는 것은 아닙니다. 그러나 그의 인성은 처음부터 신성과 함께 하는 인성이었고, 그 신성의 인격 안에서 그 인격을 가지신 인성이었기에 그런 인성이 신성과 분리되고 그의 영혼과 육신이 분리되는 죽음을 죽으신 것은 아주 큰 값을 지불하신 것이므로 그 인성 안에서의 죽음은 무한한 가치의 죽음이라고 할 수 있는 것입니다. 그것뿐 아니라 전 생애를 걸친 그리스도의 수난, 교의학자들이 흔히 "그리스도의 소극적 순종"이라고 부르는 것이 우리를 위한 무한한 가치의 수난이 될 수 있는 것도 그의 인성이 항상 신성과 함께 있었기 때문입니다.

　더구나 하나님의 공의를 만족시킨다는 것은 주어진 삶을 살면서 하나님의 뜻을 온전히 이루는 것을 포함하는 것이므로 아무리 무죄한 사람이라고 해도 그 자신이 그 자신의 삶 가운데서 만족시켜야 할 하나님의 공의가 있는 것입니다. 그러므로 무죄한 사람이라고 그 스스로가 하나님 앞에서 하나님께 만족시켜 드릴 하나님의 공의가 있으므로 다른 이를 위하여 그 공의를 만족시킬 수 없는 것입니다. 그러나 온전하신 그리스도께서는 자신의 온전하심에 더하여 또한 온전한 순종을 통하여 하나님의 의를 이루심으로 그가 얻으신 의를 우리에게 적용하여 주실 수 있으셨던 것입니다. 즉, 그리스도께서 그의 전 생애를 통한 율법의 뜻과 요구를 온전히 다 이루심으로 하나님의 공의를 다 만족시키신 것, 흔히 교의학자들이 "그리스도의 적극적인 순종"이라고 부르는 것은 신성과 함께 하시는 그의 인성이 이룬 의(義)이고, 그러하기에 그는 이 적극적인 순종으로 얻은 이 무한한 가치의 의를 자기 백성의 칭의의 근거로 제시하실 수 있으셨던 것입니다.

3. 결론적인 말

우리는 이상에서 왜 그리스도께서 신성과 인성을 한 인격에 가지셔야 했는지를 그가 이루신 구속 사역과 연관시켜 생각해 보았습니다. 그가 이루신 구속의 성격을 생각할 때 그는 반드시 인성을 가지셔야 하고, 또한 아무리 무죄하고 흠 없는 인간이라도 그저 인간이기만 해서는 안 된다는 것을 생각한 것입니다. 그런데 우리가 이때 사용한 말에 주의를 기울여 보는 것이 좋습니다. 우리는 그가 한 사람의 인간이었는데, 그는 또 하나님의 인격도 가지고 있었다고 **말하지 않았습니다.** 그렇게 하면 그는 두 인격, 즉 인간의 인격과 하나님의 인격을 가진 것이 되기 때문입니다. 그러나 우리의 구속자는 (옛날에 네스토리우스주의자들이 생각했던 것과 같이) 이렇게 두 인격을 가지신 분이 아니시고 단일한 인격을 가지신 분이십니다. 그러기에 우리는 한 인격 안에 신성과 인성의 두 성질(two natures in one person)이 있다고 말했던 것입니다. 그러므로 우리는 이제 이 사실을 깨달은 사람들답게 용어 사용에 있어서도 세심한 주의를 해야 합니다.

그리스도는 이 세상에서 유일하신 "신-인"(the God-man)이신 분입니다. 그의 하나님으로서의 성질은 온전한 것이었습니다. 또한 그의 인간으로서의 성질도 온전한 것이었습니다. 그는 참된 인간의 몸과 인간의 합리적인 영혼을 가지셨던 것입니다. 그러나 그의 인격은 영원하신 하나님의 아들의 인격이었고, 그의 인성은 이 성자의 인격 안에서 그 인격을 가지고 있었던 것입니다. 그러기에 그는 단순히 사람이기만 하신 분이 아니시고, "신-인"(the God-man)으로 우리 가운데 계셨던 것입니다. 그밖에는 이 세상에 그런 존재는 없습니다. 그것 때문에 어떤 이들은 이상한 생각을 하고 그를 오해하고 나가려고 하지만, 우리는 그리스도께서 이런 독특하신 존재로서 우리 가운데 계셨던 것이 과연 얼마나 큰 은혜인지를 깊게 생각하면서 그의 무한하신 가치의 존재에 대해 끝없는 감사를 드리며, 그 앞에 무릎을 꿇고 감사를 드려야만 할 것입니다.

제 1 부 기독교적 위로와 그 출발점

Ⅳ. 유일한 구원자와 그에 대한 신앙

제 11 강

"우리는 우리의 유일한 중보자에 대해서 어떻게 알 수 있습니까?" (1): 낙원에서의 최초의 계시

본문: 창세기 3:1-20.

우리는 지금까지 우리를 대신해서 하나님의 공의를 만족시킬 수 있는 참되고 죄 없는 사람이면서 동시에 모든 피조물보다 더 강력하신 분, 즉 동시에 참되신 하나님이신 우리의 유일한 중보자는 "온전한 구속과 의를 위하여 우리에게 값없이 주지는 우리 주 예수 그리스도"라는 것을 논의하여 왔습니다. 하이델베르크 요리문답은 이를 논의한 후에 "당신은 이것을 어디서 알게 됩니까?"라고 묻고 있습니다(제 19 문). 이에 대한 바른 대답은 매우 간단하고 단순합니다. 왜냐하면 그것은 "거룩한 복음"으로부터 알게 되는 것이기 때문입니다. 그러나 이 "거룩한 복음"을 부연 설명하는 제 19 문에 대한 답 속에 성경 계시에 대한 아주 뛰어난 통찰력이 나타나 있습니다. 그 대답을 그대로 옮겨 보면 다음과 같습니다:

> 하나님께서 낙원에서 처음 계시하셨고, 후에 거룩한 족장들과 선지자들을 통하여 선포하셨으며, 희생 제사들과 율법의 다른 의식들 속에서 미리 보여 졌으며[豫表되었으며], 종국적으로 그의 사랑하시는 아들에 의해서 성취된 거룩한 복음으로부터 입니다.

이 다소 긴 듯한 대답 속에는 복음이 일종의 역사적 과정을 거쳐서 우리에게 주어졌다는 놀라운 통찰력이 나타나 있습니다. 이런 이해는 소위 "통속적인 루터파"의 율법과 복음을 단순히 대조하는 틀을 훨씬 넘어서는 것이며,[1] 성경을 세대주의적으로 해석하여 각각의 구원의 시대마다 하나님께서 사람들을 다루시며, 특히 구원하시는 방법이 다른 것같이 설명하는 후대의 잘못된 성경 해석을 미연에 방지해 주는 성경 계시에 대한 바른 이해를 드러내는 대답입니다. 단순하게 이야기해서, 세대주의자들처럼 구약은 율법 시대이고, 신약은 은혜 시대요 또는 복음 시대라고 말하는 것이 얼마나 잘못된 것이며, 성경에 충실하지 않을 뿐만 아니라, 과거 신앙의 선배들의 성경 계시에 충실했던 신앙고백과도 얼마나 단절된 생각이었는지를 잘 보여 주기도 하는 것입니다. 그러므로 우리는 하이델베르크 요리문답을 작성한 신앙의 선배들의 안내를 따라서 거룩한 복음이 과연 어떠한 역사적 과정을 따라 우리에게 계시

---

1 이는 루터파의 해석 속에도 제대로 된 율법과 복음에 대한 대조는 구약은 율법이고, 신약은 은혜와 복음이라는 통속적인 주장 이상의 함의를 지니고 있음을 어느 정도 인정하는 표현임에 유의하십시오. 그러나 일반적으로는 계시사(啓示史)를 무시한 율법과 복음의 통속적 대조가 루터파 안에 많았던 것을 부인하기는 어려울 것입니다.

되었는지를 간단히 생각해 보기로 하겠습니다.[2]

1. 거룩한 복음과 그 계시의 시작

복음은 처음에 어디서 계시되었습니까? 이에 대해서 정확한 대답을 하기 위해서는 복음이 무엇인지를 잘 파악해야 합니다. 복음은 얼마 전에 우리가 논의해 온 참으로 절망적인 상황 가운데서 우리를 구원해 낼 방도에 대한 좋은 소식입니다. 그런데 그 구원의 방도는 (우리가 벌써 몇 번째 논의해 온대로) 참된 인간성을 취하시고, 참된 신성을 가지신 온전한 중보자 되시는 분에 의해서 우리를 구원하는 것입니다. 그에 대한 충만하고 온전한 인식은 물론 그가 우리의 인간성을 취하셔서 세상에 오신 성육신으로부터 가능할 것입니다. 그렇다면 복음은 그가 오셔서 이루신 신약 시대에 비로소 주어졌다고 할 수 있는 것일까요? 그렇지 않습니다. 성경은 그가 이 세상에 오시기 전부터 인간의 구원을 위한 그에 관한 계시가 주어졌음을 강조하고, 우리로 하여금 조심해서 그 계시의 진전을 살피도록 하고 있습니다.

그렇다면 우리의 구원과 중보자에 대한 계시가 처음 주어진 것은 언제부터입니까? 성경을 읽다가 보면 그것은 인간이 타락하고서 하나님에 의한 구원의 필요가 있게 된 바로 그 순간부터 이미 우리의 구원에 대한 계시가 주어져 있음이 나타나 있습니다. 하나님께서 하나님의 형상으로 온전하게 지어 주신 인간이 그 온전한 형상을 왜곡시킨 일에 대

---

2 이는 성격상 매우 방대한 주제입니다. 실질상 "특별 계시의 역사"를 다루는 주경 신학적 학문 분과인 성경 신학이 바로 이 작업을 하고 있는 것이라고 할 수 있기 때문입니다. 그러므로 여기서의 논의는 지극히 단순화시킨 논의가 될 것입니다. 이에 대한 자세한 고찰을 위해서는 성경의 계시적 성격에 주의하며 진술된 성경신학 책들을 살펴보십시오. 가장 고전적이며, 가장 뛰어난 책의 하나로 게할더스 보스의 『성경신학』 (서울: 기독교문서선교회, 1985; 개정판, 2000)을 지적할 수 있을 것입니다.

한 성경의 기록은 창세기 3장에 주어져 있습니다. 최초의 인류의 하나님께 대한 불순종 – 즉, 하나님의 뜻과 계시에 주의하지 않고서 고의로(willfully) 하나님의 뜻에 반하여 나간 일은 그것이 최초의 불순종이고 죄였다는 의미에서뿐만 아니라, 전 인류의 대표로 최초의 인간이 행한 불순종이라는 의미에서 전 인류의 앞으로의 상황을 좌우하는 매우 심각한 것이었습니다. 이런 불순종과 죄에 대해서 하나님은 심판하시고 그에 상응(相應)하는 저주와 사망을 내리실 수밖에 없었습니다. 그런 정죄와 심판의 선언이 창세기 3장 14절부터 19절에 나타나고 있습니다. 그 내용은 저주와 죽음으로 가득 차 있습니다.

그런데 이 심판과 정죄의 선언이 주어지고 나자 아담은 곧바로 그의 아내의 이름을 지어 주는 일을 하였다고 성경은 기록합니다(창 3:20). 성경에서 이름을 지어 주는 것은 어떤 것의 성격을 부여하거나, 굉장한 변화를 도입시킬 때 되어지는 일입니다. 이전에 하나님의 손에 이끌려 오는 여인을 향하여 아담은 그를 남자(איש, 'ish)에게서 나왔다는 성격을 부여하는 뜻에서 "여자"(אשה, 'isha)라고 칭한 적이 있습니다(창 2:23). 그것은 참으로 여인이 지음 받은 방식을 잘 파악한 적절한 성격 부여(性格賦與)요 바른 명명(命名)이라고 할 수 있습니다.

그런데 아담이 여기 타락 상황 다음에 자기 아내에게 부여한 이름은 이 저주와 정죄와 심판과 죽음의 상황과는 잘 맞지 않아 보이는 듯합니다. 왜냐하면 아담은 그녀에게 "생명"이라는 뜻의 "하와"(חוה)라는 이름을 주었기 때문입니다. 정죄와 저주와 죽음의 상황 가운데서 "생명"이라는 의미의 이름은 너무나도 이상하지 않습니까? 이것은 도대체 어떻게 설명되어야 하는 것일까요? 하나님께서 아무런 의미도 없이 성경 계시를 주신 것이 아니라면 이 이상스러운 문제에 대하여 우리가 무엇인가 대답할 말이 있어야 할 것입니다.

아담이 그 아내의 이름을 "하와"(חַוָּה,생명)라고 지어 준 것은 그녀가 모든 산 자의 어머니(אֵם כָּל־חָי)가 되겠다는 의미로 그런 이름을 지어 준 것입니다. 이 저주와 심판과 죽음으로 가득한 상황에서 여인이 모든 산 자의 어미가 된다니 그것은 무슨 이상한 생각일까요? 우리가 아담이 정신이 완전히 나갔거나, 하나님께 지독하게 반항하는 것이라고 생각하지 않는다면 (즉, 하나님은 "너희는 이제 죽음뿐이다"고 선언하시는데, "아닙니다. 우리는 살 것입니다"라고 완강하게 고집을 세우면서 대답하는 것으로 보지 않는다면), 그 대답은 그 바로 앞에 있는 하나님의 저주와 정죄의 선언 속에서 찾을 수밖에 없습니다.

2. 저주와 심판의 선언 속에 담긴 은혜와 복음의 요소

하나님이 여인에게 주신 정죄와 심판의 내용은 첫째가 그녀가 "수고하고 자식을 낳을 것"이라는 것입니다. 하나님께서 잉태하는 고통을 크게 더하시므로 이런 일이 있다는 것입니다. 이는 물론 저주의 선언입니다. 그런데 그 저주 속에는 이제 사람이 범죄 했으므로 이제는 끝이라는 생각이 아니라, 이상하게도 사람들의 생명이 계속될 것이며, 또 자녀를 낳을 것이라는 시사가 들어 있습니다. 아담은 이것을 알아채고서 자기의 아내가 이제 자녀를 낳아 모든 산 자의 어머니가 된다는 뜻으로 그녀의 이름을 "하와"라고 한 것일까요? 그럴 수도 있습니다. 그리고 그런 함의도 있습니다. 아담은 하나님의 이 심판의 선언에서 자기 아내가 고통스럽기는 하지만 자식을 낳으리라는 것을 배울 수 있었기 때문입니다. 그러나 만일에 그렇게 낳아지는 자녀들이 여기서 선언된 대로 여자의 수고인 고통스러운 분만과 남편에 의해 지배 당함, 남자의 수고인 노동의 수고와 죽음에 놓여지게 되기 위해 태어나는 것이라면 그것은 과연 생명이라고 이름을 붙이며 크게 의미를 부여할 만한 것일까요? 오히려 "고통" 또는 "슬픔"이라고 하는 편이 더 옳지 않을까요? 그런데도 아담이 여기서 "생명"을 생각한 것을 보면 이 저주의 선언 속에 또 다른 은혜와 복음의 요소가 있다는 것을 생각할 수 있습니다. 그것은 과연 어디서 찾아 볼 수 있는 것일까요?

여인의 잉태를 좀더 시사하는 말이 바로 그 앞에 뱀에게 하시는 정죄의 선언 가운데 있습니다. 사람을 타락시키는 일에서 일종의 촉매제 역할을 한 사단의 유혹에서 도구 구실을 한 뱀에게 하나님께서는 "네가 이렇게 하였으니 네가 모든 육축과 들의 짐승보다 더욱 저주를 받아 배로 다니고, 종신토록 흙을 먹을지니라"라고 하셔서(창 3:14), 뱀이 그 때문에 가장 저주스러운 상황 가운데 있게 되리라고 말씀하셨습니다. (이 말이 뱀이 흙을 먹고 살게 되리라는 말이 아님을 기억하는 것이 좋습니다. 이 말의 정확한 뜻은 "티끌을 먹는다"는 뜻이므로, 이런 표현이 사용된 다른 곳의 용례를 따라 보면 "티끌을 핥는다"는 의미로 [시편 72:9, 사 49:23, 미 7:17 참조] 이는 뱀이 모든 것보다 더 저주를 받아서 가장 수욕스러운 위치에 처하게 된다는 말인 것입니다). 그리고는 아주 이상스러운 말이 더 주어집니다: "내가 너로 여자와 원수가 되게 하고, 너의 후손도 여자의 후손과 원수가 되게 하리니, 여자의 후손은 네 머리를 상하게 할 것이요, 너는 그 발꿈치를 상하게 할 것이니라"(창 3:15). 이 이상스러운 말 속에는 세 가지 중요한 생각이 포함되어 있습니다.

첫째로, 하나님께서는 당신님께서 친히 뱀으로 표현된 사단과 여인 사이에 원수 관계를 설정하시겠다고 말씀하신 것입니다. "내가 너로 여자와 원수가 되게 하고"라는 이 말은 여자와 뱀 사이에 있는 정서적인 적대감이나 혐오감을 지칭하는 것이 아니라, 이제까지 뱀과 함께 하나님의 뜻에 반하여 하나님과 원수 관계에 있던 여자를 하나님께서 당신님의 편으로 끌어들이시고, 오히려 뱀, 즉 (로마서 16:20, 계시록 12:9; 20;2

과 같은 신약 계시의 빛에서 밝히 말할 수 있는) 사단과 여인 사이에 원수 관계가 있게 하시겠다는 일종의 관계성에 대한 선언인 것입니다. 그러므로 이 첫째 요소에도 하나님의 놀라운 은혜의 요소가 나타나 있습니다. 하나님께서 주도권을 가지시고 여인과 사단 사이에 원수 관계를 설정하신 것입니다. 원래는 사단의 편에 속하여서 하나님의 원수인 위치에 있던 사람에게 간접적으로 선언하신 이 말에는 하나님이 여인을 자신의 편으로 무조건적으로 편입시키시는 은혜가 나타나 있는 것입니다.

둘째로, 이 적대 관계는 앞으로 여인의 후손으로 일컬어진 존재와 뱀의 후손으로 일컬어진 존재 사이에도 계속되리라고 하십니다: "너의 후손도 여자의 후손과 원수가 되게 하리니". 여기 "후손"이라고 번역된 단어는(זרע) 집합적이면서 동시에 또 개인을 지칭합니다. 일단은 여인의 후손들이라고 일컬을 수 있는 이들과 뱀의 후손, 즉 사단의 자손들(요 8:44 참조) 사이에 있을 원수 관계를 말하는 것이라고 보면 좋습니다. 그러나 종국적으로 이 투쟁에서 승리를 가져다주실 분은 한 개인인 "여자의 씨(후손)"인 것입니다.

셋째로, 이 여인의 후손과 사단 사이에는 일종의 처절한 우주적인 투쟁이 있으며, 이 투쟁에서 승리를 가져다주시는 분이 바로 여자의 후손이라는 선언이 있습니다: "여자의 후손은 네 머리를 상하게 할 것이요, 너는 그 발꿈치를 상하게 할 것이니라." 사단과 여인의 후손 사이의 이 우주적 투쟁에서 치명타를 가하시고 승리하시는 분이 여인의 후손이라는 것입니다.

이런 내용을 가진 뱀에게 주어진 저주를 조심스럽게 들었다면, 아담은 그 말씀으로부터 여인의 후손이 사단의 세력을 싸우고 이기시라는 것을 듣고 한편으로는 놀라면서 한편으로는 감사했을 것입니다. 더구나 여인에게 내리시는 심판의 말에 그 여인이 비록 고통 중에서이기는 하지만 자식을 낳으리라는 것을 듣고서 더욱 "여인의 후손"(여인의 씨)에 대한 확신을 가지게 되었을 것입니다. 그러므로 우리는 아담이 이 여인의 후손에 대한 말씀을 믿고서 이 말씀에 의지해서 이 저주와 고통과 죽음의 선고 속에서 자기 아내의 이름을 "하와"(생명)이라고 지을 수 있었다고 생각할 수 있습니다. 그는 죽음의 상황과 하나님의 저주 선언 속에서도 그 안에서 한줄기 구원의 여명의 빛이 비치고 있음을 보고서 그 구원을 가져다주실 하나님의 신실하심과 그 말씀을 믿었던 것입니다.

3. 구속자에 대한 이 최초 계시와 신약의 우리

우리는 이런 뜻에서 져스틴(Justin, 약 160년경)이나 이레니우스(Irenaeus, 약 180 년경)를 따라서 흔히 이 창세기 3장 15절을 원복음(Protoevangelium)이라고 불러왔습니다. 이 구절 안에 비록 시원적인 형태이기는 하지만 복음의 내용이 담겨 있다는 것입니다. 그러나 이런 표현 때문에 오해해서는 안 됩니다. 왜냐하면 아담은 아직 그 구원과 그 구원자에 대해서 그에게 계시되지 않은 내용을 다 안 것도 아니고, 그 내용을 다 믿었다고도 할 수 없기 때문입니다. 그는 그저 그에게 주신 하나님의 계시에 근거해서 하나님께서 언제인가 구속자를 보내셔서 사단의 세력을 무찌르시고 구원을 베풀어주실 것인데, 그 구원자가 여인의 후손으로 오리라는 것을 신실하고도 정확히 깨달았다고 할 수 있습니다. 그에게는 그것으로 충분하였고, 그렇게 그 시대에 주어진 계시에 근거해서 구원을 믿는 그 믿음으로 복음을 믿었다고 할 수 있고, 구원함을 받았다고 할 수 있습니다.

그러나 그 이후에 사람들도 늘 그러한 수준에만 머물러 있어서는 안 되고, 오히려 하나님께서 더하여 주시는 계시에 근거해서 그 믿는 바의 내용을 분명히 하고, 더 풍성히 해 나가야 하는 것입니다. 신약시대에 사는 우리는 이 최초의 계시가 우리 주 예수 그리스도의 삶과 그의 십자가의 죽으심과 부활에서 성취되었음을 볼 수 있고 믿을 수 있습니다. 우리에게는 그것을 확증하고 볼 수 있을 더 충분한 계시가 그리스도 안에서 주어졌기 때문입니다. 그렇다면 우리는 더 풍성하게 우리의 구원을 깨닫고 더 신실하게 주님을 섬겨 나가야 하지 않겠습니까? 우리 모두 더 충분하고 온전한 그리스도의 계시의 빛에서 하나님을 더 신실히 섬겨 나가십시다.

제 12 강

"우리는 우리의 유일한 중보자에 대해서
어떻게 알 수 있습니까?"
(2): 족장들에게 주신 계시

본문: 창세기 12:1-3.

우리는 지난번부터 "온전한 구속과 의를 위하여 우리에게 값없이 주어지신 우리 주 예수 그리스도"를 보여주는 "거룩한 복음"에 대해서 "하나님께서는 낙원에서 처음 계시하셨고, 후에 거룩한 족장들과 선지자들을 통하여 선포하셨으며, 희생 제사들과 율법의 다른 의식들 속에서 미리 보이셨으며[豫表하셨으며], 종국적으로 그의 사랑하시는 아들에 의해서 성취"하셨다고 말하는 하이델베르크 요리문답 제 19 문을 생각하고 있습니다. 오늘은 그 논의의 두 번째 부분으로 거룩한 족장들을 통해 계시된 복음의 내용이 어떤 것인지를 생각해 보기로 하겠습니다. 거룩한 족장들이라고 하면 주로 아브라함, 이삭, 야곱과 그의 열두 아들들을 언급하는 것입니다. 이들에게 주신 하나님의 계시는 어떤 내용을 가지고 있을까요? 먼저 아브라함에게 주신 계시부터 간단히 생각해 보기로 하겠습니다.

1. 아브라함에게 주신 약속의 내용

노아 홍수 이후에 인류가 다시 죄악 속에 빠져 있어서 그들에게 구원의 여지와 희망이 없을 때 하나님께서는 새로운 방식으로 구원의 역사를 진행하시기 시작하셨습니다. 그것은 한 사람을 선택하여서 그를 통해서 새로운 구원의 역사를 시작하는 것입니다. 이 때 선택된 사람이 아브람(אברם)이었습니다. 여기에 분명한 선택의 원칙이 나타나고 있습니다. 이 후로는 이 선택의 한계 밖에는 계시가 드물게 됩니다. 그것도 그들이 선택된 백성과 관계 중에 있을 때에만 주어지는 것입니다. 이렇게 하나님의 특별하신 사역의 전 과정이 선택된 한 인물과 그의 자손으로 이루어지는 백성이라는 좁은 통로로 한정되는 것입니다. 이 선택된 아브람에게 하나님께서는 "너의 본토 친척 아비의 집을 떠나"라고 하십니다(창 12:1).

그 이유는 첫째로 하나님께서 그에게 지시할 땅으로 가기 위한 것입니다. 즉, 이 명령 속에서 하나님께서는 아브람에게 땅에 대한 약속을 주시는 것입니다. 이 약속에 따라서 아브람이 마침내 가나안 땅에 이르렀을 때에 하나님께서는 "내가 너와 네 후손에게 너의 우거하는 이 땅 곧 가나안 일경으로 주어 영원한 기업이 되게 한다"(창 17:8)고 하셨습니다. 그리고 이 약속이 성취됨에 따라서 다윗 시대에 이르러서는 그 온전한 영토를 얻기에 이릅니다.

둘째로, 하나님께서는 아브람에게 "내가 너로 큰 민족을" 이루겠다고 하십니다(창 12:2). 이는 하나님께서 아브람에게 약속하신 땅에 살 백성들을 그가 친히 아브람을 통해서 이루시겠다고 하는 것입니다. 그리고 이런 뜻에서 아브람의 이름을 아브라함(אברהם), 즉 많은 무리의 아비라고 고쳐 주시기도 하십니다(창 17:5). 약속에 의해서 그 약속을 이룰 약속의 백성을 하나님께서 아브라함을 통해 세우시겠다고 하는 것입니다. 이것이 이루어지는 과정을 살펴보면 참으로 하나님의 크신 힘으로 이 일을 이루신다는 것을 잘 배우게 됩니다. 예를 들어서, 아브라함이 자녀가 없어서 다메섹 사람 엘리에셀을 상속자로 생각할 때에 하나님께서는 "네 몸에서 날 자가 네 후사가 되리라"고 하시고(창 15:4), 사래와 아브라함이 하갈을 통해서 아들을 얻으려고 했을 때 또 하나님께서는 "네 아내 사래가 정녕 네게 아들을 낳으리니 …… 내가 그와 내 언약을 세우리라"(창 17:19)고 하셔서, 하나님께서 준비하시고 마련하신 방법을 통해서만 그 언약의 성취를 통해서만 아브라함의 진정한 후손이 있게 될 것임을 말씀하셨습니다. 즉, 언약의 자녀들만이 진정한 아브라함의 자손으로 인정될 것이고, 그들이 큰 민족을 이루게 되리라고 하는 것을 말씀하신 것입니다.

셋째로, 하나님께서는 아브라함이 온 세상 사람에게 대해 "복의 근원"이 되게 하겠다고 말씀하십니다. 즉, 하나님께서 베푸시는 진정한 복이 아브라함을 통하여 온 세상에 주어지게 되리라는 것입니다. 그것이 주어지는 방식은 아브라함이 섬기는 하나님과의 바른 관계를 (즉, 믿음을) 가진 이들에게 하나님께서 복을 내리시고, 그 하나님과의 바른 관계를 가지지 않는 자들에게는 하나님께서 저주하신다는 것입니다. 그것이 "너를 축복하는 자에게는 내가 복을 내리고, 너를 저주하는 자에게는 내가 저주하리니" 라는 말씀의 의미인 것입니다.

2. 아브라함에게 주신 약속 속에 담긴 복음의 요소

이렇게 세 가지 내용으로 요약할 수 있는 아브라함에게 주신 약속 속에 주순 복음의 내용은 무엇일까요? 그것은 이 약속들이 실현되는 것을 살펴보면서 대답할 수 있는 것입니다. 세 가지 약속 모두에 대하여 일단 잠정적으로 지상적인 형태로 실현된 것을 살펴보고, 그것과 이 약속들이 궁극적인 형태로 실현되는 것을 비교해 봄으로써 그 약속 속에 담긴 복음의 요소를 찾을 수 있는 것입니다.

첫째로, 아브라함에게 주어진 땅에 대한 약속이 이루어진 것은 결국 아브라함의 자손인 이스라엘 백성이 출애굽하여 가나안 땅에 들어가서 그 땅을 정복하는 일에서 실현되고, 다윗과 솔로몬 시대에야 그 온전한 모습이 드러나게 되었다고 할 수 있습니다. 그러나 그것으로서 과연 이 약속이 성취된 것일까요? 히브리서에서는 아브라함이 이 땅에 대한 약속을 받고도 이삭과 야곱과 함께 장막에 거했던 것을 언급하면서 그 이유를 "이는 하나님이 경영하시고 지으실 터가 있는 성을 바랐음이니라"(히 11:10)고 말하여, 아브라함과 족장들이 궁극적으로 가나안 땅만을 바란 것이 아니라 결국 하나님께서 세우실 하나님의 도성(civitas Dei), 곧 하나님의 나라를 바랐던 것이라고 말해 주는 것입니다. 그러므로 아브라함에게 주신 땅에 대한 약속은 곧 온전히 실현될 하나님 나라에 대한 언급인 것이고, 이것은 산상수훈에서 말하는 온유한 자들이 "땅을 차지하게 되리라"는 것과도 연관될 수 있는 것입니다. 그러므로 땅에 대한 약속은 결국 하나님 나라에 대한 약속임이 드러납니다.

둘째로, 약속의 자녀들로 이루어진 큰 족속에 대한 약속은 하나님의 약속에 따라 놀랍게 얻어진 약속의 자녀인 이삭을 통해 얻은 야곱과 그 열두 아들들의 자손들이 큰 민족을 형성하게 되는 때인 애굽 생활기간 중에 실현되고, 점점 더 이스라엘 백성이 번성하여 감으로써 실현되어집니다. 그러나 이 약속의 궁극적인 실현은 세 번째 약속의 궁극적 실현과 같이 온 땅에 있는 사람들에게 아브라함과 동일한 질의 신앙[同質的 信仰]이 있게 되어서 그들이 영적인 아브라함의 자손이 되고 언약의 자녀가 되는 일에서 실현된다고 할 수 있습니다. 즉, 이 땅 위에 진정한 하나님 나라의 백성이 존재하게 될 때에야 이 약속의 궁극적 실현이 이루어진다고 할 수 있는 것입니다.

셋째로, 아브라함이 복의 근원이 된다는 것, 특히 "땅의 모든 족속이 너를 인하여 복을 얻을 것이니라"(창 12:3)는 말씀의 실현은 아브라함의 생애 중에서도 실현되는 것을 볼 수 있습니다. 즉, 아브라함과 바른 관계를 유지하며 그의 하나님에게 가는 이들은 그와 같은 복에 참여하게 된 것입니다. 그러나 이것도 궁극적으로는 아브라함의 후손으로 오신 메시아이신 예수님을 통해서 이루어지는 것입니다. 즉, 아브라함의 후손으로 오신 예수님을 통하여 이 땅의 모든 족속이 참된 복을 얻게 되는 것입니다. 그러므로 이 세 번째 약속도 결국은 하나님 나라의 실현과 관련된 것임을 알 수 있습니다.

이렇게 아브라함에게 주신 약속 속에는 후에 메시아로 오신 예수 그리스도를 통해서 실현되는 하나님 나라에 대한 약속이 있는 것입니다. 그러므로 이 아브라함 약속 속에는 천국 복음의 요소가 풍성히 있다고 할 수 있습니다. 그리고 그것이 이루어지는 것도 하나님의 초자연적인 힘만으로 되는 것입니다.

3. 아브라함에게 주신 계시와 다른 족장들에게 주신 계시, 그리고 신약의 우리

이삭이나 야곱, 그리고 그의 열두 아들들에게 주신 계시도 본질적으로는 이 아브라함에게 주신 계시와 약속에 근거하고 있습니다. 이삭이 하나님과의 언약 관계 아래서 살아간 것은 그의 어떤 독특한 능력 때문이나 그의 신앙심의 탁월성, 또는 그의 온순한 성격 때문이 아니라, 하나님께서 아브라함에게 주신 약속 때문이라고 할 수 있습니다. 그 약속대로 그는 언약의 자녀로, 또 후에는 언약의 족장으로 주어진 언약을 잘 믿고, 그 언약에 충실하게 살며, 그 언약의 내용을 잘 보존하고 전달해 주었을 뿐인 것입니다.

이렇게 언약이 이루어지는 것이 하나님의 주권적인 능력으로 된다는 것은 이삭의 쌍둥이 아들 가운데서 하나님께서 야곱을 선택하신 것에서 아주 잘 나타납니다. 그들이 아직 어머니 태 중에 있을 때에, 그들의 어떠함이 드러나기 전에 하나님께서는 야곱을 택하셨다고 했습니다. 또한 사람의 인간적인 힘이나 꾀가 어떤 사람을 하나님의 백성답게 하는 것이 아니라는 것, 오직 하나님이 그의 백성들을 백성답게 만드신다는 것이 야곱의 생애에서 잘 드러나는 것입니다. 그의 열두 아들들의 이야기도 결국은 평범한 인간들의 시기하고, 싸우며, 사랑하고, 그 사랑을 표현하는 방식에서 잘못하는 등등의 것들이 얽어진 복잡한 인간사의 단면들을 잘 드러내어 줍니다. 그러나 이 복잡함 가운데서도 하나님께서는 당신님께서 아브라함에게 주신 약속에 따라서 당신님의 구원의 역사를 진행시켜 주신 것입니다.

이 모든 것의 궁극적 실현은 우리 주 예수 그리스도께서 이 땅에 오셔서 하나님의 나라를 세우시며, 구속을 성취해 주시는 데서 실현되었습니다. 그리고 우리는 이 구속에 의해서 하나님 나라의 백성이 되었습니다. 이런 우리는 결국 아브라함의 영적인 자손이요, 이삭과 같이 약속의 자녀요(갈 4:28), 따라서 아브라함에게 약속된 복에 참여하는 사람들이고 (따라서 아브라함과 그의 후손 예수를 통해 복을 얻은 사람들이고), 하나님이 경영하시고 친히 지으시는 하나님의 도성인 하나님 나라의 백성들이어서, 급기야 그 나라가 극치에 이르게 되면 그 새 하늘과 새 땅에 참여하는 땅을 차지할 사람들인 것입니다. 이 모든 것이 우리 주 예수 그리스도를 통해서 우리의 것이 되었습니다. 그리고 이것에 대한 약속이 비록 씨앗의 형태로나마 아브라함에게 주신 약속 속에 들어 있는 것입니다. 바로 이것을 우리는 이번에 배운 것입니다. 이렇게 복음은 족장들에게 주신 약속들 속에 잘 담겨져 있던 것입니다.

제 13 강

모든 사람이 그리스도에 의해서
구원을 받습니까?

본문: 사도행전 4:1-12, 로마서 5:12-19.

1. 유일하신 구원자이신 예수 그리스도

우리는 지금까지 계시의 역사를 통해 분명히 제시된 복음으로부터 예수 그리스도만이 우리의 유일한 구원자가 되신다는 것을 배울 수 있다고 하였습니다. 구약 시대부터 분명히 약속되었고, 그리스도 자신의 사역과 이를 설명하는 사도들의 사역을 통해서 더욱 현저하게 드러난 복음의 내용에 의하면 우리는 오직 예수 그리스도를 통해서만 구원함을 얻을 수 있습니다. 이것이 분명한 사실이고 진리인 이상 우리는 그 어떤 어려움에도 불구하고서 그리스도로 말미암는 구원이라는 이 복음의 진리를 선포하고 말하지 않을 수 없습니다.

　　이런 복음의 뜻을 잘 알고 이를 선포했던 사도들의 태도도 바로 그런 것이었습니다. 따라서 그들은 자신들의 복음 선포를 방해하고 막는, 특별히 "예수를 들어 죽은 자 가운데서 부활하는 도(道) 전함을 싫어하여"(행 4:2) 잡고 가두며 심문하는 유대인의 관원과 장로와 서기관들과 대제사장들 앞에서 담대하게 다음과 같이 선언하였던 것입니다: "이 예수는 너희 건축자들의 버린 돌로서 집 모퉁이의 머릿돌이 되었느니라. 다른 이로서는 구원을 얻을 수 없나니 천하 인간에 구원을 얻을 만한 다른 이름을 우리에게 주신 일이 없음이니라"(행 4:11–12). 이스라엘의 관원들과 종교적 지배자들이 싫어하여 버린 예수 – 그가 바로 인류 전체에 대한 유일하신 구원자이시다는 것입니다. 그의 이름 외에는 다른 이름으로서는 구원을 얻을 수 없다는 것입니다.

　　이는 예수라는 이름에 어떤 마술적인 힘이 있어서 이루어지는 일이 아닙니다. 드라큘라 영화에서처럼 예수라는 이름이나 십자가 형상이 어떤 그 나름의 힘이 있어서 악한 것을 물리치고 구원을 가져다주는 것이 아니라는 말입니다. 오히려 구원은 예수라는 이름이 뜻하는 바 그분 자신에 의해서 이루어진다는 말입니다. 성경에서도 이름은 그 이름을 가지신 분을 대표하는 것입니다. 따라서 예수라는 이름이 구원한다는 것은 그 이름을 가지신 분이 구원하신다는 말입니다. 그가 그의 인격을 가지시고 이루신 그리스도, 즉 메시아로서의 사역을 통해서 우리의 구원을 이루신다는 말입니다.

　　(여기서 사족을 하나 달자면, 따라서 우리도 예수라는 이름에 대해서 이와 같은 이해를 가지고 사용해야 한다는 것입니다. 예수라는 이름 자체가 무슨 마술적인 힘이 있는 것처럼 그

자체로 역사하는 것처럼 하면 안 되는 것입니다. 그 이름을 가지신 분이 인격이시므로 이 이름도 그 분과의 인격적인 관계를 드러내는 방식으로 사용되어야 하는 것입니다. 아무런 의미도 없는 감탄사, 또는 신세 타령으로서의 "주여!" 라는 말이나, 그 분과의 인격적 관계를 드러 내지 않는 "예수의 이름으로" 라는 말은 무의미하다는 것을 유념해서 이 이름이 이렇게 사용되지 않도록 최선을 다해야 할 것입니다. 그 분이 하나님이기도 하시므로 그 분의 이름을 아무런 뜻도 없이 사용하거나, 오용하는 것은 하나님의 이름을 망령되이 일컫는 것이 된다는 것을 생각하시기 바랍니다. 이처럼 우리는 고귀하고 중요한 것일수록 그 언어를 아끼고, 꼭 필요한 경우에만 사용할 수 있어야 할 것입니다.)

존 힉
(John Harwood Hick, 1922 -)

폴 니터
(Paul F. Knitter, 뉴욕, 유니온
신학교의 the Paul Tillich Professor
of Theology, 2007년 이전에는
오하이오주 Cincinnati의 Xavier
University의 명예 신학 교수)

그러므로 우리에게 가장 고귀하고 소중한 이름 - 예수 그리스도라는 그 이름을 가지신 분이 그의 이름이 대표하는 바 그의 신인(the God-man)으로서의 인격을 가지시고 이룩하신 구원 사역에 의해서 우리를 구원하시는 것입니다. 그러므로 오늘날 전세계적으로 그 세력을 드러내고 있는 존 힉(John Hick), 폴 니터(Paul Knitter) 등의 학자들이 주장하는 소위 종교 다원주의(religious pluralism), 즉 다양한 종교를 가진 이들이 다 각기 그 나름의 방법으로 구원함을 얻으므로 구원의 길은 다양하고 다원적이라는 사상과 같은 것은 기독교와는 대척적(對蹠的)인 것이라고 해야 합니다. 성경은 분명하게 그리스도와의 관련을 통해서만 구원이 주어진다고 선언하고 있기 때문입니다. 구약의 성도나 하나님께 나아 왔던 이방인들도, 우리가 지난번에 설명한 바와 같이, 그 본질에 있어서는 신약의 복음과 동일한 것을 씨앗의 형태로나마 믿음으로써 결국 복음이 말하는 바 그리스도와의 간접적인 관계, 즉 오실 그리스도에 대한 약속과 예언을 믿는 믿음을 통해서 구원과 관련되었던 것입니다. 이처럼 그 어떤 시대에나 그리스도와의 관계 없이는 구원이 주어질 수 없는 것입니다.

혹시 신약적인 형태의 복음이 드러나고 선포되기 이전에 살던 사람들은 손해를 보는 것이고, 그렇게 되면 결국 그들에게는 불공평한 것이 아니냐고 질문할 이들을 위해서 우리는 다음과 같은 점을 지적해야만 합니다. 즉, 하나님의 계시가 기본적으로는 온 인류에게 주어진 것이며, 인류는 이를 잘 보존하고 유지하여 그 순수한 형태 그대로 그 후대에게 전달해야 하는 사명이 있었다는 것입니다. 여기서도 인류의 연대성이 잘 드러나는 것입니다. 하나님의 계시에 충실하지 않은 그 모든 책임을 우리 조상과 함께 우리도 지게끔 되어 있는 것입니다. 그러므로 이런 상황에서는 몰라서 하나님을 섬기지 않았다고, 몰라서 복음의 그 초기적 형태를 믿지 않았다고 변명할 수 없는 것입니다. 결국 그 시원적(始原的) 구원 계시에 포함된 내용에 의해서 우리의 구원이 주어진 것이기 때문입니다. 만일 최초의 구원적 계시라도 우리가 순수한 형태로 보존하고 그것을 믿었다면 우리 조상들도 구원함을 얻을 수 있었을 텐데, 그것을 순수하게 보존하고 믿지 못한 죄 때문에 복음에 참여하지 못했다고 해야 하는 것입니다.

2. "모든 사람이 아담 안에서 멸망한 것처럼 그 모든 사람이 다 그리스도에 의해서 구원함을 받습니까?"(하이델베르크 요리문답 제 20 문)

이렇게 예수 그리스도만이 우리의 유일한 구원자라고 하는 것이 인정되었다고 해서 모든 문제가 다 해결된 것도 아니며, 정확한 기독교 사상이 다 드러난 것도 아닙니다. 왜냐하면 사람의 마음이 악해서 이렇게 예수 그리스도께서 유일한 구원자이심을 인정한 뒤에라도 성경 계시 전체를 파괴하려는 일을 하기 쉽기 때문입니다. 그 대표적인 것이 예수 그리스도로 말미암는 구원에 이 세상의 모든 사람을 다 넣는 것입니다. 그 주장은 다양하나 일단 그 핵심적인 내용은 하이델베르크 요리문답 제 20 문의 질문의 형태로 표현될 수 있을 것입니다: "모든 사람이 아담 안에서 멸망한 것처럼 그 모든 사람이 다 그리스도에 의해서 구원함을 받습니까?" 물론 하이델베르크 요리문답은 이에 대해서 강한 부정의 답변을 제시합니다. 그리고 그런 부정적인 답변은 옳은 것입니다. 그러나 이 질문에는 심지어 복음에 대해서라도 그 내용을 변질시키고자 하는 인간의 부패한 마음이 잘 표현되어 있다고 할 수 있습니다. 예수 그리스도를 통한 구원이 옳다는 것을 일단 인정한 후에도 그 구원에 인류 모두가 들어갈 수 있지 않느냐고 다시 질문하는 것입니다. 이를 한 마디로 표현하면 "보편주의"(universalism)를 주장하는 것이라고 할 수 있습니다.

그런 보편주의는 결국 두 가지 논리적 근거를 제시하면서 스스로를 주장합니다. 그 하나는 소위 '사랑의 논리'라고 할 수 있습니다. 즉, 우리를 창조하시고 구원하시는 하나님은 사랑이시지 않느냐는 것입니다. "하나님은 사랑이심이라"(요일 4:8하)는 성경 구절까지 인용해 가면서, 본질적으로 사랑이신 하나님이 어떻게 당신님께서 창조하신 피조물들을 다 구원하지 않겠느냐고 하는 것입니다. 그러나 이는 그 논의가 아무리 정교하고 세상의 가장 똑똑해 보이는 학자들에 의해서 주장된다고 하더라도 결국은 사랑도, 하나님도, 성경도 모르므로 오해하는 데서 오는 논의라고 하지 않을 수 없습니다. 특별히 하나님께 필연적으로 무엇인가를 하셔야 한다고 요구하게끔 하는 이런 논의는 틀렸을 뿐만 아니라, 위험하기조차 한 것입니다. 성경이 말하는 사랑의 하나님은 당신님의 뜻에 의해서 무엇을 하시는 분이시지, 당신님의 사랑이라는 본성 때문에라도 어떤 일을 해야 한다고 강요받으실 수 있는 분이 아니시기 때문입니다.

이런 보편주의 배후의 또 하나의 논리는 소위 대표의 원리의 정확한 대칭성(symmetry)을 요구하는 논리라고 할 수 있습니다. 즉, 아담 안에서 모든 사람이 죄 속에 빠졌고, 그로 말미암아 사망이 왔다면, 정확하게 같은 수의 사람들이 그리스도 안에서 생명에 이르러야 하지 않겠느냐는 것입니다. 그러나 이는 성경의 내용에 너무나도 인위적인 기하학적인 대칭성(균형)을 부과해서 이해하려는 것이지 성경 내용 전체에 대한 바른 이해가 아닙니다.

또는 그리스도의 십자가와 부활 사건이 그 의미로 가지는 전체성에 대한 이해/또는 오해에 근거해서 이런 보편주의로 나아가는 일도 있을 수 있습니다. 그리스도께서 지신 십자가에 인류의 죄에 대한 하나님의 저주가 쏟아져 부어진 것은 사실입니다. 십자가에서 그리스도는 죄에 대한 하나님의 진노를 무마시키는 희생 제물(propitiation)이 되셨습니다. 그러나 십자가는 끝이 아니고, 끝에서 두 번째 있는 사건이라고 할 수 있으니, 그 후에는 그 모든 것을 받아들이시는 하나님의 긍정의 사건인 부활이 일어나기 때문입니다.

이런 이해로부터 좀더 나아간 어떤 이는 십자가는 인류 전체에 대한 하나님의 부정(Nein!)이고 부활은 그 전체에 대한 긍정(Ja!)이라고 말하여서, 십자가에서 모든 것이 부정되었으나 부활에서 다시 모든 것이 긍정되고 회복된 것처럼 하여서 보편주의적 성향을 나타내기도 하였습니다. 바로 칼 바르트(Karl Barth)라는 유명한 신학자가 그의 초기 사상을 드러내는 『로마서 주석』 제2판에서(1921/2) 그리하였습니다. 그의 후기 사상에서도 그는 십자가에 달리신 예수가 바로 버림받은 인간이고, 또한 선택하시는 하나님이라고 함으로써 마치 그리스도의 버림받음에서 인간의 버림받음의 문제가 다 해결되는 듯한 인상을 주고, 하나님의 인간성을 말하는 데서와 창조론을 아주 긍정적으로 제시하는 데서도 역시 보편주의적 정향을 나타내 보이고 있습니다. 물론 그 자신은 자신이 보편주의자라는 것을 부인하지만, 그의 신학적 논의에는 보편주의적 정향이 있다는 것을 많은 이들이 인정하고 있습니다.

칼 라너
(Karl Rahner, SJ, 1904–1984)

클락 피녹
(Clark H. Pinnock, 1937–2010)

또한 보편주의와 정확히 같은 것은 아니지만 칼 라너(Karl Rahner)라고 하는 천주교 신학자와 심지어 클락 피녹(Clark Pinnock)이나 죤 샌더스(John Sanders)와 같은 소위 복음주의자들까지도 주장하는 내포주의(inclusivism)에도 이와 비슷한 위험한 생각이 깃들어 있다고 할 수 있습니다. 라너의 경우에는 복음이 어느 지역에 들어가기 전까지는 그 지역에 있는 다른 종교들이 구원의 이르는 길 역할을 할 수 있다고 주장합니다. 그리하여 복음이 들어가기 전에도 신실하게 사는 어떤 종교인들은 소위 "익명의 그리스도인"(anonymous Christian)이라고 할 수 있다는 것입니다. 즉, 그런 상황에서는 꼭 그리스도인이 되지 않아도 이미 그리스도 안에 있을 수 있다는 것입니다. 이런 내포주의의 주장을 간단히 표현한다면, 구원에 대

해서 그리스도는 존재론적으로는 필수적으로 있어야 하나, 인식론적으로는 필수적이지 않다는 것입니다. 즉, 자신이 그리스도와 관련되어 있다고 의식하지 않고도 그리스도 안에서 구원받는 것이 가능하다는 것입니다. 그러나 과연 그럴 수 있겠습니까? 이에 대한 우리의 대답은 무엇입니까?

존 샌더스
(John Sanders, 1956- ,
미국 알칸사주의 Hedrix
College의 종교학 교수

3. "그렇지 않습니다. 오직 참된 신앙에 의해서 그리스도 안에 접붙여지고 그의 모든 유익을 얻는 사람들만이 구원함을 얻습니다"(하이델베르크 요리문답 제 20 문에 대한 대답).

우리의 대답은 우리 선배들의 대답과 같이 오직 참된 신앙에 의해서 그리스도에게 접붙여진 사람들만이 구원함을 얻는다는 것입니다. 참된 신앙을 가지지 않은 사람들은 그리스도와 연합되지 않았다고 선언하는 것입니다. 그리스도와 연합되지 않고서는 그리스도께서 이루신 구속 사역의 모든 유익이 그에게 작용하거나 적용되지 않는 것입니다. 그리스도의 모든 유익에 참여하지 못한다는 것은 결국 그리스도를 모르는 것과 같은 것입니다. 종교 개혁 시대에 멜랑흐톤이나 칼빈이 이런 점을 잘 드러내어 주었습니다. 그들이 그렇게도 강조했던 그 고귀한 그리스도와의 연합은 우리의 의식에서는 우리가 그리스도를 참되게 믿을 때에야 이루어지는 것입니다. 그러므로 그리스도를 믿지 않는 이가 그리스도와 연합할 수도 없고, 그 모든 유익을 얻을 수도 없으므로 구원받지 못할 것은 말할 나위가 없는 것입니다. 오직 참된 신앙을 가진 이들만이 그리스도의 모든 유익을 얻는 것입니다. 성경은 어디에서나 이 믿음의 중요성을 역설합니다. 그 중의 한 구절만을 마지막으로 인용하고자 합니다: "이 예수를 하나님이 그의 피로 인하여 믿음으로 말미암는 화목 제물로 세우셨으니"(롬 3:25 상).

제 14 강
그리스도에 의해서 구원을 받기 위해
필요한 믿음이란 무엇입니까?

본문: 로마서 4:1-25.

1. 참된 믿음이란 무엇입니까?

우리는 지난번에 그리스도에 의해서 구원을 얻기 위해서는 믿음이 필요하다고 하는 것을 배웠습니다. 그렇다면 그 다음에 당연히 따라 나오는 질문은 "참된 믿음은 무엇입니까?" 하는 것입니다. 이것이 하이델베르크 요리문답 제 21 문의 질문이기도 합니다. 이에 대해서 이 요리문답은 다음과 같이 대답하고 있습니다: "참된 믿음은 하나님께서 당신님의 말씀 가운데서 계시하신 모든 것이 참되다는 확실한 지식일 뿐만이 아니라, 복음을 통해서 성령님에 의해서 내 안에 창조된 마음속에 깊이 뿌리박힌 확신이기도 한데, 이는 순전한 은혜로 그리스도께서 다른 사람들을 위해서만 아니라, 나에게도 내 죄를 용서해 주시고, 영원히 하나님과 바른 관계에 있게 하시고 구원을 허락하셨다는 확신입니다." 이 대답에 의하면 믿음은 두 가지 요소로 이루어져 있습니다. 확실한 지식과 깊이 뿌리박힌 확신입니다. 이제 이것을 하나씩 생각해 보기로 합시다.

2. 믿음은 확실한 지식이다.

먼저 믿음은 확실한 지식이라는 측면부터 생각해 봅니다. 믿음에는 지적인 요소(*notitia*)가 있습니다. 이것은 매우 중요합니다. 이 지적인 요소가 무시되면 믿음은 참된 믿음이 아니고 맹신과 광신이 되는 것이고, 따라서 그런 식으로는 구원받지도 못하는 것입니다. 따라서 참된 믿음을 분명히 하기 위해서는 믿음의 지적인 요소에 대한 바른 이해를 점점 더 깊이 가져 나가야만 합니다. 참된 믿음은 믿음의 지적인 요소의 성장과 더불어서 같이 성장하는 것입니다. 믿음의 지적인 요소의 성장은 믿음의 성장에 충분 조건은 아니지만, 필요 조건이기는 합니다. 그러므로 우리는 믿어 나가는 시간이 더해 갈수록 믿음의 지적인 요소를 더 풍성히 하는 일에 힘써 나가야만 합니다.

그렇다면 우리가 분명히 하고 나아가야 하는 믿음의 내용은 어떤 것입니까? 첫째는, 가장 포괄적인 것으로서 "하나님께서 당신님의 말씀 가운데서 계시하신 모든 것이 참되다"는 것입니다. 이것은 하나님의 말씀인 성경의 가르침에 대한 믿음을 의미하는 것입니다. 그러므로 참된 믿음은 성경이 하나님의 말씀이라는 사실에 대한 수납에서 시작하는 것입니다. 성경을 하나님의 말씀이 아니라고 생각하거나, 성경은 하나님의 말씀을 단순히 담고 있다고 생각하거나, 성경이 성령님의 능력에 의해서 때때로 하나님의 말씀이 될 수 있다고 생각하는 것은 결국 하나님을 믿지 않는 것입니다. 우리의 믿음의 출발점은 성경에서 가르쳐지는 바는 하나님의 계시로서 모두 참되다고 받아들이는 것입니다.

그러나 성경을 바로 해석하지 않으면 성경을 받아들인다고 하면서도 실상은 성경에서 가르치는 하나님의 진리를 왜곡하는 것이므로, 바르지 못한 성경 해석을 하고, 그런 해석의 결과를 받아들이는 것은 참된 신앙이 아닌 것입니다. 그러므로 성경이 가르치는 것을 모두 참되다고 믿는 것은 그 시작에서만이 아니라, 계속적으로 그렇게 되어야만 하는 것입니다. "성경이 가르치는 것은 모두 참되다"는 그 명제를 믿으면서도 실질적으로 성경이 구체적으로 가르치는 바를 바르게 해석하지 못하는 것은 결국 참된 신앙이 아닌 것입니다. 그러므로 우리에게는 항상 깨어서 우리의 믿고 있는 바가 항상 성경이 가르치는 것과 일치하는 것인지, 그것이 성경에 대한 바른 해석 가운데서 나오고 있는 것인지를 물어야만 합니다. 하이델베르크 요리문답은 우리가 믿어야 할 믿음의 내용을 사도신조를 따라서 진술하고(제 22, 23 문), 이를 따라서 체계적으로 진술하고 있습니다(제 24 문–64 문답).

둘째로, (성경이 가르치는 바가 다 중요하고, 우리는 그로부터 체계적인 성경적 사상, 성경적 세계관을 형성해 나가야 하지만), 참된 믿음이 무엇인가고 물을 때 가장 중요하게 언급해야 하는 것은 그리스도께서 이루신 구속에 대한 지식입니다. 그리스도께서 십자가에서 우리를 위한 죄용서의 근거를 마련하는 일을 하셔서 우리가 그의 그 속죄의 공로로 죄 용서함을 받고, 영원히 하나님과 바른 관계를 가지고 있게 하시며, 구원을 허락하셨다는 사실이 신앙의 내용으로 강조되는 것입니다. 이는 십자가와 부활로 대표되

는 그리스도의 구속 사건 자체에 대한 믿음과 그 의미에 대한 믿음을
포함하는 것입니다. 사실과 의미가 다 중요하고, 그 둘은 그 구속 사건
이 일어나기 전부터 이미 영원부터 하나님의 생각 가운데서 깊이 연관
되어 있던 것입니다. 그러므로 역사적인 순서에 있어서는 사실이 있고,
그 후에 그 사실에 대한 설명이 주어졌다고 생각하기 쉽지만, 실질적으
로는 이미 그 사건을 예시하는 것들이 있고, 사건이 발생한 후에, 그
사건을 설명하는 계시가 주어진 것이어서 그 의미는 다른 것으로 규정
될 수 있는 것이 아니고, 성경이 가르치는 바에 의해서만 규정되어야만
하는 것이고, 더 나아가서 그 사실과 의미의 계시적 연관은 이미 하나
님의 의도 속에 영원부터 있는 것이라는 것을 잊어서는 안됩니다. 이런
사실과 의미의 근원적 연관성을 생각하면서 우리는 그 하나 하나를 다
중요시해야 합니다.

먼저 구속 사실의 역사적 실재성을 무시하면 안됩니다. 그리스도
의 삶에 대한 복음서의 기록을 받아들이는 일의 중요성이 여기에 있습
니다. 특히 십자가와 부활 사건의 실재성을 받아들이지 않으면 참된 신
앙의 근거는 다 상실되는 것입니다. 복음서에 실제로 발생한 것으로 기
록된 모든 사건이 우리의 시간과 공간 가운데서 일어난 것으로 받아들
이는 일이 모든 것의 근거일 수 있습니다. 때로 이렇게 역사적 사실성
을 받아들이는 것이 우리의 믿음 없음을 반영하고 어떤 역사적인 것에
우리의 신앙을 근거시키려는 불신앙의 태도라고 비판하는 사람들이 있
습니다 (불트만과 그를 따르는 사람들). 그러나 이는 옳은 비판이 아니고 오히
려 신앙을 왜곡하는 것입니다. 참된 신앙은 구속 사건의 역사적 사실성
을 받아들이는 것으로 시작하는 것입니다. 단지 그것이 분명한 역사적
사실이라고 역사가들이, 또는 과학자들이 증명했다는 사실에 근거해서
그것을 받아들이려고 하는 것은 성경과 하나님보다는 역사학적, 과학적

증거를 더 믿으려고 하는 것이기에 옳지 않다는 것은 분명히 해야 합니다. 우리는 이 사실들을 성경이 말하고 있기에 성경을 하나님의 가르침으로 받아들이는 사람들로서 이 사실들을 받아들이는 것으로 시작하는 것입니다. 그리고 이런 태도로 이것이 사실이라고 받아들였다고 해서 이를 증거가 없는 것을, 또 불확실한 것을 믿는 불합리한 것이라고 생각하지도 않아야 하는 것입니다.

이렇게 구속 사실의 실재성을 믿었다고 복음적 내용에 대한 믿음이 다 있는 것은 아직 아닙니다. 그 복음적 사실에 대한 성경의 해석인 그 의미를 믿는 것이 포함되어야 합니다. 예수의 십자가 사건을 받아들이되, 그것을 성경이 가르치듯이 우리의 죄에 대한 하나님의 진노를 가라앉히는 화목 제물(ἱλαστήριον)이어서 그것이 구속과 화목의 사건이라고 받아들이지 않고, 별다른 해석을 붙인다면 그것은 복음의 내용을 믿는 것이라고 할 수 없는 것입니다. 그 사건의 풍성한 의미를 드러내기 위해서 다양한 측면을 다 생각하는 것은 좋으나, 그 사건에 대해서 성경이 부여하고 있는 핵심적 의미를 무시해서는 안 되는 것입니다. 이렇게 성경이 가르치는 구속 사건의 사실성과 그에 대한 성경적 해석을 받아들이는 것이 복음적 신앙의 내용인 것입니다. 이런 신앙의 내용을 사실과 진리로 받아들이고, 그것을 확실한 지식으로 여기는 것이 참된 신앙입니다.

3. 믿음은 확신이다.

그러나 믿음은 이렇게 지식이기 만한 것이 아닙니다. 비록 이런 내용을 믿는 믿음을 가졌다고 해서 그 사람이 참된 믿음을 가졌다고 단언할 수는 없습니다. 그 사실과 의미를 그저 받아들이기만 하고 그것이 그 사람의 존재와 삶에 전혀 영향을 미치지 못할 때, 그것은 참된 믿음이 아니고 역사적 믿음(역사 신앙, historical faith)이라고 불리는 것입니다. 신앙의 내용을 그저 어떤 역사적 사실을 받아들이듯이 받아들인다는 뜻에서 말입니다. 이런 역사 신앙은 그것이 복음의 사실과 그 의미를 받아들인다는 점에서는 좋은 것이지만, 그것으로만 머물러서는 아직 바른 것이라고 할 수 없는 것입니다. 참된 믿음이 되기 위해서는 믿음의 내용(what to believe)만이 아니라, 믿는 방식(how to believe)도 바른 것이어야 합니다. 즉, 그 구원 사실과 성경의 가르침에 나의 존재와 삶 전체를 다 내 던져 넣는 것이 필요한 것입니다. 그것을 확신, 또는 신뢰(trust, fiducia)라고 합니다. 이는 결국 하나님에 대한 신뢰인 것입니다.

특별히 우리의 구원이 그리스도의 공로 덕분에 하나님의 은혜로 주어졌다는 것으로 나 자신을 던져 넣고, 그것에 기대는 이가 구원함을 얻습니다. 이는 십자가와 부활의 구속 사건이 나를 위해서도 발생한 것이라고 받아들이는 것입니다. 자신의 존재와 삶이 이렇게도 처절한 희생 제사에 의해서 이루어진 튼튼한 구원을 필요로 하는 것이라는 것을 받아들이고, 이 사건이 자신을 위해서도 발생했으므로 감사하며, 감격하여 살아갈 수 있게 되는 것입니다. 그러므로 여기에는 나의 존재 전체에 대한 부인과 동시에 존재 전체에 대한 부활의 빛에서의 새로운 긍정이 있게 되는 것입니다. 그는 순간순간 자신을 이 구속의 빛에서 바라보는 것입니다.

그런데 이런 신뢰는 구원 사건에 대한 신뢰로 끝나는 것이 아니라, 자신의 삶 전체를 하나님을 신뢰함으로 사는 것으로 표현됩니다. 그는 순간 순간을 하나님 신뢰로 살아갑니다. 이렇게 믿는 사람을 그리스도와 하나님의 사랑에서 끊어 낼 수 있는 것은 아무 것도 없는 것입니다. 이런 신뢰는 마음속에 깊이 뿌리 박힌 것이어야 합니다. 이렇게 믿고 사는 이가 참된 신앙을 가진 것입니다. 그리고 이런 믿음으로 행하지 않는 것은 다 죄인 것입니다(롬 14:23).

그리고 이런 신뢰는 성령님께서 복음을 통해서 우리 안에서 창조적인 능력으로 이루심에 의해서만 생겨지는 것입니다. 그런 의미에서 이런 신뢰는 사람이 자신의 능력으로 이루어 나가는 것이 아니라, 성령께서 사람 안에서 그들을 새롭게 하셔서 신뢰해 나가도록 하는 것입니다. 따라서 이렇게 하나님을 바로 신뢰해 나가는 사람들은 자신의 믿음에 의해서 구원함이 이루어진다고 생각하지 않고, 그 자신들의 믿음마저도 하나님께서 주신 것이라고 믿기에 자신의 믿음에라도 자기 공로의 여지를 전혀 부여하지 않는 것입니다. 부디 바라기는 우리 모두가 이런 바르고 확실한 지식과 마음속에 깊이 뿌리 박힌 확신을 가지고 바른 믿음을 가지고 살아갈 수 있기를 원합니다.

제 2 부
삼위일체와 성부 하나님, 그리고
성부께서 대표하시는 사역과 그 위로

Exposition on Heidelberg Catechism Series I

A Genuine Christian
Comfort:

The Works of God the Father and of God the Son and their Comfort

제 15 강
삼위일체 하나님에 대한 신앙

본문: 요한복음 1:1-3, 1:14, 1:18, 14:26, 15:26, 16:13-15.

이제부터는 우리의 신앙의 내용을 잘 정리해 주고 있는 사도신조의 내용을 하나하나 더듬어 가면서 생각해 보도록 하겠습니다. 이 사도신조의 내용을 하이델베르크 요리문답의 작성자들은 세 부분으로 나누어 설명합니다. 즉, 성부와 우리의 창조에 대한 부분, 성자와 우리의 구속에 대한 부분, 그리고 성령과 우리의 성화에 관한 부분으로 나누는 것입니다(제 24 문답). 다른 말로 해서 하이델베르크 요리문답은 사도신조를 삼위일체적 구조로 이해하는 것입니다.

　이를 잘 이해하기 위해서는 삼위일체라는 말로서 우리가 의미하는 바를 먼저 분명히 하는 것이 필요합니다. 이런 의미에서 제 25 문도 삼위일체 하나님에 대한 질문과 대답을 하고 있습니다. 그 질문은 다음과 같습니다: "오직 한 하나님이 있을 뿐인데, 왜 당신은 성부, 성자, 성령 삼위에 대해서 말합니까?" 그리고 이에 대해서 다음과 같은 대답이 주어져 있습니다: "왜냐하면 그것이 하나님께서 당신님의 말씀 가운데서 당신님을 계시하신 방식이기 때문입니다. 이 세 가지 구별되는 위들이(these three distinct Persons) 하나의 참되고 영원하신 하나님이십니다"(제 25 문답). 이제 우리는 하나님께서 당신님을 이렇게 삼위일체이신 하나님으로 드러내신 것을 생각해 보기로 하겠습니다.

1. 참되고 영원하신 한 하나님

하나님께서는 자신이 어떠하신 분이신지를 단번에가 아니라, 점진적으로 계시하여 오셨습니다. 구약 시대에는 하나님께서 한 분의 유일하신 하나님이심을 아주 강조하고 있습니다. 신들이라 칭하는 것들이 많은 상황 가운데서는 이렇게 하나님의 유일하심을 강조하는 것이 아주 필수적인 것이었습니다. 그래서 이스라엘 백성이 유월절마다 암송하는 소위 "쉐마"에서는 "이스라엘아 들으라(שׁמע ישׂראל, 쉐마 이스라엘), 우리 하나님 여호와는 오직 하나인 여호와시니"(신 6:4)라고 해서 하나님의 하나이심을 강조하여 가르치고 있습니다. 이것은 구약에서 계속되는 가르침이어서 이 한 하나님 여호와를 떠나거나 그와 더불어서 다른 것을 섬길 수 없다는 것이 구약의 중요한 가르침인 것입니다. 왜냐하면 오직 하나이신 이 여호와는 그가 한 분이시며 유일하신 분이심에 걸맞게 절대적인 관계를 요구하시기 때문입니다. 이 한 하나님에 대해서는 "마음을 다하고, 성품을 다하고, 힘을 다하여", 즉 우리의 모든 것을 다하여 섬기는 것이 아주 필수적인 일인 것입니다.

　　하나님이 한 분이심은 신약에서도 명백히 가르치는 중요한 교훈입니다. 예를 들어서, 바울은 다음과 같이 선언합니다: "하나님은 복되시고 홀로 한 분이신 능하신 자시며 만왕의 왕이시며 만주의 주시요 오직 그에게만 죽지 아니함이 있고 가까이 가지 못할 빛에 거하시고 아무 사람도 보지 못하였고 또 볼 수도 없는 자시니 그에게 존귀와 영원한 능력을 돌릴찌어다. 아멘"(딤전 6:15-16). 다른 모든 것보다도 이 선언 속에 하나님이 홀로 한 분이신 분으로 이 세상을 주관하시는 분이심이 잘 드러나고 있음을 잊어서는 안됩니다.

2. 삼위 하나님에 대한 계시

그런데 신약에서 가장 현저하게 계시된 또 하나의 중요한 사실은 이 한 분이신 하나님은 아주 독특한 방식으로 존재하신다는 것입니다. 일반적으로 한 분이 있다고 하면 그에게 하나의 인격(person)이 있다고들 생각합니다. 사람은 한 인격이 한 사람, 즉 한 분을 구성하는 것입니다. 그러나 신약의 계시의 빛에서 보면 하나님은 이와는 좀 다른 존재 방식을 가지고 계십니다. 그것은 하나님은 한 분이시지만 그 한 신성이 세 위격(three persons, three hypostasis)을 가지고 있다는 것입니다. 즉, 하나님의 본질(ousia, essentia)은 하나이지만, 이 본질이 구현되어 있는 위격은 셋이시라는 것입니다. 이 사실이 신약에서 어떻게 계시되었는지를 간단히 살펴보겠습니다.

　　먼저 우리는 신약에서 예수 그리스도를 만나게 됩니다. 그의 생애와 가르치심을 신약성경을 통해서 자세히 살펴보면, 그는 자신을 자신이 아버지라 부르신 하나님, 그리하여 자신과 아버지를 구별하시면서도 또 자신을 그 아버지 하나님과 동일시하시기도 하십니다. 예를 들어서, 그는 "나와 아버지는 하나이니라"(요 10:30)라고 말씀하시기도 하시고, 때로는 오직 하나님만이 하실 수 있는 사죄의 선언을 하심으로써 자신이 죄사하는 권세를 가지신 분임을 드러내십니다(막 2:1-12 참조). 그리고 그를 신적인 분으로 인정하는 고백을 받아들이시기도 하십니다.

예를 들어서, 베드로의 말한 바 "살아 계신 하나님의 아들"(마 16:16)이라는 고백을 포함한 신앙고백에 대해서 이는 "하늘에 계신 내 아버지께서" 알게 하셨다고 하시면서 이를 긍정적으로 받아들이셨습니다. 또한 부활하신 주님에 대한 도마의 "나의 주시요, 나의 하나님이시니이다"(요 20:28)는 고백도 받아들이신 것입니다. 이렇게 그가 아버지라 부르신 하나님과 자신을 구별하시면서도 자신을 그 아버지와 동일시하시는 것으로부터 우리는 그가 아버지와 같은 하나님이시나, 또 아버지와는 구별되는 분이시라는 사실에 직면합니다. 이것이 잘 이해되지는 않아도 하나의 사실로서 우리 앞에 서 있는 것입니다.

그리고는 그가 사역을 마치실 즈음에 그는 후에는 "보혜사 곧 아버지께서 내 이름으로 보내실 성령, 그가 너희에게 모든 것을 가르치고 내가 너희에게 말한 모든 것을 생각나게 하시리라"(요 14:26)고 하셨습니다(요 15:26; 요 16:7-14 참조). 과연 이 성령은 예수 그리스도께서 그의 사역을 마치시고 승천하신 후에 오셔서 교회를 인도해 나가기 시작하셨습니다. 그리고 교회는 그들 가운데 계셔서 그들을 가르치시고, 인도하시며, 지도해 가시는 성령이 하나님이심을 인정하였습니다(행 5:1-11 참조).

이렇게 하나님께서 당신님의 독특한 존재를 계시하시자 사람들은 아주 어려운 난제(難題) 앞에 서게 되었습니다. 이전부터 하나님으로 섬겨 왔고 예수님께서 아버지라 부르신 그 분과 자신을 그의 독특하신 아들로 드러내신 예수 그리스도, 그리고 아버지께서 이 아들의 이름으로 보내신 성령님의 관계가 과연 무엇인가 하는 난제입니다. 아버지 하나님, 아들 하나님, 그리고 성령 하나님의 관계는 과연 어떻게 이해되어야 하는가 하는 문제입니다.

3. 두 가지 잘못된 해결책

교회가 처음 이 난제 앞에 서게 되었을 때 교회 안에는 이에 대한 두 가지 대립되는 잘못된 이해가 발생했습니다. 그 하나는 하나님을 이제 세 하나님으로 생각하는 것입니다(삼신론적 이단). 그러나 이는 앞서 살펴본 구약과 신약의 명확한 증거, 즉 하나님은 홀로 한 분이신 하나님이시라는 증거와 명백히 상반되는 것입니다. 그러므로 있을 수 없는 견해이고 아주 명확한 형태의 삼신론을 교회 안에서 찾기는 좀 힘듭니다. 그러나 어느 정도 이에 근접하는 오해로, 성부 하나님만을 온전하신 하나님으로 말하고, 성자와 성령은 좀 못한 하나님, 제 2의 하나님이나, 제 3의 하나님으로 말하는 이들은 많았습니다. 이런 이해가 성경의 진술과 일치하지 않는다는 것은 분명한 사실입니다. 그러므로 이런 생각은 교회에서 이단적인 생각으로 정죄된 것입니다. 이런 오해의 가장 대표적인 경우를 들자면 그것은 아리우스(Arius)와 그를 추종하던 이들(Arians)의 생각입니다. 아리우스는 성자는 영원에서 창조된 최초의 피조물로써, 그를 통해 세상이 창조되었다고 하였습니다. 그러므로 영원에서는 성자가 "있지 않던 때가 있었다"고 하였던 것입니다. 그러므로 성자는 성부보다는 좀 못한 하나님, 하나님으로 받아들여진 하나님이시라는 것입니다. 성령의 지위는 더 격하되었음은 말할 나위도 없습니다. 이런 생각에 의하면 성부, 성자, 성령이 따로 계시되, 성부만이 온전하신 하나님이시고, 성자와 성령은 부차적인 하나님이시라는 것입니다.

이와는 정반대로 성부, 성자, 성령의 동등하심과 심지어 하나이심을 강조하다가 잘못된 사상도 있습니다. 소위 역동적 군주론(dynamic monarchianism), 또는 양태론(modalism)으로 알려진 이 이단은 성부, 성자, 성령이란 한 하나님께서 각기 다른 시기에 자신을 드러내신 양태(樣態, mode)에 불과하다고 생각하는 것입니다. 성부가 성자이고, 그가 성령인데, 그것은 각기 다른 시기에 다른 형태를 가지고 하나님이 자신을 드러내시고 계시하신 수단이라는 것입니다. 그러면 성자의 수난이 곧 성부의 수난이 되고(성부 수난설, patripassianism), 결국 하나님은 한 분이시라는 것입니다. 그러나 이런 이해는 성부와 성자, 그리고 성령이 뚜렷이 구별되어 계시되어 있다는 것과, 또 때로는 성부, 성자, 성령이 동시에 나타나신 사건들(예수님의 수세(受洗), 변화산 사건 등)을 설명할 수 없는 것입니다. 그러므로 이런 이해는 하나님을 오해하는 것이 됩니다.

이 두 가지 오해는 과거의 교회에만 있어서 이단으로 정죄된 것이 아니라 오늘날에도 이와 비슷한 생각들이 우리 주변에 있을 수 있기에 우리는 주의해야 합니다. 성자와 성령을 무시하는 경향이 있을 수 있습니다. 성자의 인간 되심에 충실한다고 하면서 그의 신성을 무시하거나 이를 완전히 감취어진 것으로 여기는 현대의 경향이나, 성령을 향해서 명령하듯이 말을 하는 풍조나 성령의 인격성을 잘 드러내지 못하는 언사와 행동이 위에서 말한 첫번째 오해와 연관될 수도 있음을 생각하면서 우리는 주의해야 합니다. 또한 성부, 성자, 성령을 설명하면서 한 존재가 가질 수 있는 세 양태와 관련해서 설명하는 것(예를 들어서, 물질의 삼태에 따라서 물이 수증기, 물, 얼음으로 될 수 있으나 다 같은 것이라고 설명하든지, 한 존재가 가질 수 있는 다양한 지위와 관계로 [아버지, 남편, 교사 등] 설명하든지 하는 것]은 위에서 말한 두 번째 오해, 즉 양태론적 이단인 것입니다.

4. 우리의 바른 삼위일체 이해는?

그러면 우리는 삼위일체를 어떻게 이해해야 합니까? 한 하나님이 계신데, 그는 아주 독특한 존재 방식을 가지셔서 그 한 하나님이 성부, 성자, 성령의 삼위(三位, three persons)로 존재하신다고 이해해야 하는 것입니다. 그러므로 성부, 성자, 성령은 그 존재와 영광과 권세에 있어서 동등하시며, 동일 본질을 가지고 계시어서 한 하나님으로 계시는 것입니다. 삼위께서 계시하실 때 아버지, 아들의 용어를 써서 계시하시므로 우리는 그 계시를 따라서 성부(아버지 하나님), 성자(아들 하나님), 그리고 성령 하나님이라는 용어를 쓰는 것이고, 또 이 용어들이 지시하는 관계성과 성경의 표현에 근거해서 성부 하나님께서 성자 하나님을 낳으시고 (generatio), 성자 하나님은 성부 하나님에 의해서 낳아지시며(요 1:18: "독생하신 하나님"; 시 2:7: "오늘날 내가 너를 낳았도다"), 성령 하나님은 성부와 성자로부터도(filioque) 나오신다(processio, spiratio, 요 15:26)는 표현을 써서 설명하는 것입니다.

그리고 이 삼위일체의 관계를 우리가 인식하게 되는 것은 하나님께서 자신을 점진적으로 계시하신 것에 근거해서 신약에서야 비로소 온전히 인식할 수 있지만, 이 삼위의 관계는 구약에도 있던 것이고 때때로 비록 그림자적 형태로 이기는 하지만 그런 시사가 있는 계시도 있었다고 이해해야 합니다. 그리고 이 삼위일체의 관계는 사실상 하나님이 계시면서 계속해서 있어 온 관계입니다. 이렇게 영원 전부터 삼위일체로 존재하신 하나님을 우리는 때때로 본체론적 삼위일체, 존재론적 삼위일체라고 하며, 그 하나님이 자신을 역사적 경륜 가운데서 드러내신 것을 경륜적 삼위일체라고 불러 왔습니다. 그렇다면 본체론적 삼위일체는 경륜적 삼위일체의 존재 근거이고, 경륜적 삼위일체는 본체론적 삼위일체의 인식 근거라고 할 수 있을 것입니다.[1] 하나님은 이렇게 자신이 삼위일체적 존재이심을 경륜과 계시 가운데서 드러내어 주셨으므로, 우리는 그것에 근거해서 하나님을 삼위일체적 존재로 인정하고 그에 걸맞게 삼위일체 하나님(the triune God)을 섬겨 나가야 할 것입니다.

---

[1] 이 말에 대한 좀 더 자세한 설명을 위해서는 졸고, "존재론적 삼위일체와 경륜적 삼위일체의 관계에 대한 개혁주의적 입장", 『개혁신학탐구』 (수원: 합신대원출판부, 2012): 53–67을 보십시오.

제 16 강
창조 사실에 대한 지식과 신앙

본문: 창세기 1장, 2:1-7장

사도신조에서 고백되고 있는 첫 번째 신앙의 조항은 창조주 하나님에 대한 고백입니다: "전능하사 천지를 만드신 하나님 아버지를 내가 믿사 오며." 이 고백은 사실 상 "내가 믿습니다"(credo)는 말로서 시작하는 것입니다. 여기에는 내가 믿는 신앙의 내용도 중요하지만, 그것을 내가 믿는 것이 중요하다는 생각이 포함되어 있습니다. 이런 고백을 할 때 우리가 의미하는 바는 무엇일까요? 이에 대답하기 위해서 우리는 이번에는 창조주 하나님에 대한 나의 신앙의 고백에서 우리가 믿어야 할 바, 즉 그 창조 신앙의 내용을 생각하고, 다음 번에는 하이델베르크 요리문답 제 26 문을 따라서 이런 창조주 하나님에 대한 나의 고백을 한다는 것이 무엇을 뜻하는지, 창조 신앙에 포함된 신앙의 자세가 어떤 것인지를 생각해 보도록 하겠습니다.

1. 창조 사실을 어떻게 알 수 있는가?

먼저 우리가 이 세상이 하나님에 의해서 창조되었다는 사실을 어떻게 알 수 있는가 하는 것부터 생각해 보기로 하겠습니다. 첫째로, 창조는 관찰에 의해서 알 수 있는 것이 아닙니다. 왜냐하면 이 세상에 하나님 께서 창조하시는 과정을 직접 관찰 할 수 있었던 사람은 아무도 없었기 때문입니다. 모세도 창조 사실을 보지 못했고, 아담조차도 창조를 목격 하지는 못했습니다. 그러므로 그 어떤 사람이라도 자신이 눈으로 확인 해 보고서야 창조를 믿겠다는 것은 어리석은 말입니다. 둘째로, 창조는 추론에 의해서 알 수 있는 것도 아닙니다. 물론 추론에 의해서 이 세상 이 창조되었다는 어떤 개연성을 생각할 수는 있습니다. 예를 들어서, 이 세상의 모든 것이 원인을 가진다는 사실에 의해서 이 세상도 어떤 최초의 원인(*prima causa*)에 의해서 있게 되었다는 추론을 할 수 있습니 다. 그러나 이런 추론이 창조 사실을 확언할 수도 없고, 그 최초의 원 인이 성경의 하나님이라는 것을 드러낼 수도 없는 것입니다.

　　그렇다면 우리는 어떻게 창조의 사실을 알 수 있습니까? 성경은 믿음으로만 우리가 창조의 사실을 알 수 있다고 말합니다: "믿음으로 모든 세계가 하나님의 말씀으로 지어진 줄을 우리가 아나니"(히 11:3상). 하나님께서는 어떠하신 분이심을 잘 믿으면, 특히 그 분의 신실하심을 잘 믿으면 우리는 그 하나님의 신실하심에 근거해서 *그가 성경에서 말 씀하신 것이 참되고 옳은 것임을 믿을 수 있는 것입니다.* 그러므로 우리가 창조 사실에 대해서 어떤 지식을 가지려면 우리는 성경으로 가서 성경이 말하는 바를 사실로 받아들일 수밖에 없습니다. 성경 밖에서는 창조의 사실을 직접적으로 말해 주는 것이 없기 때문입니다. 성경의 창조 기사(創造記事, creation narrative)가 창조 사실에 대한 우리의 지식의 일차적 근거여야 합니다. 그 외의 것은, 그것이 자연을 관찰한데서 온 것이든 아니면 합리적 추론에 의해서 생각된 것이든지, 그 모두가 성경의 창조 기사를 확언하는 것으로 보아야 할 것입니다. 그러므로 관찰이나 추론의 결과를 가지고 성경의 창조 기사를 비판적으로 보려 한다든지 고치려고 하는 것은 매우 어리석은 일이 아닐 수 없습니다. 그러면 창조를 말해 주는 성경의 내용에서 우리가 배울 수 있는 것은 무엇일까요?

2. 창세기 1장의 창조 기사에서 배울 수 있는 것은?

먼저 창세기 1장의 창조 기사에서 우리는 창조에 대해서 무엇을 배울 수 있는지를 생각해 보기로 하겠습니다.

(1) 무로부터의 창조(creatio ex nihilo)

창세기 1장은 "태초에 하나님이 천지를 창조하시니라" 는 선언으로 시작되고 있습니다. 이 말씀은 하나님의 창조 전반에 대한 하나님의 선언이면서 동시에 기본적인 것, 소위 "원물질"(original material)에 대한 창조를 말해 주는 것이기도 합니다. 그렇게 보아야만 1절 후반부에 있는 '혼돈하고 공허한 상태에 있다는 땅'이 어디서 나왔는지를 말할 수 있는 것입니다. 그러므로 이 세상의 창조는 선재하는 물질이 전혀 없는 가운데서 하나님께서 당신님의 독특하신 능력으로 이루신 것입니다. 이를 전통적으로 "무로부터의 창조"라고 불러왔습니다. 이는 "말씀으로 창조하심"과 함께 하나님의 참으로 전능하신 능력을 잘 드러내는 말입니다. 그러므로 이로부터 이 세상의 두 가지 기원 ─ 하나님으로부터 온 성격과 무로부터 온 성격을 찾아보려고 하는 것은 어리석은 일이 아닐 수 없습니다. 우리는 이로부터 하나님이 얼마나 능력이 많으신 분이신지를 잘 배워야 합니다.

(2) 질서 있는 창조(orderly creation)

"혼돈하고 공허하며"라는 창세기 1장 1절 후반부의 말은 "사람이 살 수 없는 상태"를 지칭하는 일종의 기술적인 용어라고 할 수 있습니다. 원 물질만이 창조되었을 때의 상태는 그렇게 아직 사람이 살 수 없는 상태였었다고 하는 것이지요. 이런 상태를 (일종의 시원적[始原的]인) 물이 덮어 싸고 있었던 것입니다. 그 수면 위에 하나님의 신(神)의 운행하심이 있다고 했습니다. 이런 상태에 있는 피조계를 사람이 살 수 있는 상태로 만드시는 과정이 6일 동안의 형성 주간(formation week) 동안 되어진 일입니다. 이 형성 주간 동안의 창조 과정을 보면 하나님의 창조가 참으로 질서 있는 창조이어서 하나님의 지혜를 잘 반영하고 있음을 보여줍니다.

첫째 날에 하나님께서는 빛을 창조하심으로써 빛과 어두움을 나누십니다. 이 날로부터 낮과 밤이 생긴 것입니다〈빛과 어두움의 분리〉. 둘째 날에는 창공을 만드셔서 물과 물이 그 위와 아래로 나뉘어 있도록 하십니다〈수직 분리〉. 이와 함께 하늘과 하늘 위의 물과 하늘 아래 물이 만들어졌습니다. 셋째 날에는 하늘 아래 있는 물을 한곳으로 모으심으로써 뭍이 드러나게 하셨습니다〈수평 분리〉. 하나님은 그 뭍을 땅이라고 칭하시고 모인 물을 바다라고 칭하셨습니다. 그리고 그 땅에서 "풀과 씨 맺는 채소와 각기 종류대로 씨 가진 열매 맺는 과목" 이 나게 하셨습니다. 이 때부터 나타나는 생물들의 창조도 그 종류대로의 창조이어서 아주 질서 있는 창조임을 보여줍니다.

넷째 날에는 첫째 날 창조하신 빛을 주관하는 광명들인 태양과 달과 별들을 만드시고 이들로 "징조와 사시와 일자와 연한을" 이루도록 하시고 땅에 비취게 하셨습니다. 그러므로 이 넷째 날부터 소위 태양이 있는 날들(solar days)이 있게 된 것입니다. 이전에는 태양이 없이도 빛이 이 땅에 일정한 기간 있도록 하셨던 것입니다. 그 모두가 하나님의 전능을 보여 주는 것이므로 현존하는 우주와 태양계를 기준으로 생각하고서, 도스토예프스키의 『카라마죠프가의 형제들』에 나오는 이반처럼 "어떻게 태양이 없는 낮이 가능할 수 있는가?" 를 물을 필요가 없는 것입니다.

다섯째 날에는 둘째 날에 만드신 땅 아래 물과 하늘에 있는 생물들을 "그 종류대로" 창조하셨습니다. 그리고 그들에게 복을 주시어 "생육하고 번성하여 충만하라"고 하셨습니다. 여섯째 날에는 셋째 날 드러나게 하신 땅에 거하며, 그 땅이 낸 식물을 먹고 살 땅의 생물들을 "그 종류대로", 즉 육축과 땅에 기는 것(파충류)과 땅의 짐승을 "그 종류대로" 만드셨습니다. 그리고는 하나님의 모든 피조계를 하나님을 대신하여 다스릴 존재로 사람을 만드셨습니다.

이렇게 하나님의 형성 주간의 창조 과정을 살펴보면 우리는 이 창조가 참으로 질서 있는 창조라는 것을 알 수 있습니다. 특히 첫째 날부터 셋째 날까지는 일종의 틀을 만드시고, 넷째 날부터 여섯째 날까지는 그 틀을 채울 내용물을 만드시는 것과 그 각 3일의 조화 등을 보면 하나님이 질서의 하나님이심을 절감하게 됩니다. 그리고 사람들이 살 수 있는 환경과 섬길 수 있는 섬김의 장을 만드시고, 거주지와 일터를 제공하셔서 그 안에 사람을 창조하시는 하나님의 사람을 향한 세심한 배려를 볼 수도 있습니다.

(3) 선한 창조(good creation)

이렇게 창조하신 하나님의 창조는 하나님 보시기에도 "심히 좋은 것"이었습니다(창 1:4, 10, 12, 18, 21, 31). 이는 그 이루어진 바가 하나님께서 의도하신 것을 잘 드러낸 것이라는 말도 되지만, 또한 하나님께서 지으신 피조계가 전체적으로 매우 선한 피조계라는 것도 의미합니다. 그러므로 후에 인간이 타락해서 만들어 낸 복잡한 상황을 제외하면 이 피조계는 선하고 좋은 것이며, 결국은 그렇게 회복될 것입니다. 그러므로 그리스도인들은 이 피조계에 대해서 그런 태도를 가져야만 합니다. 하나님이 지으신 것인 이 피조계에 그 자체로서 나쁘고 악한 것이 있다고 생각해서는 안될 것입니다. 그렇게 생각하는 이들에 대해서 바울은 그것이 "믿음에서 떠나 미혹케 하는 영과 귀신의 가르침을 좇는 것"이라고 말하고 있습니다(딤전 4:1-5). 그러므로 우리는 인간의 죄악이 만들어 낸 것 이외에는 모두가 선하다는 사실을 믿고 받아들여야 합니다.[1]

3. 창세기 2장에서 배울 수 있는 것은?

---

[1] 이 장에서의 논의를 좀더 자세히 알기 원하면 이승구, 『기독교 세계관이란 무엇인가』, 제 4 장: 하나님과 하나님의 창조, 95-121을 보십시오.

창세기 2장이 위에서 살펴 본 창세기 1장과는 다른 창조의 기사를 말해 주는 듯이 생각하고 주장하는 이들이 많이 있어 왔고, 또 지금도 많이 있습니다. 그들은 창세기 2장의 창조의 순서가 창세기 1장의 순서와 다르다고 합니다. 즉, 2장에서는 먼저 남자를 창조하시고(7절), "각종 들짐승과 공중의 각종 새를 지으시고"(19절), 그 뒤에 여자를 지으신 것(21-22절)으로 본 것입니다. 또한 창조의 방법도 다르게 나타나 있다는 것입니다. 1장에서는 하나님이 말씀으로 창조하셨다고 하는데 비해서, 2장에서는 하나님이 도공처럼 흙으로 지으신 것으로 나타난다는 것입니다. 이런 주장을 하는 이들은 창세기 2장은 바빌론 포수기 동안에 쓰여진 것이어서 물이 많은 바빌론 지역을 그 배경으로 하고 있으며, 따라서 좀 다른 신학적 동기와 사상이 이 창조 기사 배후에 작용하고 있다고 이야기합니다. 그러나 이런 이해는 옳지 않은 것입니다.

첫째로, 창세기 2장 19절에 나타나는 표현을 바로 이해해야 할 필요가 있습니다. "여호와 하나님이 흙으로 각종 들짐승과 공중의 각종 새를 지으시고 아담이 어떻게 이름을 짓나 보시려고 그것들을 그에게로 이끌어 이르시니"라는 이 말을 그냥 읽으면 바로 이 상황에서 지으시고 이끌어 오셨다고 이해하게 됩니다. 그러나 히브리어의 표현에 유의해 보면 이는 이미 이전에 지으셨던 것을 지금 아담에게 이끌어 오셨다는 의미인 것을 알 수 있습니다. 이렇게 보면 이 생물들이 아담 이후에 지음을 받았다고 생각할 이유가 없어집니다. 그러면 창세기 1장의 순서대로 새, 땅의 생물들, 사람의 순서로 창조되었다는 생각을 할 수 있는 것입니다.

둘째로, 2장에서는 1장과는 달리 남자와 여자의 창조가 동시적이지 않다는 반론에 대해서 우리는 창세기 2장의 기록이 사실상 창세기 1:27의 구체적인 내용을 설명해 주는 것이라고 볼 수 있다고 말할 수 있습니다. 남자와 여자로 창조하신 것의 구체적인 모습을 2장이 그려 주고 있다고 보는 것입니다.

셋째로, 2장의 흙으로 창조하신 것이 1장의 말씀으로의 창조와 다르다는 반론에 대해서도 우리는 동일한 말을 할 수 있습니다. 말씀으로 창조하시는 그 구체적인 과정에서 하나님께서는 당신님께서 이미 창조하신 흙을 재료로 사용하셨다고 이해하는 것입니다.

이런 주장들은 성경을 지나치게 조화롭게 보려는 노력에서 나온 것이 아니고, 성경의 참된 저자가 한 분 하나님이심을 인정하는 신앙에서 나온 것입니다. 인간 저자의 글에서도 모순을 피할 것인데 하나님께서 창조 사실을 전달하시는 데 있어서 모순을 범하시겠습니까? 그러므로 우리는 창세기 2장이 인간 창조를 중심으로 1장에서 이미 말했던 사실을 더 자세히 설명해 주는 것으로 이해할 수 있는 것입니다. 따라서 우리는 창세기 1장과 2장을 통해서 창조를 잘 배울 수 있는 것입니다. 창조 사실에 대한 우리의 신앙의 내용은 이 본문들의 내용에 대한 이해로 구성되어야 합니다. 이 사실을 이 기사가 말해 주듯이 믿는 우리의 창조 신앙이 될 수 있었으면 합니다.

제 17 강
창조주 하나님에 대한 신앙

본문: 마태복음 6:25-33.

우리는 지난번에 성경에 나타난 창조의 사실들을 정리해 보았습니다. 그러나 창조의 사실을 성경에 기록된 대로 믿는다는 것만으로는 창조 신앙을 다 말한 것이라고 할 수 없습니다. 물론 지난번에 말한 대로 창조의 사실을 성경에 기록한대로 믿지 않는다면 그것도 참된 창조 신앙이라고 할 수 없을 것입니다. 창조 사실은 성경에 기록한대로 믿지 않으면서 창조의 의미를 강조하고 그것은 믿으려는 성향이 강하게 나타나는 현대의 신학적 정황 가운데서는 창조 사실을 성경에서 기록한대로 받아들이며 믿는 일의 중요성을 아무리 강조해도 지나치지 않을 것입니다. 그러나 그에 못지않게 중요한 것은 이런 창조 사실을 나 자신과 연관시켜서 생각하고 그 일에 나의 존재를 던져 넣는 일입니다. 그래서 이번에는 하이델베르크 요리문답 제 26문을 따라서 "'전능하사 천지를 만드신 하나님 아버지를 내가 믿사오며'라고 할 때 당신이 믿는 바는 무엇입니까?"에 대한 대답을 해 보도록 하겠습니다.

1. 창조주 하나님이 예수 그리스도로 인하여 나의 하나님과 아버지이시다.

기독교 유신론적 의미에서 창조주 하나님을 믿는다는 것은 그저 일반적 유신론의 입장에서 창조주를 믿는다는 것과는 다른 것입니다. 기독교 유신론적 의미에서의 창조 신앙은 사실상 다음의 세 가지 사실을 모두 믿는다는 것입니다. 첫째는, 하나님께서 "무(無)에서 하늘과 땅과 그 안에 있는 모든 것을 창조하셨고 그의 영원하신 경륜과 섭리로서 지금도 그것들을 붙드시고 다스리신다"는 것을 믿는 것이며(창조와 섭리에 대한 신앙), 둘째로 그 하나님은 우리 주 예수 그리스도의 영원하신 아버지이시라는 것을 믿는 것이며(삼위일체 하나님에 대한 신앙), 그리고 셋째로 그런 하나님이 "그의 아들 예수 그리스도로 인하여 나의 하나님과 아버지이시라는 것을 내가 믿는 것입니다." 이 세 가지를 다 믿는 사람이 기독교적 창조 신앙을 가진 것이라고 할 수 있는 것입니다. 첫 번째 것은 유대교도나 이슬람교도도 믿는다고 할 수 있는 것입니다. 그러나 둘째와 셋째 내용은 오직 그리스도인들만이 믿는 것입니다. 그런 의미에서 그리스도인들이 창조와 섭리를 믿는 것도 그저 유신론을 가진 이들이 그것을 믿는 것과는 그 성질이 다른 것입니다.

우리 그리스도인들의 창조와 섭리에 대한 믿음은 어떤 점에서 독특한 것입니까? 그것은 결국 이 창조와 섭리를 해 나가시는 분이 삼위일체 하나님이시라는 데에 있습니다. 삼위일체 하나님께서 당신님의 영원 전부터 가지신 경륜을 따라서 (우리가 지난번에 생각한 바와 같이) 이 세상을 당신님의 뛰어나신 지혜와 크신 능력으로 창조하셨고, 또 지금도 그리고 영원까지 이 피조계를 창조의 능력과 동일하신 능력으로 유지하시며, 통치해 나가시는 것입니다. 그러므로 창조주를 믿는다는 것은 지금 여기서도 그의 창조의 능력을 느끼는 것입니다. 한 순간이라도 그의 창조적 능력의 붙드심이 없이는 이 세상이 존재하지도 못함을 뼈저리게 느끼며 인정하는 것이 창조주를 믿는 것입니다. 순간 순간을 그의 창조적인 손길과의 대화 가운데 서는 것이 창조주를 믿는 신앙이라는 말입니다. 창조를 그저 과거의 어떤 사실을 받아들이는 것 정도로 생각하는 것은 참된 창조 신앙에 못 미치는 것입니다. 이 순간도 하나님의 창조적인 손길의 어루만짐이 있어서 이 세상이 존재하며 우리가 살고 움직이고 있음을 받아들이고 인정하는 것이 창조주를 믿는 신앙인 것입니다.

그런데 이렇게 과거, 현재, 미래에 동일한 창조적 능력을 발휘하시는 분이 누구십니까? 그 분은 이 땅에 오셔서 우리 가운데서 살며 가르치시고, 십자가에서 죽으시고, 부활하여 하늘에 오르신 예수 그리스도께서 "아바"(ἀββα)라고 부르신 분입니다. 그리고 우리가 지난번에 생각한 바대로 그 분들의 아버지 아들 관계는 예수께서 이 세상에 계실 때에만 있거나, 그 때에 비로소 시작된 것이 아니고, 로고스[말씀]께서 성육신하시기 이전부터도 그들 사이에 존재하고 있던 관계입니다. 그러므로 그들은 영원부터 성부(God the Father)요, 성자(God the Son) 이신 것입니다. 그리하여 성령(God the Holy Spirit)과 함께 영원한 삼위일체로 계시는 것입니다. 이런 삼위일체 하나님께서 창조의 하나님이신 것입니다.

그런데 그 능력이 많으신 하나님이 우리 주 예수 그리스도로 인하여 이제 나의 하나님이요, 아버지가 되신다는 것까지를 믿어야 창조 신앙을 제대로 가지는 것입니다. 이 땅에 오신 예수 그리스도께서 이루신 구속 사역을 통해서 내가 창조의 하나님과 아버지와 아들 관계에 들어갈 수 있다는 것입니다. 이렇게 예수 그리스도의 구속 사역은 나의 하나님과의 바른 관계의 존재론적 기초를 마련하는 사건입니다. 그리스도의 구속 사역이 없었다면 나는 하나님과 바른 관계 가운데 있지 않았을 텐데, 그리스도의 구속 사역으로 말미암아 내가 창조의 하나님의 아들이 된 것입니다. 이것까지를 믿는 이가 기독교 유신론적인 의미의 창조 신앙을 가진 것이라는 말입니다.

2. '하나님을 나의 하나님과 아버지로 믿는다'는 것은 무엇을 뜻하는가?

창조의 하나님을 나의 하나님과 나의 아버지로 믿는다는 것은 구체적으로 무엇을 의미합니까? 그것은 무엇보다 먼저 "그가 나의 몸과 영혼에 필요한 것은 무엇이나 공급해 주시리라는 것"을 믿는 것입니다. 예수님께서도 "너희 천부께서 이 모든 것이 너희에게 있어야 할 줄을 아시느니라"(마 6:32하)고 말씀하셨습니다. 우리가 하나님의 자녀라면 우리는 공중의 새보다 귀하며, 들의 백합화보다 귀하므로 아버지 되시는 하나님께서 책임져 주시는 것입니다. "두려워하지 말라. 너희는 많은 참새보다 귀하니라"(마 10:31). 그러므로 그가 아버지로서 우리를 돌아보아 주시는 것입니다. 이렇게 믿는 것이 창조주 하나님을 믿는다는 것의 구체적인 의미입니다. 하나님께서 이 세상을 지으셨다고 믿는다고 하면서 자신의 구체적인 문제에 대해서 그 하나님이 전혀 관계하지 않는 듯이 생각하는 것은 결국 창조 신앙도 없는 것이란 말입니다. 하나님의 아버지로서의 자상한 돌보심을 믿어야 창조 신앙을 바로 가졌다고 할 수 있는 것입니다. 들의 백합화의 아름다움과 그것이 어떻게 자라는지를 바라보면서 "오늘 있다가 내일 아궁이에 던지우는 들풀도 하나님이 이같이 입히시거든 하물며" 예수 그리스도로 말미암아 하나님의 자녀로 삼으신 우리에게는 얼마나 더 하실까를 생각하고 믿는 이가 창조 신앙을 가진 사람이라는 말입니다.

그러므로 창조주 하나님을 나의 아버지로 가진 이는 "목숨을 위하여 무엇을 먹을까 무엇을 마실까, 몸을 위하여 무엇을 입을까" 염려할 수 없습니다(마 6:25, 31). 이 모든 것에 대해서 우리는 우리의 모든 염려를 주께 맡길 수 있는 것입니다. 그것은 하나님의 자녀인 자들은 주어진 삶의 문제들에 대해서 전혀 생각하지 않고 살아 나간다는 것이 아닙니다. 단지 그 모든 것의 해결을 자신이 다 해야 하거나 다 할 수 있는 듯이 노심초사하거나 안절부절하지 않고 상당히 초연한 자세로 모든 것을 잘 정리할 수 있다는 것을 뜻합니다. 왜냐하면 그는 그 모든 문제에 대해서 염려하지 않고 "오직 모든 일에 기도와 간구로" 구할 것을 감사함으로 하나님께 아뢰는 사람이기 때문입니다(빌 4:6). 그렇게 하면 "모든 지각에 뛰어나신 하나님의 평강이 그리스도 예수 안에서 [그의] 마음과 생각을 지키시는" 것입니다(빌 4:7). 그러므로 참된 창조 신앙을 가진 이는 삶에 대해서 초연한 태도를 가지고 적극적인 참여를 하는 것입니다. 그는 삶의 모든 문제에 다른 어떤 사람이 그럴 수 없을 만큼 적극적으로 개입합니다. 그러나 그는 그 모든 것을 자신의 힘으로

다 할 수 있는 듯이 생각하지 않기에 거리를 두고 초연한 태도를 가질 수 있는 것입니다.

이러한 하나님의 자녀는 오직 한 가지를 끊임없이 추구해 가고 그것을 위해서는 그야말로 노심초사하고 그것이 이루기까지는 쉬지 못하게 됩니다. 그것은 이 땅 위에 하나님의 의가 온전히 실현되는 것, 하나님의 나라가 온전히 임하게 되는 것입니다. 이 하나님의 나라와 그의 의에 대한 추구로 그는 이 땅에 살면서 의에 주리고 목마른 자로 있어서 그 나라의 온전한 의가 우리를 하루 속히 지배해 주기를 간절히 바라고, 그 전에라도 그 나라의 의에 조금이라도 근접하는 것이 이 땅에 그 모습을 드러내기 위해 애쓰는 것입니다. 예수님께서는 이런 뜻에서 "너희는 먼저 그의 나라와 그의 의를 구하라"(마 6:33 상)고 명령하신 것입니다. 그것만이 우리가 구하고 추구하고 염려할 만한 것이기 때문입니다.

이런 태도로 삶을 살아가는 하나님의 자녀들은 "이 슬픈 세상에서 그 어떤 역경을 네게 보내시더라도 [그것이] 결국은 나의 선을 위한 것임을 의심하지 않을 만큼 하나님을 신뢰하는 것입니다." 그는 결국 이 세상에서 겪게 되는 모든 일이 그것이 자신의 죄에 의해서 자초(自招)되는 것이 아닌 한, 자비하신 아버지에 의해서 자신에게 주어지는 것임을 받아들이는 것입니다. 그는 모든 일이 잘되리라고만 생각하지 않습니다. 때로는 욥과 같이 애매하게 고난을 받을 수도 있으며, 때로는 예수님을 위하여 적극적으로 고난의 길로 나아가야 한다는 것도 아는 이입니다. 그러나 그가 이 세상에서 어떤 일을 당하건 그는 하나님께서 자신을 돌보시며 지켜 주시는 것을 잊지 아니하며, 그 고난과 어려움 가운데서도 하나님을 굳게 믿어 나가는 것입니다. 그 하나님은 참으로 자비하신 아버지이시므로 현세에서나 심지어는 죽어서라도 모든 악을 선으로 바꾸어 주실 분이심을 알기 때문입니다.

3. 창조 신앙은 하나님의 전능성과 신실하심을 믿는 것이다.

그러므로 하나님을 창조주로 믿는다는 것은 결국 하나님의 두 가지 속성을 믿는 것입니다. 그 하나는 하나님의 전능하심입니다. "전능하사 천지를 만드신 하나님을 내가 믿사오며" 라고 할 때마다 우리의 마음속에는 하나님의 크신 힘에 대한 생각이 사무쳐야 합니다. 그 전능하신 힘으로 하나님께서는 온 세상을 만드시고 지금도 그것을 유지하시고 통치하시며, 하나님의 나라를 세우시고 경륜해 나가시며, 나를 그 나라 백성으로 삼으셔서 다스리시고 구체적으로 돌보시는 것입니다. 무(無)로부터 이 세상을 창조하신 그 전능으로 나를 돌아보신다는 것을 믿는 것이 하나님의 전능하심을 실존적으로 믿고 신뢰하는 것입니다. 전능은 그저 추상적인 문제가 아니기 때문입니다. 그것은 아주 구체적인 문제와 관련하는 하나님의 손길을 얼마나 강한 것으로 믿는가의 문제입니다. 우리가 섬기는 하나님은 연약하신 하나님이 아니십니다. 그는 그야말로 크신 힘을 가지신 강력한 하나님이십니다. 그와 같으신 이가 온세상에 있을 수 없는 강력하신 하나님이 우리의 아버지이신 것입니다. 그 분의 강력하나 자애로운 손길을 순간순간 의식하며 사는 이가 창조신앙을 가진 이입니다.

창조주 하나님을 믿는다는 것은 또한 하나님의 신실하심, 믿음직스러우심을 믿는 것입니다. 그가 예수 그리스도 안에서 우리의 아버지가 되신다고 약속하셨다면 그는 이 약속을 어떤 상황에서도 신실하게 지켜 나가십니다. 그는 그야말로 신실하신 아버지이십니다. 그는 결코 우리를 실망시키시지 않으십니다. 그는 참되신 하나님이시고 진리의 하나님이시므로 참으로 믿을 만한 분이십니다. 온 세상이 변해도 그는 변하지 않으십니다. 이를 강조하기 위해서 야고보는 "그는 변함이 없으시고 회전하는 그림자도 없으시니라"고 말하고 있습니다(약 1:17하). 따라서 그의 말씀도 변하지 않는 것입니다. "천지가 없어지기 전에는 율법의 일점 일획이라도 반드시 없어지지 아니하고 다 이루리라"(마 5:18)는 말씀도 결국은 하나님의 신실하심에서 나오는 말씀입니다. 이렇게 하나님은 믿을 만한 분입니다. 그 하나님을 믿지 않고 무엇을 믿겠습니까?

그러므로 창조주 하나님의 아버지로서의 자상하신 돌보심에 대한 우리의 최후의 고백은 다음과 같은 것이어야 할 것입니다:

"그는 전능하신 하나님이시므로 그리하실 수 있고,
그는 신실하신 아버님이시므로 그리하시기를 원하십니다."
(하이델베르크 요리문답 제 26 문답)

제 18 강
섭리란 무엇인가?

본문: 히브리서 1:3, 시편 104편

우리는 지난번에 창조 사실과 창조 신앙의 의미에 대해서 생각했습니다. 창조의 사실을 믿고 전능하신 창조자를 생각하는 일은 당연하고 옳은 일입니다. 그러나 창조와 창조주를 믿는다는 것으로 하나님을 바로 믿고 있다고 할 수는 없습니다. 17세기 영국의 이신론자(理神論者, deist) 또는 자연신론자(自然神論者)는 하나님께서 이 세상을 창조하신 후에는 이 세상이 그 나름의 법칙에 따라 움직여 나가게끔 하셨다고 생각한 바 있습니다. 그래서 그들은 피조계를 바라보면서 이 정교한 우주를 디자인하신 창조자를 생각하고 그에 대한 경이를 느끼고, 그가 자연계에 부여하신 법칙을 애써 찾아보려고 하였습니다. 그러나 그들은 창조 이후에 하나님께서 이 피조계와 어떤 직접적인 관련을 갖지 않으시는 것처럼 생각했던 것입니다. 그러나 하나님께서는 그렇게 하지 않으셨습니다.

오히려 하나님께서는 창조의 능력과 동일하신 능력을 발휘하셔서 이 세상과 역사의 과정에 관여하고 계십니다. 이를 전통적으로 섭리(攝理, providence)라고 불러왔습니다. 그러므로 위에서 말하였던 이신론자들은 창조는 믿되 섭리는 믿지 않는 이들이라고 할 수 있습니다. 창조만 믿고 섭리를 믿지 않는 것도 하나님께 대해서 심각하게 오해하는 것입니다. 그러므로 섭리 개념을 성경적으로 바르게 이해하는 것도 매우 중요한 일입니다. 그래서 이번에는 이 섭리의 문제를 생각해 보도록 하겠습니다. 이는 하이델베르크 요리문답 제 27 문의 주제이기도 합니다. 이 문답은 다음과 같이 묻는 일로 시작합니다:

"하나님의 섭리라는 말로써 당신이 이해하는 것은 무엇입니까?"

1. 섭리 개념의 이해

섭리를 생각할 때 제일 먼저 생각해야 하는 것은 이 일이 "전능하고 항존적(恒存的)인 하나님의 능력으로" 되어 지는 일이라는 것입니다. 전능하신 하나님의 능력이라는 말은 하나님께서 가지신 그의 본유적인 능력, 특히 하나님께서 세상을 창조하실 때에 사용하셨던 그 능력을 지칭하는 말입니다. 창조의 능력과 동일하신 능력으로써 섭리를 하신다는 것입니다. 그런데 이 능력은 "항존적인" 능력이라는 또 하나의 특징을 가지고 있습니다. 만일에 섭리에 작용하는 능력이 항존적인 능력이 아니라면 여러 가지 복잡한 문제가 발생할 것입니다. 그러나 하나님의 섭리하시는 능력은 항존적인 것이므로 우리로 하여금 전혀 걱정을 하지 않도록 합니다.

그런 전능하고 항존적인 능력으로 하나님께서 섭리하시는 일은 다음 두 가지 용어로 표현될 수 있는 것입니다. 그 하나는 "유지 또는 보존"(preservatio, preservation)이란 말이고, 또 하나는 "통치"(gubernatio, government)라는 말입니다. 하나님께서 이 세상을 유지, 또는 보존하신다는 말은 "모든 피조물을 붙드신다"는 말로도 표현될 수 있는 말입니다. 오늘의 본문인 히브리서 1장 3절에서도 성자께서 "그의 능력의 말씀으로 만물을 붙드신다고 했습니다." 이는 하나님께서 창조하신 것들에 대해서 하나님께서 그것들의 존재가 유지될 수 있도록 돌보아 주심을 표현하는 말입니다. 만일에 한 순간이라도 하나님께서 당신님께서 창조하신 피조물을 붙드시는 일을 하지 않으신다면, 이 피조계는 계속해서 존재할 수가 없는 것입니다. 단 한순간이라도 말입니다.

여기서 우리는 아주 중요한 사실을 하나 생각할 수 있습니다. 그것은 이 세상은 그 존재의 시작에서만이 아니라 그 지속에 있어서도 그 스스로 존재할 수 있는 것이 아니고, 항상 하나님께 의존해 있는 존재라는 사실입니다. 여기에 포함되지 않는 것이라고는 하나도 없습니다. 이 세상에 있는 모든 것이 다 섭리의 대상인 것입니다. 우리의 생명도 다 하나님께서 우리를 붙드시는 손길의 결과로 존재하는 것입니다. 이런 의미에서 이 세상에 있는 것들 가운데 하나님과 관련을 가지지 않고 있는 존재는 아무 것도 없습니다. 피조계 전체를 바라보면서 시편 기자는 이렇게 노래한 바 있습니다: "이것들이 다 주께서 때를 따라 식물 주시기를 바라나이다. 주께서 주신 즉 저희가 취하며, 주께서 손을 펴신 즉 저희가 좋은 것으로 만족하다가, 주께서 낯을 숨기신 즉 저희가

떨고 주께서 저희 호흡을 취하신 즉 저희가 죽어 본 흙으로 돌아가나이
다"(시 104:27-29). 이런 것을 생각하면 이 세상에 있는 존재 전체가 하
나님께 감사를 표해야 마땅한 것입니다. 그 모두가 하나님의 붙드시는
손길 때문에 이 순간도 존재하고 있기 때문입니다.

그러나 하나님께서는 이 세상을 그저 유지해 나가시기만 하는 것
이 아니고, 당신님께서 영원 전부터 가지신 목적을 향하여 이 세상이
진행해 나갈 수 있도록 세상을 운영해 나가십니다. 이를 하나님의 경영
또는 경륜(οἰκονόμια, economy)이라고 하기도 하고, 하나님의 다스리심[統
治]이라고 하기도 합니다. 그것은 때로는 이 세상의 죄악을 역사의 과정
가운데서 심판하시는 이로 나타나기도 하고 최후의 심판에서 잘 드러날
것입니다. 역사의 과정 가운데서 나타나는 하나님의 심판을 예언하는
말로 다음과 같은 아모스의 말을 생각해 볼 수 있습니다:

> 기둥머리를 쳐서 문지방으로 움직이게 하며 그것으로 부셔져서 무리의 머
> 리에 떨어지게 하라. 내가 그 남은 자를 칼로 살육하리니 그 중에 하나도
> 도망하지 못하며 그 중의 하나도 피하지 못하리라. 저희가 파고 음부로 들
> 어갈지라도 내 손이 거기서 취하여 낼 것이요, 하늘로 올라갈지라도 내가
> 거기서 취하여 내리울 것이며, 갈멜산 꼭대기에 숨을지라도 내가 거기서 찾
> 아낼 것이요, 내 눈을 피하여 바다 밑에 숨을지라도 내가 거기서 뱀을 명하
> 여 물게 할 것이요, 그 원수 앞에 사로잡혀 갈지라도 내가 거기서 그 칼을
> 명하여 살육하게 할 것이라. 내가 저희에게 주목하여 화를 내리고 복을 내
> 리지 아니하리라(아모스 9:1-4).

이런 심판에 하나님의 분명한 섭리가 나타나 보이는 것입니다. 그러나
이런 심판만이 하나님의 섭리를 보여주는 것이라고는 할 수 없습니다.
이 세상의 모든 과정이 하나님의 섭리의 대상인 것입니다.

보존과 통치의 관계를 생각해 보면 하나님께서 이 세상을 유지하시는 것이 이 세상을 하나님께서 정하신 목적을 향해 잘 다스려 나가시는 과정의 일부분이라고 할 수 있습니다. 하나님께서 궁극적으로 이루시려고 하는 것은 이 땅 위에 하나님께서 친히 다스리시며, 모든 피조계가 기꺼이 하나님께 복종하여 하나님의 뜻을 잘 이루어 나가는 그 하나님의 나라를 세우시는 것입니다. 그러므로 이 하나님 나라의 형성을 위하여 온 세상을 지금도 유지하시며 다스려 나가시는 것입니다.

2. 섭리의 구체적인 과정은?

하나님께서 모든 것을 섭리하신다고 했을 때 사람들이 흔히 하는 오해는 "그렇다면 이 세상의 모든 일에 대해서 하나님께서 직접적으로 책임지셔야 하며, 다른 존재들은 다 그의 조종에 의해서 놀아나는 꼭두각시와 같다"고 생각하는 것입니다. 그러나 이것이야말로 섭리에 대한 심각한 오해인 것입니다. 하나님의 섭리는 일반적으로는 이 세상에서 일어나는 일들의 인과 관계를 무시하고서 되는 것이 아니며, 또한 피조물들의 작용과 의지에 직접적으로 영향을 미치는 것도 아니기 때문입니다.

물론 이 세상의 원인 결과의 관계를 너머 서서, 또는 그 과정에 역행하여 하나님께서 어떤 일을 직접 일으키기도 하시고, 관여하시기도 하십니다. 그러나 이런 소위 이적들(miracles)은 항상 있는 것이 아닌 그야말로 비상 섭리(extraordinary providence)인 것입니다. 말 자체가 말하고 있듯이 이는 참으로 비상(非常)한 일로 늘 있는 일이 아닌 것입니다. 예를 들어서, 홍해를 가르셔서 이스라엘 백성으로 바다 가운데에 내신 길로 가게 하신 일이나, 만나와 메추라기로 그들을 먹이신 일이나, 예수님께서 이 땅에 계실 때 행하신 이적들이나, 사도들의 선포의 확증을 위해 하나님께서 사도들로 하여금 일으키도록 하셨던 소위 "사도적 이적들"(apostolic miracles)과 같은 이적들은 하나님께서 직접적으로 개입하셔서 일을 하신 비상 섭리를 잘 보여 주는 것입니다.

그러나 하나님께서는 언제나 그런 식으로 역사하시는 것은 아닙니다. 일반적으로, 또 보편적으로는 대개 이 세상의 원인과 결과의 관계를 사용하셔서 섭리하시는 것입니다. 그러므로 제 2의 원인(the second cause)을 사용하셔서 섭리하신다고 할 수 있습니다. 이 말은 벌써 이 세상에 이루어지는 모든 일이 궁극적으로는 다 하나님과 관련되어 있다는 것을 인정하는 말입니다. 중세 때 스콜라 신학자들이 즐겨 말한 바와 같이 하나님은 만물의 "제일 원인"(the prima causa)이십니다. 그러나 이 말이 모든 것의 직접적인 책임을 하나님께 돌리는 말이 아님에 유의해야 합니다. 제일 원인이신 하나님은 제 2의 원인들을 무시하고서 사역하시는 것이 아니라, 제 2의 원인들을 사용하셔서 사역하시되 그 제 2의 원인들의 성격을 잘 활용하셔서 그리하시는 것입니다.

이런 경우에는 하나님과 제2의 원인들이 협력하여(concurrence) 일이 이루어진다고도 말할 수 있는 것입니다. 제2의 원인의 원인으로서의 성격이 잘 드러나는 방식으로 하나님께서 섭리하신다는 말입니다. 예를 들어서, 우리의 의지를 사용하셔서 어떤 일을 하도록 하실 때, 궁극적으로는 하나님의 뜻과 주관하심이 있지만 그것이 우리의 의지에 직접적인 영향을 미쳐서 어떤 일이 일어나도록 하시지는 않는 것이라는 말입니다. 예를 들어서, 그리스도인에 대해서 바울이 "너희 안에서 행하시는 이는 하나님이시니 자기의 기쁘신 뜻을 위하여 너희로 소원을 두고 행하게 하시나니"(빌 2:13)라고 말할 때, 이는 하나님의 행하심과 우리의 소원을 두고 행하는 일의 연관성을 잘 표현하는 것입니다. 이 때 주의해야 하는 것은 하나님의 행하심이 우리의 소원을 두고 행하는 일에 직접적인 영향을 미친다고 생각하지 말아야 하는 것입니다. 만일 하나님의 뜻과 경영이 우리의 의지에 직접적인 영향을 미친다면, 우리는 자동 기계나 로봇과 같아서 우리가 하는 일에 대해서 우리는 책임이 없고 오히려 하나님께서 책임을 지셔야 하는 것입니다. 그러나 하나님과 사람의 관계라는 것은 그런 것이 아니어서 하나님의 뜻의 작용이 간접적으로 있어도 그것이 우리의 의지를 강요하거나 하는 것이 아니므로, 우리가 행하는 모든 일에 대해서 우리 자신이 책임을 지도록 되어 있는 것입니다. 하나님의 하시는 일과 우리의 의지의 활동, 하나님의 하시는 일과 제 2의 원인이 동시발생(concurrence)적으로 작용한다고 할 수 있는 것이기 때문입니다.

3. 섭리 교리의 실천적 의미는?

이러한 섭리 교리는 우리의 삶에 대해 매우 실천적인 함의를 가지고 있습니다.

첫째로 이 세상에 우연히(by chance) 일어나는 일은 없다는 것을 생각할 수 있습니다. 이 세상에 일어나는 모든 일들은 다 하나님과 관련하여 일어난다는 것이 섭리 교리의 의미이기 때문입니다. 물론 위에서 말했던 이적들과 같이 직접적으로 하나님과 관련되는 일도 있으나, 대개는 하나님께서 허용하시는 등 하나님과 간접적으로 관련되는 것입니다. 그러나 그것이 구체적으로 어떤 식으로 일어나든지 모든 것이 다 하나님의 관장 아래에 있으므로 이 세상에는 "우연히 일어났다"고 할 수 있는 일은 하나도 없는 것입니다. 그러므로 이 섭리를 인정한다면, 우리가 어떤 일에 대해서 우연에 근거하거나 요행을 바라고 할 수는 없습니다. 개혁자들이 카드놀이를 금한 이유들 가운데 하나가 바로 여기에 있습니다. 우연이나 요행을 바라는 것은 옳은 태도가 아니기 때문입니다. 물론 우리가 오락으로 '카드놀이' 등을 즐길 수는 있습니다마는 기본적으로 요행이나 우연을 기대하는 태도는 없어야 하는 것입니다.

이런 의미에서 오늘날 우리가 문제시해야 하는 것은 전세계적으로 각국마다 유행하고 있는 복권 제도입니다. 미국이나 영국이나 한국이나 할 것 없이 많은 사람들이 요행을 바라고 열심히 복권을 사고 있습니다. 그런 일에 따르는 다른 문제점도 많지만, 기본적으로 복권 제도 배후에 있는 우연에 근거한 생각, 즉 이 세상에 우연히 요행히 되는 일도 있다는 생각에 가장 심각한 문제가 있는 것입니다. 또한 진화론이 옳을 수 없는 것도 이 생각이 기본적으로는 우연에 근거하여 생물의 발생과 진화를 설명해 보려고 하려는 데에 있다는 것입니다. 우리는 어떤 것이든지 우연에 근거하여 무엇을 설명해 보려는 태도를 버려야 할 것입니다. 이것이 섭리 교리의 첫 번째 실천적 의미입니다.

둘째로, 따라서 그리스도인들은 이 세상에서 그들에게 닥치는 모든 일들이 모두 다 하나님의 아버지다운 손길에서 우리에게 온다고 생각해야 합니다. 여기에는 좋은 일 뿐만이 아니라, 우리가 자연적인 악이라고 생각하는 것도 다 포함되는 것입니다. 그러나 그것도 우리들의 아버지의 손길에서 온다면 우리는 그것을 의미 있게 생각하면서 잘 받아들일 수 있을 것입니다. 하이델베르크 요리문답 제 27 문에서는 "꽃잎이나 풀잎, 비나 가뭄, 풍년이나 흉년, 음식이나 음료, 건강이나 병, 번영이나 가난 이 모든 것이 사실은 …… [하나님]의 아버지다운 손길에서 우리에게 온다는 것입니다"고 말하고 있습니다.

이 모든 것은 신자나 불신자 모두에게 해당되는 것이고, 따라서 섭리의 대상에는 신자나 불신자, 피조계 전체, 심지어 천사들과 타락한 천사들인 악한 영들(귀신들)이 모두 포함되는 것입니다. 그런데 이 모든 존재들에 대해서 하나님의 섭리는 똑같은 것이라고 할 수 없습니다. 하나님께서는 자연계 일반보다는 인간들에게, 또 인간들 일반보다는 당신님의 자녀가 된 사람들에게는 더 특별한 섭리를 하시기 때문입니다. 일반적으로 인간들에게 미치는 섭리를 특별 섭리라고 하고, 그 중에 하나님의 자녀들에게 미치는 섭리를 "아주 특별한 섭리"(특특별 섭리, *providentia specialissima*)라고 불러 왔습니다. 그러므로 하나님의 자녀된 이들은 그저 세상만사를 하나님께서 다 섭리하신다는 수준 이상으로 나아가, 자녀된 자신들에 대해서 하나님께서 아주 특별한 관심을 가지고 섭리하시는 줄 알고서, 그 인도하시는 하나님의 손길을 의식하고 그 인도하심에 잘 따라가야 할 것입니다. 그것이 하나님의 섭리를 인정하는 이들과 그 섭리 아래 있으나 이를 인정하지 않는 사람들의 큰 차이인 것입니다. 존재론적으로는 모든 이들이 다 섭리 아래에 있습니다. 그러나 인식론적으로는 오직 성경적으로 바르게 생각하는 하나님의 자녀들만이 섭리를 인정합니다. 그들은 섭리를 인정할 뿐만 아니라, 그 하나님 아버지의 인도하심을 구체적으로 따라가야 합니다.[1] 그런 하나님의 자녀들은 다음 말씀을 실천적으로 체험하며 알게 되는 것입니다: "우리가 알거니와 하나님을 사랑하는 자, 곧 그 뜻대로 부르심을 입은 자들에게는 모든 것이 합력하여 선을 이루느니라" (롬 8:28).

---

[1] 이 장에서의 논의를 좀더 자세히 알기 원하면 이승구, 『사도신경』, 개정판 (서울: SFC, 2009), 제 3 장을 보십시오. 또한 하나님의 섭리의 깊은 뜻을 더 탐구하기 원하는 분들은 Paul Helm, *The Providence of God*, 이승구 옮김, 『하나님의 섭리』 (서울: IVP, 2004)를 보십시오.

제 19 강
창조와 섭리 신앙의 유익

본문: 창세기 45장, 50장.

창조를 믿는다는 것과 섭리를 믿는다는 것은 그저 그런 사실을 인정한다는 것 이상의 실천적인 함의를 가지고 있습니다. 그것은 사실 이를 믿는 이들에게 큰 유익이 되는 것입니다. 사람이 창조와 섭리를 인정하지 않는다고 해도 창조와 섭리가 없는 것은 아니나, 이를 인정하지 않는 이들은 이런 분명한 사실들에 대해서 맹목적이게 되고, 그 사실들을 아는 것으로부터 얻을 수 있는 유익을 전혀 얻지 못하게 되는 것입니다. 또한 이 사실을 알고 인정한다고 해도 이로부터 얻을 수 있는 유익을 전혀 생각해 보지 않는 이들은 이 사실을 인정한다고 하는 것의 유익에 의미 깊게 동참하기 어려운 것입니다. 따라서 우리는 하나님께서 이 세상을 창조하셨다는 것과 섭리하신다는 것을 인정하고 믿는 이는 어떻게 생각하고 살 수 있는지를 시간을 내어서 잘 살펴볼 필요가 있습니다. 이런 관심을 가지고 하이델베르크 요리문답 제 28 문에서는 "하나님의 창조와 섭리에 대한 지식이 어떻게 우리를 도울 수 있습니까?" 라고 묻고는 다음과 같이 대답하고 있습니다:

> 우리는 사태가 우리에게 불리할 때 인내할 수 있으며, 사태가 잘 되어 갈 때 감사할 수 있고, 미래에 대해서도 우리를 그의 사랑에서 떼어놓을 수 없는 우리의 신실한 아버지이신 하나님께 선한 신뢰를 둘 수 있습니다. 모든 피조물들이 온전히 그의 손에 있어서, 그의 뜻이 아니면 그들이 움직일 수도 없고 움직여질 수도 없는 것입니다.

이제 이를 찬찬히 생각해 가면서 창조와 섭리의 유익을 살펴보도록 하겠습니다.

1. 창조와 섭리를 믿는 이는 인내할 수 있는 이이다.

여기 어떤 하나님을 믿고 섬기는 사람이 있다고 합시다. 그런데 그가 모진 시련과 어려움 가운데에 있게 되었습니다. 그러면 그는 어떻게 생각해야 하나님을 믿고 섬기는 자답게 생각하고 행동하는 것일까요? 어려움이 있으므로 하나님이 계시지 않는다고 하거나, 하나님이 계셔도 자신을 돌보아 주지 않는다고 한다면 그는 참된 의미에서 하나님을 믿는 이가 아니거나, 적어도 그 순간에는 불신앙의 태도로 생각하는 것입니다. 적어도 그는 그 순간에는 하나님의 창조와 섭리를 믿지 않거나, 자신에게 적용시키지 않는 것입니다. 자신에게 모든 것이 자신이 생각한대로 잘 될 때만 하나님의 섭리를 생각하는 것은 참으로 하나님의 섭리를 믿는 것이 아닙니다. 하나님의 섭리를 믿는다는 것은 이 세상의 모든 일이 하나님의 창조적 능력 안에 있음을 인정하는 것이라는 것을 상기한다면, 내가 생각하기에 내가 도무지 견딜 수 없을 것 같은 역경도 모두 다 하나님의 손길에서 온다는 것을 인정해야 하는 것입니다. 그런 어려움이 내게 임하는 이유를 도대체 알 수 없는 경우라고 해도 그것이 하나님으로부터 임하는 것이라면, 그것은 참으로 지혜로우신 하나님의 어떤 경륜 가운데서 내게 임하는 것이라고 믿으며 그 어려움을 참고 인내해 나갈 수 있는 것입니다.

따라서 이런 사람은 그런 어려움이 임하는 제2의 원인이 된 다른 사람들이나 상황을 원망하거나 미워하지 않을 수 있는 것입니다. 이것이 인내의 바른 모습일 수 있습니다. 다른 이들이 관여되어서 우리에게 어려움이 임하여 왔다고 해도, 궁극적으로는 그들보다는 그 배후에 있는 하나님의 선하신 손길을 생각하면서 그들이 우리에게 잘못 행하는 것을 관대히 용서할 수 있는 것입니다. 성경 기록 가운데서 섭리를 믿기 때문에 자신에게 잘못한 이들을 용서할 수 있었던 대표적인 인물을 들자면 우리는 요셉을 생각할 수 있을 것입니다. 그가 했던 다음 말을 잘 생각해 보십시다:

> 나는 당신들의 아우 요셉이니 당신들이 애굽에 판 자라. 당신들이 나를 이곳에 팔았으므로 근심하지 마소서. 한탄하지 마소서. 하나님이 생명을 구원

하시려고 나를 당신들 앞서 보내셨나이다 …… 그런즉 나를 이리로 보낸 자는 당신들이 아니요, 하나님이시라(창 45:4-5, 8).

비록 형들이 자신을 시기하고 미워하여 미디안 상인들에게 팔아서 자신을 아비에 집에서 떠나게 하였다는 것을 잘 알고 있고, 그 과정 가운데서 자신이 모진 고생을 하였음을 그 누구보다도 잘 아는 요셉이었지만, 그는 또한 이 모든 어려움이 그저 형들의 죄악과 미움 때문에 이루어진 일이 아님을 알고 있었던 것입니다. 이 모든 일은 결국 궁극적으로 따져 올라가면 하나님의 섭리의 손길을 통해서 자신에게 임하였다는 것을 그는 알고 고백하는 것입니다. 그 모든 어려운 과정이 결국은 자신의 모든 가족을 보존하고, 결국은 이스라엘 족속을 보존하며 번성시키기 위한 것임을 그는 인정하면서 "나를 이리로 보낸 자는 당신들이 아니요 하나님이시라"고 고백하는 것입니다.

그러나 하나님께서 모든 것을 선하게 만드신다고 해서 죄악을 범하는 사람들이 책임이 없거나 아무런 죄책을 가지지 않는다는 말이 아닙니다. 그저 결과만 좋으면 그것으로 다 된다고 할 수는 없기 때문입니다. 요셉의 경우에 있어서도 잘못을 행한 형들의 죄와 죄책은 엄연히 존재하는 것입니다. 그것을 마치 없는 것처럼 생각하는 것이 섭리를 인정하는 태도가 아닙니다. 그러나 그런 죄에 대해서 판단하시고 공의롭게 처리하실 분은 하나님뿐이십니다.

따라서 다른 사람들이 원인이 되어서 당하는 이런 어려움 속에서라도 어려움을 당하는 신자는 그 원인이 되는 다른 사람들에 대해서 직접적으로 원한을 표하거나 그들을 미워하지 않을 수 있는 것입니다. 이렇게 하나님의 섭리를 인정하고 믿으면 다른 이들을 얼마든지 너그럽게 용서할 수 있고, 또 용서해야 하는 것입니다. 그래서 형들 때문에 어려움을 당하고서도 요셉은 "당신들이 나를 이곳에 팔았으므로 근심하지 마소서, 한탄하지 마소서"라고 할 수 있었던 것입니다. 그리고 이것이 가식이 아니었음을 야곱이 죽은 후에 두려워하는 형들에게 말하는 요셉의 다음과 같은 말에서도 잘 알 수 있습니다:

> 두려워 마소서. 내가 하나님을 대신하리이까? 당신들은 나를 해하려 하였으나 하나님은 그것을 선으로 바꾸사 오늘과 같이 만민의 생명을 구원하게 하시려 하셨나니, 당신들은 두려워 마소서. 내가 당신들과 당신들의 자녀를 기르리이다(창 50:19-21).

이런 요셉의 태도, 관대한 마음은 모두 이 세상의 모든 일이 다 하나님의 주관하심 가운데 있다는 것을 믿는 섭리에 대한 신앙에서 나오는 것입니다.

십자가에서의 예수님도 그러하셨습니다. "아버지여, 저희를 사하여 주옵소서. 자기의 하는 것을 알지 못함이니이다"(눅 23:34)라고 하시는 이 말씀은 한편에서 생각해 보면 신성을 가지신 주님이시기에 하시는 말씀이시지만, 이 세상의 모든 일이 하나님의 주관 하에 있음을 믿는 믿음으로부터도 나오는 말입니다. 성경에 나타나는 모든 신앙인들도 다 같은 태도로 이 세상을 살아갈 수 있었던 것은 그들의 마음에도 섭리에 대한 믿음이 있었기 때문입니다. 우리들도 창조와 섭리에 대한 믿음을 가지고서 역경과 환난 가운데서도 잘 인내하여 나갈 수 있는 사람이 될 수 있어야 할 것입니다.

2. 창조와 섭리를 믿는 이는 감사할 수 있는 이이다.

섭리를 믿는 이들이 역경 가운데서는 어려움을 인내하며 견디어 나갈 수 있다면, 모든 일이 순조롭게 되어 가는 순경 가운데서는 그 모든 일이 자신의 능력으로 되는 것이 아님을 인정하고서 하나님께 참으로 감사할 수 있고, 또 마땅히 감사해야 하는 것입니다. 이 세상에 우리가 존재하고 있다는 사실 자체가 우리로 하여금 하나님께 감사할 수 있게 합니다. 그러나 하나님께 참으로 감사할 수 있는 이는 하나님의 섭리를 인정하는 사람입니다. 왜냐하면 이루어지는 모든 일의 원천이 하나님이시라는 것을 그가 잘 알기 때문입니다. 그러므로 엄밀하게 말하면 섭리를 참으로 인정하는 이는 순경 가운데서 만이 아니라, 역경이 임할 때에도 하나님께 감사할 수 있는 것입니다. 모든 일에 하나님께 감사하는 것 - 그것은 되는 모든 일 배후에 하나님의 손길이 있음을 인정하는 행위이기도 합니다. 그러므로 이 감사하는 일은 참된 신앙인에게 있어서 매우 자연스럽고 마땅한 일이기도 합니다.

그러나 이렇게 범사에 감사하는 일은 쉽게 되어지는 일이 아닌 듯합니다. 그래서 사도 바울은 데살로니가 교우들에게 "범사에 감사하라"고 명령하고 있는 것입니다(살전 5:18). 감사하는 일이 쉽게 되어지는 일이라면 교우들에게 이를 명령할 이유가 없었을 것입니다. 그러나 그것이 쉬운 것이 아니기에 바울 사도는 (그가 명령한 다른 것들도 염두에 두면서) "이는 그리스도 예수 안에서 너희를 향하신 하나님의 뜻이니라"는 말을 덧붙이고 있는 것입니다. 우리를 향하신 하나님의 뜻을 우리가 알기만 한다면 우리는 그대로 행할 것이 아닙니까? 그런데 여기 그리스도 안에서 하나님께서 우리를 향하여 바라시는 바가 명시되었습니다. 그러니 우리는 모든 일에 대해서 마땅히 하나님께 감사해야 하지 않겠습니까? 바울 사도는 에베소 교우들에게도 같은 권면을 하고 있습니다:

"범사에 우리 주 예수 그리스도의 이름으로 항상 아버지 하나님께 감사하며"(엡 5:20). 그러므로 그리스도인들에게 있어서는 그 감사의 최종적 근거는 예수 그리스도와 그가 구속의 행위로 주신 유익입니다. 그리스도께서 우리를 위해 해 주신 일을 생각하면 우리는 그 어떤 상황에서도 하나님께 참으로 감사할 수 있는 것입니다. 이렇게 하나님의 창조와 섭리를 믿는 성도는 하나님께 감사하는 이입니다.

감사하는 마음은 무엇이 잘 되었을 때 그것이 자신의 선행이나 애씀과 노력의 결과로 그리되었다고 전혀 생각하지 않습니다. 그 자신이 노력하지 않거나 애쓰지 않는 것은 아니지만 자신의 노력과 애씀으로 좋은 결과가 온다고 생각하지 않고, 결국 따지면 자신이 애쓰고 노력할 수 있는 그 동기와 힘과 마음과 그 모든 것도 하나님이 주신 것이며, 모든 정황을 다 돌보셔서 좋은 열매가 있도록 하시는 하나님을 생각하면서 그는 하나님께 참된 감사를 드릴 수 있는 것입니다. 따라서 감사하는 마음은 자랑하는 마음이 없는 마음입니다. 감사하는 마음은 범사에 하나님을 인정하는 마음이기 때문입니다. 그러므로 그런 마음을 가진 이는 오직 하나님만을 자랑할 것입니다. 그래서 바울은 예레미아서의 말을 인용하면서 "자랑하는 자는 주 안에서 자랑하라"는 말을 여러 번 하는 것입니다(고전 1:31, 고후 10:17). 이는 주안에서 무엇을 자랑하라는 말이 아니고, 참된 신자에게는 자랑할 것이 주님뿐이시라는 말입니다. 하나님만을 자랑하는 사람이 참으로 감사하는 사람인 것입니다.

3. 창조와 섭리를 믿는 사람은 미래를 하나님께 맡기는 사람이다.

창조와 섭리를 믿는 것은 과거와 현재하고만 관련되지 않고 미래와도 관련됩니다. 과거와 현재가 하나님의 창조와 섭리의 손길 안에 있는 것만큼이나, 미래도 하나님의 섭리의 손길 안에 있기 때문입니다. 이것을 알기에 참으로 섭리를 믿는 사람은 미래를 하나님께 맡기게 됩니다. "사망이나 …… 현재 일이나 장래 일이나 …… 다른 아무 피조물이라도 우리를 우리 주 그리스도 예수 안에 있는 하나님의 사랑에서 끊을 수 없으리라"(롬 8:38-39)는 바울의 말은 이런 맥락에서 매우 중요합니다. 하나님께서 그리스도 안에서 우리를 사랑하신다는 것을 믿는 사람은 그 불변하는 사랑을 믿기에 장래를 과감히 하나님께 맡기는 것입니다.

하나님께 미래를 맡기는 사람은 또한 장래에 대해서 쓸데없는 걱정과 불안을 가지지 않습니다. 우리들에 대한 하나님의 사랑은 우리의 불안과 걱정을 제거하기에 충분한 것입니다. 그러므로 미래에 대해서 공연한 불안에 사로잡히고 걱정하는 사람은 마치 그에 대해서 하나님이 없는 것처럼 생각하고 느끼는 것이 되는 것입니다. 이 얼마나 답답한 상황입니까? 하나님께서 그리스도 안에서 그를 끊을 수 없는 사랑으로 사랑하셔서 모든 것이 합력하여 선을 이루게 하시는데 그 자신은 마치 그런 하나님의 사랑과 배려와 돌보심이 전혀 없는 듯 생각하며 자신의 미래에 대해서 걱정을 한다니 말입니다. 엄밀히 말하면 이것은 하나님을 모독하는 것이고 불신하는 것이 되는 것입니다. 그러므로 하나님의 섭리를 믿는 성도는 미래에 대해 고민하거나 근심하지 않고 모든 염려를 주께 맡기는 것입니다.

또한 하나님께 미래를 맡기는 이는 미래 일을 생각하고 계획할 때 하나님을 배제하고 생각하고 계획하지 않습니다. 예수님의 비유 가운데 나오는 어리석은 농부는 하나님을 전혀 고려하지 않고 자신의 수확에 대한 생각을 하고 계획을 세웠고(눅 12:16-21), 이것 때문에 예수님의 비판을 받았습니다. 또한 야고보가 예를 들고 있는 사람도 하나님은 전혀 배제한 채 장래의 계획을 세웠으나(약 4:13-17), 야고보는 그에 대하여 "내일 일을 너희가 알지 못하는 도다 너희 생명이 무엇이뇨? 너희가 잠시 보이다가 없어지는 안개니라"고 선언했던 것입니다. 그러면 우리는 어떻게 해야 하는가고 물을 사람들을 위해서 야고보는 친절하게 대답하여 주기를 우리는 도리어 "주의 뜻이면 우리가 살기도 하고, 이것 저것을 하리라"고 말해야 한다는 것입니다. 여기서 강조점은 "주의 뜻이면"이라는 말에 있습니다. 장래에 대해서 생각하고 계획을 세우고 하는 일을 해야 하나, 이 때 이 세상의 모든 일들을 주관하시는 하나님을 염두에 두고서 이일을 하며 "주의 뜻이면" 이런 저런 일들을 하리라고 생각해야 한다는 것입니다. 하나님을 믿는 사람이면 미래에 대해서 생각하고 계획할 때에도 믿는 사람다운 모습이 나타나야 한다는 것입니다.

우리는 지금까지 창조와 섭리를 믿는 사람이 현세의 삶을 살면서 어떤 유익을 얻을 수 있는지를 살펴보았습니다. 그는 역경(逆境)과 어려움 가운데서도 하나님께 감사하며 인내할 수 있고, 순경(順境)과 번영 가운데서 자만하지 않고 하나님께 참으로 감사할 수 있으며, 미래에 대해서 쓸데없이 염려하지 않고 하나님의 사랑과 뜻을 믿고 염두에 두면서 그의 뜻을 따르는 계획을 세워 나갈 수 있는 것입니다. 왜냐하면 창조와 섭리를 믿는 사람은 하나님과 피조물의 관계를 바로 아는 사람이기 때문입니다. 피조물은 창조주 하나님의 뜻에 따라 있었으며, 있고, 또 있게 될 것임을 잘 알기 때문입니다. 우리 모두는 이런 것을 잘 알기만 하지 말고 그것을 잘 아는 사람답게 그 모든 유익을 잘 얻어 갈 수 있었으면 합니다.

제 3 부
성자 하나님과 그의 위로

A Genuine Christian Comfort :

The Works of God the Father and of God the Son and their Comfort

제 3 부 성자 하나님과 그의 위로

I. 그리스도의 칭호들

제 20 강

그리스도의 칭호 (1):

"예수"

본문: 마태복음 1:18-21.

이번부터 우리는 몇 차례에 걸쳐서 아들[聖子] 하나님과 그의 사역에 대해서 생각해 볼 것입니다. 이 때 전제해야 하는 것은 이전에 우리가 삼위일체 하나님에 대해서 말했던 것입니다. 사도신조에서는 창조하시고 섭리하시는 하나님에 대한 믿음을 고백한 후에 그의 아들 "예수 그리스도"를 믿는다는 고백이 나오고 있습니다. 엄밀하게 말하자면 창조하시고 섭리하시는 분은 삼위일체 하나님이십니다. 그러나 창조와 섭리에 대해 말할 때 성부 하나님을 그 일의 대표로 내세워서 말하는 것입니다. 그러므로 사도신조의 표현 때문에 잘못 생각하여서 마치 창조와 섭리는 오직 아버지[聖父] 하나님의 일인 것으로 오해해서는 안 됩니다. 사도신조에서 창조주 하나님을 말한 후에 "그의 아들 우리 주 예수 그리스도를 믿사오니"라고 할 때에도 아버지 하나님을 창조의 대표자로 인정하는 터에서 그런 표현을 한 것이라는 점을 잊어서는 안 됩니다.

지금부터의 우리의 논의는 영원하신 그 아들[聖子] 하나님께서 이 땅에 오신 것과 그 지상 사역을 중심으로 진행될 것입니다. 영원 전부터 아버지 하나님의 영원하시고 영광스러우신 아들로 계신 그 분이 이 땅에 오신 것입니다. 이 땅에 오신 그 분에게 붙여진 이름이 "예수"였습니다. 오늘은 왜 그 분에게 예수라는 이름이 붙여졌는지 그 이유를 살펴보면서, 이 "예수"라는 이름을 생각해 보도록 하겠습니다.

1. 계시된 이름 "예수"

어린아이가 태어나면 그 부모나 조부모들께서 아이의 이름을 지어 주는 것이 이 세상의 관례로 되어 있습니다. 이스라엘 백성들에게도 그것이 관례로 되어 있습니다. 그러나 이 언약 백성에게는 때때로 하나님께서 이름을 지어주신 일이 있었습니다. 이삭(יִצְחָק)의 경우가 그러합니다. 웃음이라는 뜻의 이 이름은 (하나님의 약속에 대한 아브라함과 사래의 비웃음[창 17:17, 창 18:11-15], 그리고 할머니가 아들을 낳았다는 사실에 대한 동네 사람 등의 웃음, 그리고 사래의 기뻐하는 웃음[창 21: 6]이라는) 삼중의 웃음을 빗대어서 하나님께서 지어 주신 이름입니다(창 17:19). 세례 요한의 이름도 하나님께서 보내신 천사가 그 아버지인 사가랴에게 지시해 준 이름입니다(눅 1:13, 59-64).

오늘 우리가 살펴보려고 하는 예수라는 이름도 이렇게 하나님께서 미리 지어 주신 이름입니다. 그러나 이 이름 자체가 이전에는 없던 아주 독특한 이름인 것은 아닙니다. 이스라엘 사람들 가운데서 "예수"라는 이름은 쉽게 찾아 볼 수 있는 이름의 하나입니다. 구약의 예를 들면, 모세의 후계자로 이스라엘을 인도한 "여호수아"(יְהוֹשֻׁעַ)는 그 이름이 "예수"와 같이 "여호와는 구원이시다"는 뜻을 지닌 말입니다. "예수아"(יֵשׁוּעַ)라는 이름도 역시 같은 뜻의 이름입니다. 사실 이 이름이 바로 우리 주 예수님의 이름입니다("예수아", יֵשׁוּעַ; "예수", Ἰησοῦ). 신약 성경에는 "바예수"(בַּר־יֵשׁוּעַ, 즉, 예수의 아들)라는 이가 나타나는 것을 보면(행 13:6) "예수"라는 이름이 이스라엘 사람들에게 자주 붙여지던 이름의 하나라는 것을 짐작할 수 있습니다. 이스라엘 사람들은 여호와께서 자신들의 구원이 되심을 믿고 그들의 자녀에게 그런 믿음을 표현하는 이름을 붙였으리라고 생각됩니다. 그런데 우리가 관심을 가지고 있는 "사람으로 오신 하나님의 아들"은 이런 과정을 통해서 그의 "예수"라는 이름을 얻으신 것이 아닙니다.

요셉이라는 청년과 정혼한 마리아에게 천사가 나타나서 "보라 네가 수태하여 아들을 낳으리니, 그 이름을 예수라 하라"(눅 1:31)고 말씀한 것이 이 아이에게 예수라는 이름이 주어진 근본적 이유입니다. 또한 마리아와 정혼한 요셉이 마리아의 수태 사실을 알고서 근심하고 있을 때 주의 사자가 그의 꿈속에 나타나서 다음과 같이 말하였습니다: "다윗의 자손 요셉아 네 아내 마리아 데려오기를 무서워 말라 저에게 잉태된 자는 성령으로 된 것이라. 아들을 낳으리니 이름을 예수라 하라"(마 1:20-21). 이렇게 이 아이의 이름은 그 법적인 인간 부모 될 이들에게 하나님께서 보내신 주의 사자의 말씀 속에서 계시된 것입니다. 그러므로 이 이름은 하나님께서 친히 계시해 주시고 붙여 주신 이름인 것입니다. 이 말씀에 따라서 마리아를 데려오고 아이가 태어났을 때에 그의 법적인 아버지가 된 요셉이 그 아이의 이름을 "예수"라고 하였습니다(눅 2:21). 그 이후로 우리는 인간으로 오신 하나님의 아들을 예수라고 부르는 것입니다. 이것이 우리 예수님의 이름의 기원입니다.

2. "예수"라는 이름의 의미

그렇다면 하나님께서는 왜 이 아이에게 "예수"라는 이름을 붙여 주신 것일까요? 마태복음에 나오는 요셉에게 주신 말씀 가운데 그 이유가 제시되어 있습니다: "아들을 낳으리니 이름을 예수라 하라 이는 그가 자기 백성을 저희 죄에서 구원할 자이심이니라"(마 1:21). 이스라엘 중에 예수라고 이름하는 사람이 여럿 있을 수 있지만, 그 때에는 그저 그 부모 되는 이들이 "여호와 하나님만이 우리의 구원이시다, 그가 우리를 구원하실 것이다"는 뜻으로 하나님께서 이루실 구원을 기대하고 바라면서 그렇게 이름을 붙인 것에 불과한 것입니다. 그러나 여기 마리아에게서 태어날 이 아이의 경우에는 하나님께서 그의 사자를 보내셔서 이름을 지어 주시면서 그 이유까지를 밝혀 주는데 "이는 그가 자기 백성을 저희 죄에서 구원할 자"이기 때문이라고 하시는 것입니다. 여기에는 몇 가지 중요한 개념이 함축되어 있다고 할 수 있습니다.

첫째로, 이 예수라고 하는 분은 기본적으로 구원하시는 분이심을 시사해 줍니다. 여기 아주 포괄적인 용어 하나가 나왔습니다: "구원"(σωτηρία). 이 구원이란 말은 모든 잘못된 것으로부터의 회복과 온전하게 함을 의미합니다. 물리적, 정신적, 도덕적, 영적 회복과 온전하게 됨 -- 이것이 구원이란 말이 가지고 있는 포괄적인 뜻입니다.

그런데 성경의 전체적인 가르침을 잘 살펴보면, 사람들의 근본적인 문제는 물리적이거나, 정신적인 것에 있는 것이 아니라, 영적인 데에 있으므로, 영적인 문제를 해결하지 않은 물리적, 정신적 회복은 참되고 궁극적인 의미의 구원일 수 없습니다. 그래서 이 예수님의 이름을 설명하면서도 "이는 …… 저희 죄에서 구원할 자"라는 점을 강조하는 것입니다. 물론 이것은 인간의 영적인 문제만을 해결한다는 의미가 아닙니다. 죄는 영적인 문제로 시작하지만 이는 결국 정신적 문제, 도덕적 문제, 그리고 물리적 문제까지를 낳고 마는 것이기 때문입니다. 죄와 그로부터 오는 비참함이란 문제는, 그야말로 총체적인 문제가 아닐 수 없습니다. 따라서 이 총체적인 인간 문제의 해결도 결국 궁극적인 영적인 문제를 해결하는데서 시작되어야 하는 것입니다. 인간의 궁극적인 문제인 죄의 문제를 해결해야 그로부터 물리적, 도덕적, 정신적 회복이 이루어질 수 있는 것이고, 이런 것들이 온전하게 될 때에야 인간의 구원이 온전히 이루어지는 것입니다.

이 예수라고 미리 이름 지어진 분은 이렇게 온전한 의미의 구원을 가져다주시는 분이십니다. 그러므로 이 예수라고 불린 아이는 우리의 구원자로 이 세상에 오신 것입니다. 그것도 유일하신 구원자로서 말입니다. 그래서 후에 사도들은 "다른 이로서는 구원을 얻을 수 없나니 천하 인간에 구원을 얻을 만한 다른 이름을 우리에게 주신 일이 없음이니라"고 공언하였습니다(행 4:12). 예수라는 그 이름이 중요해서 그것이 무슨 신비한 마술적인 효과를 발휘해서 구원한다는 것이 아니라, 예수님께서 이 세상의 구원자로 오셔서 구원의 사역을 다 이루셨다는 것을 사도들이 선언한 것입니다.

그러나 이 예수님께서 가져다주시는 구원은 하루아침에 이루어지는 것이 아닙니다. 일종의 과정을 거쳐서 비로소 그가 구원을 이루시려고 한다는 것은 그가 다른 사람과 같이 어린아이로 세상에 오셔서 자라나는 과정을 가지셨던 것을 통해서도 간접적으로 알 수 있습니다. 그가 이루신 구원의 과정을 먼저 간단히 살펴보면, 그는 기본적으로 자신의 존재와 사역의 의미를 말씀과 행위로 가르쳐 주시고, 그 가르침에 따라 우리의 영적인 죄 문제를 해결하기 위해서 십자가에서 죽으시고, 후에 부활 승천하셔서 그 하늘에 계시다가 그 하늘로부터 구원의 궁극적 완성을 위해 오시는 것입니다. 그러므로 그가 죄 문제를 해결하시고 영적인 구원을 가져다주신 것의 온전한 성취, 즉 물리적, 정신적, 도덕적 회복과 완성의 온전한 드러남은 그가 자신의 사역을 종국적으로 마치실 때에야 이루어지는 것입니다. 이런 의미에서 지금 그는 이미 우리의 구원자이시며, 또한 다시 오실 때에 온전한 구원자가 되신다고도 할 수 있는 것입니다. 예수님은 이런 이중적인 의미에서 우리의 구원자이십니다.

둘째로, 그는 "자기 백성"을 구원하신다고 했습니다. 그런 의미에서 독특한 의미에서 이 예수님의 백성인 이들이 있음을 알 수 있습니다. 그런데 누가 과연 그의 백성인가 하는 질문이 제기될 수 있습니다. 이스라엘 백성들, 그의 혈연적 백성인 유대인들이 그의 백성입니까? 그들이 예수님의 백성의 일부일 수 있었습니다. 그러나 그렇지 않음을 그들 자신이 드러내고 말았습니다. 유대인들이 그를 받아들이지 않았던 것입니다. "자기 땅에 오매 자기 백성이 영접치 아니하였으냐"(요 1:11)는 말씀은 유대인들의 이런 배척도 포함해서 하시는 말씀입니다.

그러면 누가 그의 백성입니까? 예수님께서 죄로부터 구원해 주시는 모든 종류의 사람이 다 여기에 속한다고 할 수 있습니다. 자기들 스스로는 아직 깨닫지 못하고 있다고 해도 예수님께서 그들을 위해서 구원을 이루신 이들이 다 예수님의 친 백성이고, 하나님의 백성인 것입니다. 예를 들자면, 사도 바울이 고린도에서 복음을 전할 때에 유대인들이 반발하고 나오자, 바울은 "너희 피가 너희 머리로 돌아갈 것이요, 나는 깨끗하니라. 이후에는 이방인에게로 가리라"(행 18:6)고 선언했던 때를 생각해 보십시오. 그렇게 단언하고서 그들이 디도 유스도라고 하는 이의 집에서 따로 모임을 가질 때에, 주께서 밤에 환상 가운데서 바울에게 이렇게 말씀하신 일이 있습니다: "두려워하지 말며 잠잠하지 말고 말하라 …… 이는 이 성중에 내 백성이 많음이라"(행 18:9-10). 고린도 도시 가운데 주의 백성이 많다는 것입니다. 아직은 그들이 다 주님 앞으로 나아오지는 않았지만, 그들을 주의 백성으로 인정하시면서 사도의 사역이 필요하다고 말씀해 주시는 것입니다. 사도 바울은 이 말씀을 믿고서 1년 6개월을 유하며 하나님의 말씀을 가르쳤습니다. 이렇게 이 세상에는 하나님께서 사랑하시고 미리 정하신 예수님의 백성들이 있는 것입니다.

그러나 물론 우리로서는 과연 누가 예수님의 백성인지를 확연하게 알 수 있다고 할 수는 없습니다. 단지 예수님의 백성, 즉 예수님께서 세우시는 하나님 나라의 백성인 사람들은 결국 예수님의 존재와, 그의 사역을 받아들이고, 그 나라의 열매를 맺는다는 말을 할 수 있습니다. 이런 뜻에서 예수님께서는 자신과 그의 사역을 받아들이지 않는 유대인들에게 "하나님 나라를 너희는 빼앗기고, 그 나라의 열매맺는 백성이 받으리라"(마 21:43)는 말씀을 하신 일이 있습니다. 이 말씀을 우리가 그 나라에 합당한 열매를 맺어야만 그 나라의 백성이 될 수 있다고 오해해서는 안 됩니다. 왜냐하면 그런 식으로 하나님 나라의 백성, 예수님의 백성이 될 수 있는 이는 이 세상에 한 사람도 없기 때문입니다. 우리가 일정한 수준의 것을 이루어야만 비로소 예수님의 백성이 되는 것이 아닙니다. 만일 그렇다면 예수님의 십자가는 헛될 뿐만이 아니라, 불필요한 것이 될 것입니다. 그리고 예수님께서 구원하신다는 말도 무의미하게 될 것입니다. 그러므로 이 말씀은 예수님께서 구원하신 백성은 당연히 그 나라에 백성다운 열매를 내게 되어 있다는 말인 것입니다. 이런 열매는 우리가 예수님의 백성임을 확증해 주는 수단이 될 것입니다. 그러나 이 점을 너무 강조하여 다른 사람들을 판단하는 마음을 가져서도 안 되고, 스스로도 너무 내성(內省, self-reflection)에 빠져서도 안 될 것입니다. 결국 우리를 구원하여 예수님의 백성을 만드시는 분은 하나님이시지, 우리의 확신이나 삶이 아니기 때문입니다.

하이델베르그 요리문답 제 29 문은 "예수" 라는 이름의 이런 뜻을 잘 정리하고 있다고 할 수 있습니다.

(문) 왜 하나님의 아들이 "예수", 즉 구원자라고 불립니까?

(답) 왜냐하면 그는 우리를 우리의 죄로부터 구원해 주시기 때문입니다.

그러므로 우리들은 다른 어떤 다른 데서 구원을 추구하거나 찾을 수 없습니다.

3. 예수님만을 구원자로 믿는다는 것의 함의

예수님을 구원자로 믿는다는 것은 구원을 위해 다른 그 어떤 것도 의지하지 않고 오직 예수님만을 의지한다는 것을 뜻합니다. 말로는 예수님만이 구원자라고 하고서 실상 다른 것도 의지하는 것은 예수님을 참된 구원자로 믿지 않는 것입니다. 종교 개혁 시대에는 예수님을 믿는다고 하면서도 마리아를 비롯한 성인들의 도움도 얻으려 하고, 자신들의 하나님의 뜻을 따르는 행위도 의지하는 식의 신앙이 "과연 참된 신앙인가?, 과연 예수님을 참으로 믿고 의지하는 것인가?" 하는 것이 문제가 되었습니다. 일반 신도들이 이에 대해서 분명한 가르침을 받을 필요가 있었던 것입니다.

그래서 하이델베르크 요리문답 제 30 문에서는 "그렇다면 그들의 구원과 지복을 성인들과 자신들이나 다른 것에서 찾는 이들은 유일하신 구주 예수님을 믿는 것입니까?" 라고 묻고서는 이에 대해서 아주 분명하고 단호한 대답을 다음과 같이 제시하고 있습니다:

> 그렇지 않습니다. 비록 그들이 예수님을 자랑할지라도, 그들은 사실상 유일하신 구주 예수님을 부인하는 것입니다. 왜냐하면 예수님이 온전하신 구원자가 아니시든지, 아니면 참된 신앙으로 이 구주를 받아들이는 사람들은 그 안에서 그들의 구원에 필요한 모든 것을 가져야만 하겠기 때문입니다.

이 대답은 예수님 안에 우리의 구원에 필요한 모든 것이 있다고 생각하고 행동하지 않는 사람들, 즉 구원을 위해서는 예수님을 믿는 것이 중요하지만 그 외에도 다른 성인들의 도움도 필요하다고 생각하든지, 예수님을 믿는 믿음과 함께 구원 얻을 만한 공로가 되는 행위와 삶이 구원에 필수적이라고 생각한다면 그것은 예수님을 온전하신 구원자가 아니라고 생각하는 것이 된다는 것을 잘 지적하고 있습니다.

오늘날에도 이 점은 아주 강조될 필요가 있습니다. 로마 가톨릭 교회에 속한 이들은 자신들이 유일하신 구원자이신 예수님을 인정하고 믿는 것이라고 주장해도, 로마 교회의 공식적 가르침을 따르게 되면 결국은 그들의 주장에도 불구하고 예수님만을 참된 구원자로 인정하지 않는 것이 되는 것입니다. 또한 우리 시대의 예수님에 대한 다른 가르침 가운데서도 그를 믿는 것 이외에 다른 것이 구원을 위해 필요한 것이라고 한다면, 그것도 예수님이 참된 구원자이심을 부인하는 것이 됩니다. 그러므로 본인들이 예수님을 자랑하는가 아닌가 하는 것이 판단 기준이 아니고, 그들의 가르침을 잘 살펴서 과연 그들이 예수님을 온전한 구원자로 제시하고 있는가를 살피는 것이 중요한 것입니다. 부디 우리의 가르침과 믿음이 유일하신 구원자이신 예수님을 바로 믿고 따르는 것이 되고, 이 판단 기준을 가지고 모든 것을 살펴 나가기를 원합니다.[1]

---

[1] 이 장에서의 논의를 더 깊이 숙고하고자 하시는 분들은 이승구, 『사도신경』, 제 5 장을 읽어 보십시오. 더 깊은 논의를 위해서는 Geerhardus Vos, *The Self-disclosure of Jesus* (1926: New Jersey: Presbyterian and Reformed Pub. Co., 1978), 이승구 옮김, 『예수의 자기 계시』 (서울: 엠마오, 1986, 개정역, 서울:도서출판 그 나라, 2014)를 보십시오.

제 21 강

그리스도의 칭호 (2):

"기름 부음을 받은 자"(그리스도)

본문: 누가복음 2:8-14, 9:18-22.

1. "그리스도"라는 칭호의 기본적 의미와 용례들

우리는 지난번에 우리 주님의 "예수"라는 이름에 대해서 생각했습니다. 이번에는 이 "예수"라는 이름에 항상 붙여지는 칭호에 대해서 생각해 보도록 하겠습니다. 그것은 "메시아"(마쉬아흐, מָשִׁיחַ) 또는 "그리스도"(Χ ριστός)라는 칭호입니다. 이 칭호는 "기름 부음을 받은 자"란 의미를 지니고 있습니다.

이스라엘 중에 "예수"라는 이름이 흔히 찾아 볼 수 있는 이름이듯이, "그리스도"란 호칭도 여러 종류의 사람들에게 적용될 수 있는 칭호입니다. 왜냐하면 이스라엘 가운데서는 "기름 부음"을 받아 일정한 직임에 봉사하던 이들을 "기름 부음"을 받은 자라고 했기 때문입니다. 예를 들자면, 이스라엘 가운데서 제사장을 세울 때 "관유를 가져다가 그 머리에 부어 바르는" 일이 그 위임식의 한 부분을 차지했습니다(출 28:41, 29:1, 7, 21, 레 8:10-13, 30). 그래서 제사장들을 기름 부음을 받은 자라고 합니다. 그리고 특별히 "기름 부음을 받은 제사장"이란 명칭이 나타날 때에는 대제사장을 가르치는 것입니다(레 4:3, 5, 16; 6:22). 그러나 대제사장들만이 기름 부음을 받은 자가 아니고, 제사장들은 다 기름 부음을 받은 자라고 할 수 있습니다.

또한 이스라엘 가운데 왕을 세울 때에도 기름을 부어 왕으로 삼는 일이 사울이나 다윗을 비롯하여 계속되는 규례였습니다(시 89:20; 시 2:2 등 참조). 그리고 이는 이스라엘 가운데 왕 제도가 있기 전에도 이해되는 관례였음을 사사기 9장에 나오는 요담의 우화를 통해서도 알 수 있습니다. 그리하여 이스라엘 중의 왕은 "여호와의 기름 부음 받은 자"로 언급되곤 하였습니다(삼상 24:6, 26:11; 시2:2, 18:50, 20:6).

또한 이스라엘 중에서는 때때로 선지자를 세울 때에도 기름 붓는 일이 있기도 하였습니다(예를 들면, 왕상 19:16). 그러나 모든 선지자들이 다 기름 부음을 받고서 선지자 역할을 한 것은 아닙니다. 하나님께서 갑자기 부르셔서 선지자의 역할을 하도록 하신 일도 있기 때문입니다(아모스 7:14, 15). 그러나 어떤 선지자들은 기름 부음을 받고서 선지자 역할을 한 것을 보면, 선지자들도 하나님께서 세우셔서 기름 부음 받은 역할을 하도록 했다는 것을 알 수 있습니다.

이렇게 보면 구약에는 "기름 부음"을 받은 자(메시아=그리스도)가 많은 셈입니다. 그러면 우리에게는 많은 메시아, 많은 그리스도가 있다는 말일까요? **그렇지 않습니다.** 그 구약의 인물들은 모두 장차 오실 진정한 "기름 부음 받은 자"(메시아=그리스도)에 대한 모형(type)이었다고 할 수 있습니다. 이 구약의 선지자, 제사장, 왕을 하나님께서 세우실 때 그들은 이스라엘 가운데서 자신들이 담당한 그 역할을 충실히 하라고 세움을 받았을 뿐만이 아니라, 그렇게 함으로써 장차 오실 진정한 선지자, 제사장, 왕 되신 분을 예표하도록 하셨던 것입니다. 이 장차 오실 "기름 부음 받은 자"(메시아=그리스도)를 이스라엘은 열심히 기다려 왔습니다. 그가 오시면 그가 진정한 제사장으로 이스라엘을 성결케 하시고, 진정한 선지자로 하나님에 대한 온전한 지식을 주시고, 진정한 왕으로 이스라엘과 온 세상을 온전히 다스리시리라고 기대했기 때문입니다.

세례 요한이 유대 광야에 나타나서 회개의 메시지를 전할 때에도 그들은 그가 혹시 오시리라고 기대되던 그 "기름 부음을 받은 자"(메시아=그리스도)가 아닌가 하며 그가 누구냐고 물었습니다(눅 3: 15, 요 1:19-22). 이 때 요한은 분명하게 자신이 그리스도가 아니라고 대답하였습니다. 그리고는 자기 보다 더 큰 이, 성령으로 세례를 주시는 하나님의 아들이 그들 가운데 서 계신 예수라고 소개하였던 것입니다. 예수님께서 "그 '그리스도'"이심을 증언한 것입니다. 그러나 세례 요한 전에 이미 천사들이 목자들에게 나타나서는 예수님께서 탄생하신 소식을 전하면서 다음과 같이 증언한 바 있습니다: "오늘날 다윗의 동네에 너희를 위하여 구주가 나셨으니, 곧 그리스도 주시니라"(눅 2:11). 천사들이 이미 어린아이로 오신 예수가 그리스도이심을 말했던 것입니다. 또한 결례의 기한이 차서 요셉과 마리아가 아기 예수를 데리고 성전에 올라갔을 때 "주의 그리스도를 보기 전에는 죽지 아니하리라는 성령의 지시를 받았던"(눅 2:26) 시므온은 그 아기 예수님을 안고 하나님께 찬송하면서 그 아기가 그 메시아이심을 시사하였습니다.

그러나 이 땅에 오신 예수님은 이스라엘이 그리스도에게 기대한 그런 일을 하루아침에 다 이루시지 않으셨습니다. 그래서 이스라엘 사람들은 예수님이 과연 그들이 기다리던 메시아인지를 의혹에 찬 눈으로 보기 시작했고, 급기야 그가 십자가에 달리시게 되자 이를 조롱의 근거로 삼기도 했습니다: "저가 남을 구원하였으니, 만일 하나님의 택하신 자 그리스도여든 자기도 구원할지어다"(눅 23:35). 이스라엘 백성들에게 는 고난을 받는 메시아, 죽으시는 메시아, 그것도 나무에 달려 죽은 저 주받는 메시아는 꿈에도 생각할 수 없었기 때문입니다. 지금도 유대인 들 가운데 많은 사람들은 예수께서 메시아가 아니라고 생각하며, 그를 믿지 않고 있는 것입니다. 이런 상황 가운데서 예수님께서는 오늘날도 가이사랴 빌립보 도상에서 제자들에게 하신 질문을 우리들에게 하십니 다: "너희는 나를 누구라 하느냐?"

예수님의 일차 제자들 가운데서는 베드로가 대표로 "하나님의 그리스도"시라고 대답했었습니다(마 16:16; 눅 9:20). 간절히 기다리고 있었으나 그 기다리던 "기름 부음 받은 자"가 예수님일 수는 없다고 생각하는 다른 유대인들과는 달리, 여기 한 무리의 사람들이 예수님이 그리스도이심을 인정하고 있는 것입니다. 자신들의 기대와는 달라도 그 분이 하나님에게서 오신 분임을 인정하면서, 그 분에 의해서 가르침을 받아 생각을 고치고 사는 무리가 여기 생긴 것입니다. 이들은 예수님을 여호와의 기름부음을 받은 자, 즉 그리스도라고 믿는 무리입니다. 그리고 그들은 이 신앙을 다른 이들에게도 선포해서 오늘날 다른 사람이 아니라 예수님이 바로 그리스도라고 믿는 많은 무리가 있도록 한 것입니다. 오늘 그리스도의 교회에 속한 우리가 바로 그 무리들입니다.

그런 우리는 예수님께서 그리스도이시라는 뜻을 잘 알고 있는가를 묻지 않을 수 없습니다. 이는 기본적으로 그가 아버지 하나님에 의해서 지정된 자(세워진 자, ordained of God the Father)요, 성령으로 기름 부음을 받은(anointed with the Holy Spirit) 자라는 의미를 가집니다. 이에 대해서 베드로는 "하나님이 나사렛 예수에게 성령과 능력을 기름 붓듯 하셨으니"라고 말하고 있습니다(행 10:38). 예수님께서 메시아, 곧 그리스도로서의 사역을 하신 것은 성부의 보내심과 성령의 임하심으로 되어진 것이라는 말입니다. 그리하여 이 그리스도이신 예수는 어떤 일을 하신 것입니까?

2. 예수님께서 그리스도라는 말의 뜻(1): 최고의 선지자이신 예수님

첫째로, 그리스도이신 예수께서는 참되시며 최고의 선지자로서 우리에게 우리의 구속에 대한 하나님의 은밀한 경륜과 하나님의 뜻을 온전히 다 계시하셨고, 또 계시하고 계십니다. 예수님께서 행하시는 선지자로서의 사역은 기본적으로 그가 이 땅에 계실 때 제자들에게 자신이 누구시며, 자신이 이루실 구속이 어떤 것이며, 그리하여 그가 가져오실 하나님의 나라가 어떤 것인지를 가르쳐 주신 것입니다. 이 내용은 오늘 우리에게는 복음서에 기록되어 있어서 우리가 이를 읽으며 그 가르침을 계속해서 받을 수 있는 것입니다.

여기에 그의 선지자로서의 사역이 과거 그 때에만 있는 것이 아니라는 분명한 시사가 있습니다. 그는 과거 그 때에 가르치시는 진정하고도 온전한 선지자였을 뿐만이 아니라, 그 가르침을 성령으로 영감(靈感)하여 기록하게 하시고 그 성경을 읽을 때에 성령으로 그 말씀을 깨닫도록 하셔서 오늘도 우리를 가르치시는 일을 계속하시는 것입니다. 그리고 예수님께서는 이 세상에 계실 때뿐만 아니라, 천상에 계신 지금도 예수님께서는 가르치시는 참 선지자의 역할을 하시는 것입니다.

이는 그가 오시기 이전에도 마찬가지였습니다. 구약 시대에도 여러 선지자들이 하나님의 뜻을 가르치실 때 그들은 그리스도의 영으로 이 일을 감당했다고도 할 수 있기 때문입니다. 베드로 사도는 이에 대해서 이렇게 증거한 바 있습니다: "이 구원에 관하여는 너희에게 임할 은혜를 예언하던 선지자들이 연구하고 부지런히 살펴서 자기 속에 계신 그리스도의 영이 그 받으실 고난과 후에 얻으실 영광을 미리 증거하여 어느 시, 어떠한 때를 지시하시는지 상고하니라"(벧전 1:10-11). 그러므로 그리스도의 선지자로서의 사역은 성육신 이전에는 구약의 선지자들을 통해서 이루어졌고, 그가 이 땅에 오신 후에는 친히 행하셨고, 승천하신 후에는 사도들과 성경을 깨닫게 하는 성령의 사역을 통해서 계속되고 있는 것입니다. 이런 의미에서 그리스도는 우리의 최고의 선지자이십니다.

이런 사실을 믿는다면 우리는 성경을 잘 공부하여 그의 뜻을 깨닫고 그 교훈에 유의하며 그에 따라 살아야 할 것입니다. 그것이 예수님을 그리스도로 믿는 중요한 한 부분인 것입니다. 그러므로 오늘날에 있어서는 ⑴ 성경의 모든 부분을 하나님의 말씀으로 믿지 않는 것이나, ⑵ 성경 이외에 다른 어떤 계시나 권위를 인정하거나, ⑶ 성경의 바른 교훈을 찾으려 하고 그것에 주의하고 착념하지 않거나, ⑷ 그 말씀에 따라 살지 않는 것도 모두 실천적으로는 예수님께서 그리스도이심을 부인하는 것이 된다는 것에 주의해야 할 것입니다. 그리스도인이라고 하는 이들이 실천적으로는 그리스도를 부인한다면 얼마나 우스운 상황입니까? 우리는 그런 우(愚)를 범하지 말고 성경에서 배울 수 있는 그 분의 가르침에 충실하여 그리스도의 선지자 되심을 믿고 드러내어야 할 것입니다.

3. 예수님께서 그리스도라는 말의 뜻(2): 제사장이신 그리스도

예수님께서 그리스도라는 고백은 둘째로 그가 우리의 유일하신 제사장이시라는 고백이기도 합니다. 여기에는 크게 두 가지 사실이 포함됩니다. 먼저 그는 자신의 몸으로 유일한 희생 제사를 드리셔서 우리를 구속하신 것을 말해야만 합니다. 히브리서 기자는 그리스도께서 "자기를 단번에 제사로 드려 죄를 없게 하시려고 세상 끝에 나타나셔서"(히 9:26) "죄를 위하여 한 영원한 제사를 드렸다"고 말하며, "예수 그리스도의 몸을 단번에 드리심으로 말미암아 우리가 거룩함을 얻었노라"라고 말합니다(히 10:12, 10). 이 그리스도의 희생제사만이 죄를 없애는 효력을 가진 유일한 제사입니다. 구약의 모든 제사는 그 자체로서는 아무 효력이 없는 것입니다. 왜냐하면 "황소와 염소의 피가 능히 죄를 없이 하지 못하기" 때문입니다(히 10:4). 이런 구약의 모든 제사들은 "해마다 죄를 생각하게 하여"(히 10:3) 그리스도의 희생 제사를 바라보게 하며, 그것을 예표(豫表)하는 그림자와 같은 것들이었습니다. 그런 의미에서 "율법은 장차 오는 좋은 일의 그림자요, 참 형상이 아닌 것"입니다(히 10:1).

이런 것들에 비해서 예수님께서 십자가에서 우리의 죄를 위해 죽으신 것은 한 번 제사를 드려서 그 효과가 영원히 있는 영원한 제사입니다. 이 제사에 근거하지 않고 하나님 앞에서 의롭다고 칭함 받을 사람은 아무도 없는 것입니다. 그러므로 그를 통해서만 아버지께로 갈 수 있고 그야 말로 우리의 유일한 길이요, 생명이십니다.

따라서 (1) 그리스도의 희생 제사 이외에 다른 어떤 것을 의존해서 하나님께 나아가려 하거나, (2) 그리스도의 희생 제사에 다른 무엇을 더해서 구원을 얻으려고 하거나, (3) 그리스도의 희생 제사가 불충분한 것처럼 생각하는 것은 사실 예수님께서 그리스도이심을 부인하는 것이 됩니다. 그러므로 그리스도를 믿는 우리에게는 그리스도의 십자가 외에는 그 어떤 제단도 없는 것입니다. (이와 관련해서 우리는 우리가 사용하는 용어들에 많은 주의를 기울여야 할 것입니다. 예배드리는 것을 "제단 쌓는다"고 표현하거나, 강대상 부분을 "제단"이라고 표현하거나, 어떤 모임 장소를 "~~제단"이라고 표현하는 것은 매우 잘못된 일이기 때문입니다. 이는 부주의함으로써 결국 그리스도의 유일하신 희생 제사를 무시하는 행위가 되기 때문입니다).

또한 그리스도께서 우리의 제사장 되신다는 것은 그가 지금도 살아서 하나님께 중보 기도하신다는 것을 포함합니다. 이런 뜻에서도 그의 중보자 역할은 영원한 것입니다. 히브리서에서는 이 사실을 다음과 같이 설명해 주고 있습니다: "예수는 영원히 계신 고로 그 제사 직분도 갈리지 아니하나니, 그러므로 자기를 힘입어 하나님께 나아가는 자들을 온전히 구원하실 수 있으니, 이는 그가 살아서 저희를 위하여 간구하심이니라"(히 7:24-25). 그리스도의 이 중보 기도는 당신님께서 이루신 구속 사역의 공효(功效)를 우리를 위해 하나님 앞에 제시하신다는 의미입니다. 그것 때문에 하나님께서는 우리의 기도와 예배와 봉사와 삶을 받아 주시는 것입니다. 그러므로 이 땅위의 성도들은 순간 순간을 그리스도 덕분에 사는 것입니다. 그러니 어찌 순간 순간을 그리스도에게 의존하고, 감사하는 삶을 살지 않겠습니까? 그것이 너무나도 당연한 것이므로 그렇게 하지 않는 것은 결국 실천적으로 예수님께서 그리스도이심을 부인하는 것이 되는 것입니다.

4. 예수님께서 그리스도시라는 말의 뜻(3): 왕이신 그리스도

예수님께서 그리스도시라는 말은 또한 그가 우리를 다스리시는 왕이시라는 뜻을 포함하는 말입니다. 그가 진정한 왕이십니다. 과거 구약의 이스라엘의 왕들은 그의 왕 되심을 대리하고 예표(豫表)하던 것이고, 이 땅 위에 임한 하나님 나라를 다스리시는 왕은 그리스도이십니다.

그런데 그가 우리의 왕으로 우리를 다스리실 때 그는 말씀과 성령으로 우리를 다스리십니다. 말씀을 잘 깨닫게 하시고 성령의 능력으로 그 뜻을 이루어 가게 하신다는 말입니다. 그의 현세적 통치는 이렇게 순수한 영적인 통치입니다. 그러므로 지금 여기서 그의 통치를 받아 나간다는 것은 그의 말씀의 뜻에 주의하고 성령의 능력으로 그 뜻을 지켜 나가는 것을 의미합니다. 그렇게 하지 않는 사람들은 그의 통치를 받지 않는 것입니다.

그러나 이렇게 그의 말씀을 지켜 나가는 사람들은 이 세상에서 어렵고 고난에 찬 삶을 살게 되지만, 그래도 그리스도께서 그들을 위하여 얻으신 구속으로 그들을 보호하고 보존해 주시는 것입니다. 여기의 우리의 왕의 든든한 보호가 있습니다. 이 세상의 그 무엇이 우리를 해치지 못하도록 그가 튼튼한 팔로 지켜 주시는 것입니다. 요한일서에서는 "하나님께로서 나신 자가 저를 지키시매 악한 자가 저를 만지지도 못하느니라"(요일 5:18하)고 표현하고 있습니다. 이런 왕의 보호를 의식하는 자는 믿음으로 어려워도 그의 가르치신 말씀대로 살아 나가는 일을 계속합니다. 그것이 예수님을 그리스도로 인정하는 일의 중요한 부분입니다.

이처럼 예수님께서 우리의 참된 선지자요, 제사장이요, 왕이심을 인정하는 것이 그를 그리스도, 곧 기름 부음을 받은 자라고 고백하는 것이며, 이 고백은 우리의 입술에만 있는 것이 아니라, 우리의 머리와 가슴과 손과 발을 통해서 표현되어야 하는 것입니다. 예수님은 유일하신 그리스도이십니다. 그러므로 우리는 그에게서 배우고, 그를 통해 거룩하게 되며, 그의 다스림을 받아야 하는 것입니다. 이렇게 온전히 그리스도와 연관해 있는 자들만이 진정한 그리스도인입니다.[1]

---

1 이 장에서의 논의를 더 깊이 숙고하고자 하시는 분들은 이승구, 『사도신경』, 제 6 장을 읽어 보십시오. 더 깊은 논의를 위해서는 Geerhardus Vos, *The Self-disclosure of Jesus* (1926: New Jersey: Presbyterian and Reformed Pub. Co., 1978), 이승구 옮김, 『예수의 자기 계시』 (서울: 엠마오, 1986, 개정역, 서울: 도서출판 그 나라, 2014), 137-53을 보십시오.

제 22 강

그리스도의 칭호(3):

"하나님의 독생자"

본문: 마태복음 11:25-27, 요한복음 10:22-39.

1. "하나님의 아들"이라는 칭호의 일반적 용례들

우리는 지금까지 우리 주님의 "예수"라는 이름과 "그리스도"라는 칭호에 대해서 생각했습니다. 이번에는 그가 왜 "하나님의 독생자"라고 불리시는 지에 대해서 생각하도록 하겠습니다. 이를 일반적으로 언급하면 "하나님의 아들"이라는 칭호가 됩니다. 그런데 이 "하나님의 아들"이라는 말은 아주 다양한 의미로 쓰여지기 때문에, 우리는 예수님께서 어떤 의미에서 하나님의 아들이신지를 좀 더 구체적으로 밝혀야만 합니다. 그렇지 않으면 예수님께 "하나님의 아들"이라는 칭호는 돌리되, 참된 의미에서는 그에게 이 중요한 칭호의 진정한 의미를 돌리지 않는 일이 발생할 수 있기 때문입니다. 그래서 먼저 "하나님의 아들"이라는 칭호가 성경 가운데서 어떻게 다양하게 사용되고 있는지 그 용례(用例)들을 살펴보아야 할 것입니다.

가장 일반적으로 "하나님의 아들"이라는 말은 하나님을 섬기는 하나님의 백성을 지칭하는 의미로 사용되고 있습니다. 이는 "순전히 도덕적이고 종교적인 의미에서의 아들 됨", 또는 "언약적인 아들 됨"입니다. 이들은 하나님과의 언약 관계에 들어간 이들이기에 이들의 아들 됨을 언약적인 아들 됨, 또는 하나님 백성 됨의 아들 됨이라고 할 수 있습니다. 구약에서는 하나님의 백성이었던 이스라엘 백성 전체에 대해서 하나님께서 그들을 "내 아들"이라고 부르신 일이 있고(출 4:22, 호 11:1), 그에 속하는 개개인들에 대해서도 "하나님의 아들들[자녀]"이라고 하신 일이 있습니다(신 14:1, 호 1:10. cf. 롬 9:4). 이런 용법을 본받아서 신약 성경에서도 예수 그리스도의 구속 사역으로 말미암아 하나님의 백성이 된 사람들에게 "하나님의 아들들"(sons of God, οἱ υἱοὶ τοῦ θεοῦ) 또는 "하나님의 자녀들"(children of God, τά τέκνα τοῦ θεοῦ)이라는 표현을 돌리고 있습니다.

둘째로는 구약의 하나님의 백성인 이스라엘 가운데서 왕으로 불림을 받아 임직한 이들을 "하나님의 아들"이라고 부른 일이 있습니다. 예를 들어서, 다윗의 후손으로 왕이 될 이들에 대해서 하나님께서는 "나는 그의 아버지가 되고, 그는 나의 아들이 될 것이다"고 하신 일이 있습니다(삼하 7:14상). 이런 뜻에서 시편 2편에서는 일차적으로 이스라엘의 왕을 향해서 "너는 내 아들이라, 오늘날 너를 낳았도다"라고 말씀하시기도 하셨습니다(시 2:7하). 이는 "직임적인 아들 됨"(official sonship)이라고 할 수 있는 것입니다. 심지어 메시아를 "하나님의 아들"이라고 부르는 경우도 이런 직임적인 아들 됨의 의미에서 그렇게 부를 수도 있는 것입니다.

셋째로, 이 지상적인 존재가 아닌 천상적인 존재를 지칭할 때 "하나님의 아들들"이란 표현을 사용한 일이 있습니다(욥 1:6, 2:1, 38:7. cf. 단 3:25). 또 우리말로는 "권능 있는 자들"이라고 옮겨진 말도 권능의 아들이란 바로 이런 천상적 존재들을 의미하는 뜻으로 사용된 일이 있습니다(시 29:1; 89:6).

2. 예수님께서"하나님의 아들"이시라는 말의 뜻

우리 주 예수 그리스도께 대해서 "하나님의 아들"이라고 했을 때 그 말의 의미를 과연 위의 세 가지 용례의 어느 한 예에 속하는 것으로 여길 수 있을까요? 그럴 수는 없습니다. 만일 그렇다고 하면 예수 그리스도는 신적인 존재가 아닐 수도 있다는 말이 되기 때문입니다.

예수님께서 성부 하나님을 "내 아버지"라고 부르시고 자신을 "아들"이라고 하실 때, 그는 자신의 아들 됨이 그저 언약적 아들 됨이나, 직임적 아들 됨, 또는 천상적 존재로서의 아들 됨 정도가 아니라는 것을 분명히 시사하셨습니다. 예를 들자면 , 다음과 같은 말씀을 주의해서 읽어보십시오:

> 내가 내 아버지의 이름으로 행하는 일들이 나를 증거하는 것이어늘 ……
> 저희를 주신 내 아버지는 만유보다 크시매 …… 나와 아버지는 하나니라

…… 너희가 아버지께서 내 안에 계시고 내가 아버지 안에 있음을 깨달아 알리라(요 10:25-30, 38)

내 아버지께서 모든 것을 내게 주셨으니 아버지 외에 아들을 아는 자가 없고, 아들과 또 아들의 소원대로 계시를 받는 자 외에는 아버지를 아는 자가 없느니라(마 11:27).

여기에 오직 그 분만이 "내 아버지"라고 하실 수 있는 독특한 아들이 있다는 자의식(自意識)이 표현되어 있는 것입니다. 그 아버지와 그 아들은 서로에게 대해서 아주 독특한 배타적인 지식을 가지고 있다고도 말씀하시는 것입니다. 여기서 우리가 느낄 수 있는 것은 이런 의미의 아들은 이 세상에 이 분 한 분밖에 없다는 것입니다. 그는 심지어 자신을 하나님과 동일시하면서 말씀하시기도 합니다. 그런데 이 세상에 자신을 그런 식으로 주장할 수 있는 사람은 없습니다. 예수님의 이런 말씀을 듣던 당시의 유대인들은 이런 점을 잘 의식하면서 다음과 같이 반응하였습니다: "참람함을 인함이니, 네가 사람이 되어 자칭 하나님이라 하는도다"(요 10:33하). 예수님께서 주장하시는 아들 되심은 자신이 하나님이심을 주장하는 것입니다.

그러므로 예수님께서 자신을 하나님의 아들이라고 하셨을 때, 그 말은 그저 그가 언약 백성의 한 분자(分子)라든지, 큰 직임, 예를 들어서, 메시아로서의 직임을 감당할 분이라든지의 뜻으로 사용하신 것이 아닙니다. 이는 오히려 자신이 하나님이심을 의식하면서 성부(God the Father)에 대해 성자(God the Son)의 관계에 계신 분이심을 드러내시며 사용하신 아주 귀하고 독특한 계시적인 말인 것입니다. 이런 의미의 "하나님의 아들"이라는 말은 "삼위일체적 아들 됨"이라고 할 수 있습니다.

3. 예수님께서 이런 독특하신 아들이심을 가장 잘 표현하는 칭호: "하나님의 독생자"

예수님께서 이런 하나님의 독특한 아들이심을 가장 잘 드러내는 용어가 있다면 그것은 "하나님의 독생자"라는 칭호입니다(요 1:14, 18). 이 '독생자'라는 말의 용례를 잘 살펴보면, 우리가 흔히 생각하듯이 "유일한" 아들이라는 의미로만 사용되는 것은 아님을 알 수 있습니다. 이는 예수님께서는 아주 독특한 의미의 아들이시라는 뜻입니다. 그러나 예수님께서 아주 독특하신 하나님의 아들이심을 생각하면, 결국 예수님의 경우에 있어서는 그가 하나님의 유일하신 아들이라고 이해해도 별 무리가 없는 것입니다. 왜냐하면 그는 그저 독생자나 독생하신 하나님이 아니라, "아버지 품속에 있는"(요 1:18), 즉 아버지와 아주 깊은 관계를 가지고 있는 독생자이시기 때문입니다. 많은 이들이 주로 그의 성육신과 관련해서 '독생자'라는 말을 이해하려고 하지만, 영원과 선재 상태로부터도 그가 하나님의 독특하신 아들이셨음을 이는 암묵리에 시사(示唆)하고 있는 용어라고 할 수 있습니다.

그러므로 예수 그리스도는 다른 이들과는 아주 다른 의미에서 하나님의 아들이십니다. 독특하신 하나님의 아들이시라는 말입니다. 이것이 그가 "독생자"라는 말의 뜻입니다.

4. 독특하신 하나님의 아들 예수님과 하나님의 아들들이 된 우리들

우리는 예수 그리스도를 받아들이고 믿음으로 "하나님의 자녀"가 됩니다(요 1:12). 그러므로 우리의 아들 됨, 하나님의 자녀 됨은 양자 됨의 의미에서의 아들 됨입니다. 이에 비해서 예수 그리스도께서 아들이신 것은 본래적인 아들이심, 존재론적 아들이심(ontological sonship)이라고 할 수 있는 것입니다. 하이델베르크 요리문답 제 33 문에서는 이를 이렇게 묻고 대답하여 잘 정리해 주고 있습니다:

> (문) 우리도 하나님의 자녀인데, 왜 그는 하나님의 독생자(God's only-begotten Son)라고 불립니까?

> (답) 그리스도만이 영원히 본래적인 하나님의 아들이신 데 비하여, 우리는 그 덕분에 은혜로 양자 됨에 의해서만 하나님의 자녀들이 되기 때문입니다.

그러므로 예수님을 많은 형제들 가운데서의 "맏아들"이라고 표현했을 때도(롬 8:29) 이런 존재론적 차이를 의식하면서 말해야만 합니다. 그렇지 않으면 우리는 많은 오해를 하고, 예수 그리스도의 아들 됨과 우리의 아들 됨의 의미를 존재나 질(質)에서의 차이가 아니라, 단지 정도의 차이 정도로만 생각하는 잘못을 범할 수 있는 것입니다.

그러나 그 차이를 의식한 후에는 예수님께서 "맏아들"이시라는 것은 우리가 예수님을 본 받아 나아가야 한다는 것을 잘 표현하는 것으로 생각할 수 있습니다. 즉, 우리는 예수를 따라가며 그의 모습을 이 땅 위에 드러내어야 하는 존재들이라고 생각해야 하는 것입니다.[1]

---

[1] 이 장에서의 논의를 더 깊이 숙고하고자 하시는 분들은 이승구, 『사도신경』, 제 7 장을 읽어 보십시오. 더 깊은 논의를 위해서는 Geerhardus Vos, 『예수의 자기계시』 (서울: 엠마오, 1986, 개정역, 서울: 도서출판 그 나라, 2014), 185-304를 보십시오.

제 23 강

그리스도의 칭호(4): "주"

본문: 고린도전서 6:19-20, 마태복음 7:20-29.

이번에는 그리스도의 칭호 가운데서 마지막으로 "주님"(κύριος, the Lord)
이라는 칭호를 생각해 보기로 하겠습니다. 신약 성경에서는 다양한 상
황 가운데서 다양한 의미로 예수님을 "주님"이라고 부른 일이 있습니
다. 이는 당시에 "주님"이라는 칭호가 사용되던 다양한 의미를 반영하
는 것이기도 합니다. 이처럼 성경에 나오는 "주"라는 칭호는 단일한 의
미를 가진 것이 아닙니다. 이를 알기 위해 "주" 또는 "주님"이라는 칭
호의 일반적인 의미부터 생각해 보기로 하겠습니다.

1. "주"라는 칭호의 일반적 용례들

헬라어에서는 사람과 사람 사이에서 가장 정중한 표현을 하고자 할 때 "주님"이란 호칭이 사용된 예들이 있습니다. 예를 들자면, 유대인들이 빌라도를 부를 때도 "주여"라고 부른 일이 있으며(마 27:63), 또한 마리아가 부활하신 주님을 동산지기로 잘못 알고 부를 때도 그를 "주"라고 부른 일이 있습니다(요 20:15). 그런가 하면 아내가 남편을 지극히 존경하며 존대할 때도 이 칭호를 사용한 일이 있습니다(벧전 3:6=창 18:12).

예수님께 대해서도 그를 그저 선생님이라는 의미로 부를 때에 "주"라는 칭호를 사용하여 표현한 일이 있습니다. 예를 들어서, 공관복음서의 표현들을 비교해 보면 같은 사건에 대해서 어떤 복음서에서는 "선생님이여"라고 표현한 것을 다른 복음서에서는 "주여"라고 표현한 곳들이 나타나는 것입니다(막 9:5=마 17:4 참조). 그러므로 이런 경우에는 아주 높은 의미의 "주" 칭호를 예수님께 돌렸는지가 모호한 것입니다. 이처럼 공관복음서에 있어서는 상당히 많은 경우에 있어서 예수님을 "주님"이라고 부른 말의 의미가 모호하게 나타납니다. 즉, 그저 사람과 사람 사이에서 높임을 표현하는 것으로 사용된 것인지, 아니면 그 이상의 의미를 지니고 이 칭호가 사용되었는지가 모호하다는 것입니다.

그러나 복음서에서나 서신서에서 예수님을 이런 일반적인 의미에서가 아니라, 분명히 아주 높은 의미에서 "주"로 부른 예들이 있다는 것을 지적하지 않을 수 없습니다. 그리고 이런 것들이 우리들에게는 가장 중요한 것이 됩니다.

2. 예수님을 "주"라고 부를 때의 가장 높은 의미

가장 높은 의미로 예수님을 "주"라고 부를 때는 높아지신 구주에 대한 특별 명칭으로 이 칭호가 사용된 때입니다. 부활하신 예수님은 "주와 그리스도"라고 불렸습니다(행 2:36). 도마도 그를 "나의 주시며, 나의 하나님"이시라고 고백하였고, 부활하신 주님은 이를 받아들이셨습니다(요 20:28). 부활하신 그는 죽은 자와 산 자의 "주"이십니다(롬 14:9). 그는 "모든 이름 위에 뛰어난 이름"을 가지신 것입니다(빌 2:9). 이럴 때에 "주"라는 칭호는 당대에 유대인들이 여호와 하나님을 일컬어 "주"라고 부르던 것과 연관된 것입니다. 다시 말해서 이런 의미로 예수님을 주라고 부르는 것은 예수님이 하나님이심을 인정하는 표현이었던 것입니다.

부활 이후의 주님에 대해서는 아주 분명히 이런 뜻의 "주" 칭호가 사용되었음을 확언할 수 있습니다. 그러므로 사도들의 교회에 있어서는 예수님을 이런 신적인 의미에서 "주"라고 부르는 것이 일반화되었던 것입니다. "주 예수 그리스도"라는 일반화된 명칭이 이것을 잘 드러내어 줍니다. 또한 다음과 같은 바울의 말을 주의 깊게 들어보십시오: "만일 누구든지 주를 사랑하지 아니하거든 저주를 받을지어다. 주께서 임하시느니라. 주 예수 그리스도의 은혜가 너희와 함께 …… 할지어다"(고전 16:22-24). 이처럼 초대 교회에서는 예수님을 하나님과 동일시하면서 그를 "주님"이라고 불렀던 것입니다.

그런데 예수님을 이런 높고 지극히 고귀한 의미에서 "주님"으로 부른 일들은 그가 부활하신 뒤에만이 아니라, 예수님께서 지상 사역을 하실 때에서부터 나타난 일이라고 할 수 있습니다. 몇 가지 예만을 들어보도록 하겠습니다.

첫째로, 예수님의 말을 따라 하여 많은 물고기를 잡은 후 베드로가 보인 반응과 그의 말을 보십시오: "시몬 베드로가 이를 보고 예수의 무릎 아래 엎드려 가로되 '주여 나를 떠나소서. 나는 죄인이로소이다'"(눅 5:8). 여기엔 하나님 앞에 선 죄인 된 인간의 반응이 나타나 있지 않습니까? 이는 그저 고귀하신 종교적 선생님이나, 선지자에 대한 반응이라고 하기 어려운 것입니다. 그렇다면 여기 사용된 "주여"라는 말도 고도의 의미를 가지고 있지 않다고 할 수 없습니다.

둘째로, 예수님께서 마지막으로 예루살렘에 입성하시기 전에 나귀 새끼를 끌고 오라고 하실 때에 하신 말씀인 "만일 누가 무슨 말을 하거든 주가 쓰시겠다 하라"는 말씀에서의 "주"의 의미를 생각해 보십시오. 이 표현에는 그것을 마음대로 처분하실 수 있는 분으로서, 또한 포괄적인 주권을 가진 분으로서 자신을 드러내신 예수님의 의도가 나타났다고 할 수 있습니다. 이 모든 것이 예수님을 하나님과 동일시하면서 "주"라는 칭호를 사용한 예입니다.

이를 좀더 자세히 알기 위해 유대인들이 여호와 하나님을 "주"라고 부르던 관례를 생각해 보아야 합니다. 유대인들은 우리말 성경에 "여호와"(יהוה)로 음역되어 있는 하나님의 지극히 거룩한 명칭을 부르는 일을 회피하기 위하여 이 칭호가 나타날 때마다 "나의 주님"(adonai)이라고 불러 왔습니다. 그리하여 하나님이 피조계와 관련하여 주권적 능력을 행사할 수 있는 분이심을 지칭하기 위해 하나님께 "주"라는 칭호를 사용하는 일이 일반화되었습니다(마 1:20, 마 11:25, 눅 4:18 참조).

그리스도인들은 이런 뜻으로 예수를 "주님"(κύριος)이라고 불렀고, "예수는 주님이시다"는 고백은 최초의 신앙 고백 형식의 하나가 되었습니다(행 8:16, 19:5, 고전 12:3 참조). 이 때 그 그리스도인들은 이전에 여호와 하나님을 주님으로 불렀던 그 의식을 가지고 예수님을 주님이라고 불렀던 것입니다(눅 1:43 참조). 구약의 하나님과 예수님을 동일시하는 의도로 이 칭호를 예수님께 적용하여 썼다는 말입니다. 그래서 구약에서 여호와 하나님에 대해 사용하였던 어귀들을 예수님께 적용하여 인용하는 일도 흔히 발생하고 있습니다(마 3:3, 23:39, 막 1:3, 롬 10:13, 히 1:10, 벧전 2:3, 3:15 참조). 그러므로 예수님을 이런 높은 의미에서 주라고 부르는 것은 예수님의 신성(神性)에 대한 고백이기도 한 것입니다. 이런 의미에서 주님이신 예수님께서는 우리의 기도의 대상이 되시며(행 7:59, 60, 고전 16:22), 믿음의 대상이 되는 것입니다(행 9:42, 11:24). 또한 그런 주님으로 그는 만왕의 왕이시고, 만 주의 주이시며(계 19:16), 특히 교회의 주님이십니다. 그는 구약의 여호와 하나님과 같이 주님으로 불리신 분으로 우리의 모든 것을 주관하시는 섭리자요 주재자이십니다.

3. 예수님께서 "주님"이시라는 것을 고백하는 사람들의 위치

이렇게 예수님을 가장 높은 의미에서 주님이라고 부르는 이들은 자신들을 그 주님의 "노예"로(δοῦλος, slave or servant) 인정하는 것입니다. 즉, 자신들이 그 주님에게 속하여 그 주님이 원하시는 대로 활동하며, 자신들의 삶을 살아 나가야 하는 존재들이라는 자의식을 표현하는 말인 것입니다. 우리는 어떻게 해서 그 주님의 것이 되었습니까? 그가 "금이나 은으로가 아니라, 그의 보배로운 피로써 우리를 죄와 마귀의 모든 세력에서 구속하시고 사주셔서 그분 자신의 것이 되게 하셨기 때문입니다" (하이델베르크 요리문답 제 34 문답). 바울은 이를 "너희는 너희 것이 아니라, 값으로 산 것이 되었으니" 라고 표현합니다(고전 6:19, 20).

그러한 우리는 이 높으신 주님을 섬기는 자들입니다(롬 12:11). 따라서 그의 종인 우리는 자신들의 삶을 그에게 합당하게 정돈해야 하는 것입니다(고전 11:27). 그러므로 우리에게는 주님의 뜻을 아는 일이 아주 필수적인 일입니다. 그 분의 뜻을 잘 살펴서 그 뜻을 이루어 나가는 것이 그를 잘 받들어 섬기는 것이기 때문입니다. 예수님께서 우리의 주님이심을 생각하면서 우리는 이런 의미에서 그의 진정한 종인가를 깊이 있게 물어야 할 것입니다. 그것이 살아 계신 주님과 깊이 있는 교제를 유지하는 방법이기도 합니다. 우리는 과연 주님과 고귀하고도 깊은 교제를 가지고 있는 주의 종들인가요?

만일 그렇지 않다면, 그리고 그렇지 않음이 우리 생애 끝까지 계속된다면 우리는 예수님을 주라고 부르는 그 일을 헛되게(*eikῇ*, in vain) 하는 것이 됩니다. 그리고 이렇게 헛되게 "주여"라고 하는 이들을 향하여 우리 주님께서 말씀하신 엄중한 경고를 우리는 귀기울여 들어야만 합니다: "나더러 주여, 주여 하는 자마다 천국에 다 들어갈 것이 아니오, 다만 하늘에 계신 내 아버지의 뜻대로 행하는 자라야 들어가리라" (마 7:21). 예수님을 주님이라고 부르면서도 그의 뜻을 무시하고, 그의 말을 행하지 않는 이들은 결국 예수님께서 말씀하시는 "불법을 행하는 자들"이요(마 7:23), "어리석은 사람"(마 7:26)인 것입니다. 그 날에 우리 주님께서는 그런 이들을 향하여 "내게서 떠나가라"라고 엄중하게 선언하실 것입니다.

이런 상황 가운데서 우리는 과연 어떠한 자들이고, 어떠한 자들이 될 것입니까? 헛되이 예수님을 주님이라고 부르는 이들입니까, 아니면 진정 하나님의 뜻을 행하는 진정한 예수님의 종들입니까? 이것이 예수님을 주님으로 부르는 이들이 매순간 물어야 할 중요한 질문입니다.[1]

---

[1] 이 장에서의 논의를 더 깊이 숙고하고자 하시는 분들은 이승구, 『사도신경』, 제 8 장을 읽어 보십시오. 더 깊은 논의를 위해서는 Geerhardus Vos, *The Self-disclosure of Jesus* (1926: New Jersey: Presbyterian and Reformed Pub. Co., 1978), 이승구 옮김, 『예수의 자기 계시』 (서울: 엠마오, 1986, 개정역, 서울: 도서출판 그 나라, 2014), 341-64를 보십시오.

제 3 부 성자 하나님과 그의 위로

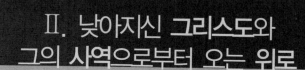

II. 낮아지신 그리스도와
그의 사역으로부터 오는 위로

제 24 강

그리스도의 생애와 사역(1):

"성령으로 잉태되사
동정녀 마리아에게서 나시고"

본문: 누가복음 1:26-38.

이제부터는 우리의 구원을 위해 이 세상에 오신 그리스도께서 어떠한 삶을 사시고, 그 삶 가운데서 어떠한 일을 하여 나가셨는지를 살펴보도록 하겠습니다. 그러므로 먼저 그가 이 세상에 오신 것, 흔히 우리가 성육신이라고 부르는 일에 대한 생각부터 시작해야 할 것입니다. 그가 이 세상에 오실 때 그는 아주 독특한 방식으로 우리들 가운데 오셨습니다. 영원하신 하나님의 아드님께서 인성(人性, human nature)을 취하실 때 그는 성령님에 의해서 동정녀 마리아의 몸에 잉태되는 방식을 취하셨고, 그녀의 몸 안에서 여느 태아와 같은 방식으로 자라시다가 마리아에게서 낳아지시는 방식을 취하신 것입니다.

이런 잉태와 출생 방식의 의미와 그 유익을 생각할 때에 무엇보다 먼저 생각해야 되는 것은 이 모든 생각과 고찰은 이미 하나님의 놀라운 지혜와 경륜 가운데서 이와 같은 방식으로 일이 진행된 후에 나온다는 것입니다. 즉, 사건이 이미 발생한 후에 우리가 이 일의 의미와 유익을 생각해 보는 것이라는 말입니다. 이처럼 성육신의 사실은 우리의 성찰에 앞서 이미 있는 것입니다. 우리는 이 사건이 일어난 후에 과연 하나님께서는 어떤 생각 가운데서 이와 같은 방식으로 성육신 하도록 하셨는가를 성경에 나타난 하나님의 생각을 따라 생각할 뿐인 것입니다. 따라서 우리의 고찰과 성찰에 따라서 이 사건이 바뀌거나 그 의미가 변하는 것이 아닙니다. 이 사건의 의미는 이미 이 사건이 발생할 때에 그 사건에 붙박혀 있다고 할 수 있는 것입니다. 그러므로 우리는 성경에 기록된 대로의 사실에 대한 믿음에서부터 모든 성찰을 시작해야 합니다.

1. 성육신의 사실

하나님께서 세우신 구속자, 구원자가 이 세상에 올 것이며, 그를 통해서 우리의 구원이 이루어지리라는 것은 이미 구약 시대부터 계시된 것이고 그 계시에 따라 성도들이 믿고 대망해 온 것입니다. 그러나 실제로 이 사실이 이루어지기 전에는 과연 어떤 방식으로 그 구원자가 우리에게 오실 것인지를 아는 사람은 한 사람도 없었습니다. 오직 하나님께서만이 그 일을 계획하신 대로 이루어 가고 계셨던 것입니다.

하나님의 그 계획에 따라 어느 날 갈릴리 나사렛에 다윗의 자손 요셉과 정혼한 처녀(παρθένος)에게 천사 가브리엘이 이르러 그녀에게 놀라운 이야기를 하기 시작하였습니다(눅 1:26, 27). "은혜를 받은 자여 평안할찌어다. 주께서 너와 함께 계시도다"라는 천사 가브리엘의 인사말은 마리아를 놀라게 하였고, 그녀를 많은 생각에 잠기게 하였습니다. 아마도 마리아는 '왜 나에게 "은혜를 받았다"고 말하는가?' 또 '주께서 함께 계시다는 것은 무슨 뜻일까?' 등의 생각을 하였을 것입니다. 이런 마리아의 생각을 알기라도 하듯이 가브리엘은 마리아에게 나타날 일을 설명해 주기 시작하였습니다: "보라 수태하여 아들을 낳으리니, 그 이름을 예수라 하라. 저가 큰 자가 되고 지극히 높으신 이의 아들이라 일컬을 것이요, 주 하나님께서 그 조상 다윗의 위를 저에게 주시리니, 영원히 야곱의 집에 왕노릇 하실 것이며, 그 나라가 무궁하리라"(눅 1:31-33).

하나님의 아들이신 영원한 왕이 자신의 몸에서 태어나실 것이라는 이런 소식을 듣고 그 사실도 놀랍지만, 처녀인 자신이 어떻게 아이를 낳을 수 있을까를 묻는 마리아에게 가브리엘은 다시 이렇게 설명하여 줍니다: "성령이 네게 임하시고 지극히 높으신 이의 능력이 너를 덮으시리니 이러므로 나실 바 거룩한 자는 하나님의 아들이라 일컬으리라"(눅 1:35). 이 가브리엘의 설명에 성령으로 잉태한다는 것이 어떤 것인지가 나타나 있습니다. 또 마리아가 이 성령의 능력으로 되는 일을 조금은 쉽게 받아들이도록 하기 위해서 가브리엘은 마리아의 친척 엘리사벳에게 발생한 일을 언급합니다: "보라 네 친족 엘리사벳도 늙어서 아들을 배었느니라. 본래 수태하지 못한다 하던 이가 이미 여섯 달이 되었나니 대저 하나님의 모든 말씀은 능치 못하심이 없느니라"(눅 1:36-37).
이 모든 대화 가운데서 우리는 마리아에게 아이가 수태된 것이 다 하나
님의 성령의 크신 능력으로 된 것임을 알 수 있습니다. 후에 요셉에게
도 주의 사자는 "저에게 잉태된 자는 성령으로 된 것이라" 고 말씀하십
니다(마 1:20).

　　이처럼 예수의 인간 부모된 마리아와 요셉은 천사들로부터 이 아
이의 수태가 성령으로 된 것임을 고지(告知)받고 그 일을 받아들이고서
이 아이의 부모 역할을 하기로 합니다. 그리하여 요셉은 곧바로 일어나
서 주의 사자의 분부대로 행하여 그 아내를 데려 와서 "아들을 낳기까
지 동침치 아니한 것" 입니다(마 1:24-25). 그리고는 하나님의 섭리에 따
라 일어난 가이사 아구스도의 '본 동리에 가서 호적하라' 는 로마 황제
와 총독의 명에 따라(눅 2:1-4) 호적하러 베들레헴에 내려가서 그 다윗의
동리에서 아기 예수를 낳게 되었습니다.

2. 성령으로 잉태되었다는 사실의 의미

이렇게 이루어진 사실 가운데서 성령으로 잉태하셨다는 것은 무슨 의미
일까요? 이것은 **인간의 능력에 의하지 아니하고 하나님의 초자연적인
능력**으로 성육신이 이루어졌음을 단적으로 선언해 주는 것입니다. 이
세상에서 사람이 하나님의 자녀가 되는 일도 "혈통으로나 육정으로나
사람의 뜻으로 나지 아니하는" 것입니다(요 1:13). 하물며 하나님의 영원
하신 아드님께서 참되시며 영원하신 하나님이시기를 중단하지 아니하시
고 인간성(the very nature of man)을 취하시는 일은 얼마나 더 하겠습니까?
이것도 혈통으로나 육정으로나 사람의 뜻으로 될 수는 없는 것입니다.
이 일은 오직 하나님의 크신 힘과 능력으로서만 이루어질 수 있는 것입

니다. 이 세상에서 되어진 일 가운데서 세상의 창조와 더불어서 가장 초자연적인 일이 이 성령으로 말미암는 잉태라고 할 수 있을 것입니다.

이 일은 성부 하나님께서 계획하시고 성령의 능력 가운데서 성자께서 우리의 인간성을 당신님께로 취하신 삼위일체적인 일입니다. 따라서 이 일은 하나님의 영원하신 작정 가운데 있던 일이 그 정해진 때에 일어난 것입니다. 그런 뜻에서 바울은 "때가 차매 하나님이 그 아들을 보내사 여자에게 나게 하시고" 라고 말했습니다(갈 4:4). 이 일은 우연히 되어진 일이 아니고, 하나님의 경륜 가운데서 되어진 일이라는 의미입니다.

이런 성령으로 말미암은 잉태에서 성령님께서는 모든 인간들이 가지고 있는, 따라서 타락한 인간성이 그 자체 안에 가지고 있는 죄의 죄책과 오염이 그리스도께서 취하신 인간성에는 영향을 미치지 못하게 하신 것입니다. 그리하여 예수님께서는 인간들이 타락한 이후로 가지게 된 연약해진 인간성, 따라서 죽을 수 있는 인간성을 취하셨지만, 죄의 부패와 오염은 가지지 않은 인간성을 취하신 것입니다. 성령의 이 놀라운 능력으로 예수님께서는 죄를 제외하고서는 우리의 연약함을 체휼하실 수 있는 인간성을 취하신 것입니다.

3. 동정녀 마리아에게서 나셨다는 사실의 의미

그러나 가장 초자연적인 이 일은 그저 초자연적인 일로만 일어난 것이 아니고 자연과의 밀접한 조화 가운데서 일어났습니다. 즉, 예수님께서는 초자연적인 방식으로 수태되셨지만, 동정녀 마리아의 살과 뼈로부터 인간성을 취하며, 그 아이가 태중에서 자라 갈 때에도 마리아의 모든 인성을 다 사용하면서 자라 가며, 다른 아이들이 복중(腹中)에서 자라가고 태어나는 것과 같은 방식으로 태어난 것입니다. 이로써 초자연이 초자연으로만 있는 것이 아니라, 자연과 함께 함을 잘 보여 줍니다. 가장 초자연적인 일의 성취가 이렇게 자연과의 묘한 조화 가운데서 이루어졌다면, 다른 일이 이루어지는 일에 있어서는 얼마나 더하겠습니까? 그러므로 그리스도인들은 오직 초자연의 독자적인 행사만이 드러나기를 기다리는 것이 능사(能事)가 아님을 잘 알아야만 합니다.

또한 마리아에게서 나시고, 요셉을 양부(養父)로 하여 나셨다는 것은 마리아와 요셉의 족보가 모두 다 다윗 왕가의 족보라는 것으로부터 알 수 있듯이, 과거에 영원하신 왕이 다윗의 후손 가운데서 나타날 것이고 그 왕위가 영원할 것이라고 하신 약속에(예를 들자면, 삼하 7:13-16) 따라서, 그 태어난 아이가 그 '다윗의 자손(씨)'임을 드러내 주는 것입니다. 하나님께서는 당신님의 약속을 이루시기 위해서 다윗의 자손 가운데서 이런 역할을 감당할 이들을 미리 준비하셔서 그리스도의 인간 부모의 역할을 감당하게 하신 것입니다.

4. 이 사실들이 우리에게 미치는 유익

이처럼 그리스도께서 성령님으로 말미암아 동정녀 마리아에게서 나셨다는 것은 우리에게 무슨 유익을 줍니까? 이 질문은 하이델베르크 요리문답 제 36 문의 질문이기도 합니다: "그리스도의 거룩한 수태와 탄생으로부터 당신은 어떤 유익을 얻습니까?" 이에 대해서 요리문답은 "그가 우리의 중보자이시라는 것과 그의 순수하심과 온전한 거룩하심이 하나님 앞에서 내가 타고난[즉, 내가 그 안에서 난] 나의 죄를 덮으시는 유익을 얻습니다"고 대답하고 있습니다. 이 대답은 아주 중요한 신학적인 대답이요, 큰 위로를 주는 목회적인 대답이기도 합니다. 영원하신 성자께서 성령으로 우리의 인간성을 무흠(無欠)하게 취하셨기에 그는 인성과 신성을 한 인격에 가진 우리의 중보자가 되실 수 있었고, 그가 취하신 인간성은 참으로 순수하고 거룩한 것이기에 우리의 죄를 덮으실 수 있다는 이 고백은 함께 이 고백을 할 수 있는 모든 사람에게 정확한 이해와 큰 위로를 줄 수 있기 때문입니다.

〈더 깊은 생각을 위한 참고 문헌〉

김홍전 『그리스도께서 오심』 (서울: 성약, 1994).
이승구, 『사도신경』, 제 9 장.
Donald MacLeod, 『그리스도의 위격』 (서울: IVP, 2001).
David Wells, 『기독론: 그리스도는 누구신가?』, 개정역 (서울: 부흥과 개
     혁사, 2015).

제 25 강

그리스도의 생애와 사역(2):

"수난을 당하사"

본문: 마태복음 26:35-27:66.

오늘의 본문은 그리스도께서 그의 지상 생애의 끝 부분에 겟세마네 동산에서 기도하시고, 체포당하시고 십자가에 못 박히시기까지 그리스도께서 당하신 고난을 묘사하고 있는 부분입니다. 이 부분을 잘 읽고 생각하는 것은 매우 중요합니다. 왜냐하면 성육신하신 그리스도의 삶을 한 마디로 요약하는 단어가 있다면 그것은 "고난"이라는 단어이기 때문입니다. 영광의 주께서 우리를 위해 이 세상에 오셔서 고난을 당하셨다는 것은 복음의 핵심이라고 할 수 있습니다. 그러므로 복음을 믿는 우리에게는 그리스도께서 받으신 고난의 성격과 의미를 잘 생각해 보고서 그것이 우리와 어떻게 연관되어 있으며, 또 어떻게 연관되어져야 하는지를 살펴보는 일이 매우 중요한 일입니다. 그래서 이번에는 그리스도께서 당하신 고난에 대해서 생각해 보기로 하겠습니다.

1. 그리스도께서 받으신 고난의 "전체성"

그리스도께서 받으신 고난을 생각할 때 우리가 반드시 유념해야 하는 것은 그가 받으신 고난은 "전체적"인 성격을 가지고 있다는 것입니다. 시간적으로도 그의 고난은 전체적인 것이었으며, 그가 취하신 인간성으로도 그는 전체적 고난을 당하셨습니다.

첫째로, 시간적으로 그는 전체적인 고난을 당하셨습니다. 즉, 그리스도께서는 소위 말하는 고난 주간(passion week)에만, 또 오늘 우리가 읽은 본문과 관련된 사건들에서만 고난당하신 것이 아닙니다. 우리 주님께서는 그의 생애의 마지막에서 뿐만이 아니라, 그의 생애 전체에 걸쳐서 고난받으셨습니다. 그의 생애는 그 전체가 수난의 생애였다고 할 수 있는 것입니다. 영광의 주께서 이 세상에 오신다는 것부터가 고난스러운 것입니다. 그가 태어난 것도 인간적으로 보아도 영광스럽다기보다는 비천한 출생을 하셨습니다. 또한 호적을 하러 가는 독특한 상황과 베들레헴에 많은 이들이 왔었다는 섭리적 정황에 따라 그가 태어나 구유에 뉘어지셨다는 것도 그의 고난을 잘 나타내 보여줍니다. 또한 그 후에도 그는 부유한 삶을 살지 않으셨습니다. 그의 생애의 처음부터 끝까지 그는 수난의 삶을 사신 것입니다. 더구나 그의 생애의 마지막은 수난의 극치(passio magna)였다고 할 수 있습니다. 그는 한 마디로 수난의 삶을 사신 것입니다.

둘째로, 그는 그의 인간성의 어느 한 부분에서만 수난을 당하신 것이 아니라, 그가 취하신 인간성 전체에서 수난을 당하셨습니다. 즉, 그의 영혼과 육신 모두가 수난을 당하신 것입니다. 그러므로 그가 받으신 수난은 무수한 것입니다. 이 중에서도 그의 영혼이 받은 수난이 더 크다고 할 수 있습니다. 그는 아무도 이해해 주지 못하는 삶을 사셨습니다. 그의 존재를 바로 이해한 사람도 극히 적고, 그의 가르침과 행위를 이해한 사람들도 매우 적은 것입니다. 이런 상황에서 사람들에게 지극한 배려를 베풀면서 그의 삶을 살아가신다는 것은 큰 어려움이 아닐 수 없었을 것입니다. 더구나 그는 그가 담당하실 우리의 죄에 대한 "중보적 죄의식"을 가지고 사셔야만 했습니다. 또한 그는 머리 둘 곳도 없는 삶을 사시었고, 비웃음과 능욕을 받으셨습니다. 그가 받으신 신체적 고난도 아주 큰 것이었습니다. 이 모든 사실들은 복음서를 읽는 가운데서 우리가 잘 알 수 있는 사실입니다.

2. 그리스도께서 수난 받으신 이유: "사랑"

그는 왜 이렇게 수난의 삶을 사셨을까요? 그가 고난을 즐긴 것도 아니고 또 다른 이유가 있어서 그런 것이 아니라, 한마디로 그가 "우리를 사랑하셨기 때문에" 수난을 당하셨습니다. 우리에게 대한 사랑이 아니었다면 그는 이런 수난의 삶을 사시기 위해 이 세상에 오시는 일을 하지 않으셔도 되었을 것입니다. 그는 하늘 보좌에서 성부 하나님과 함께 누리시던 당신님의 그 영광을 한 순간이라도 가리시거나 버리실 이유가 없었던 것입니다. 단지 우리를 사랑하셔서 그는 낮아지시되 종의 형상을 취하셔서 죽기까지 순종하신 것입니다. 사랑이 그를 고난에로 인도한 것이고, 사랑 때문에 그는 고난을 즐겨 감당하신 것입니다.

이런 사랑으로 인한 그의 수난은 다음 두 가지 측면으로 나누어 이해해 볼 수 있습니다. 소극적으로 그는 우리를 사랑하셔서 "자신을 유일한 구속의 희생 제물로 드림으로써 우리의 몸과 영혼을 영원한 정죄에서 구원해 내시기 위해 그의 생애 전체에 걸친 고난, 특히 그의 생애 마지막에서의 십자가의 고난을 당하신" 것입니다(하이델베르크 요리문답 제 37문답). 이는 우리가 하나님께 마땅히 드려야만 하는 존귀와 영광을 돌리지 못하고, 오히려 하나님의 영광을 손상시킨 것에 대한 형벌을 그리스도께서 받으신 것입니다. 이것이 그의 수난의 가장 중요한 요점입니다. 그가 이런 의미에서 우리를 위한 고난을 당하지 않으셨다면 우리는 죄 가운데서 영원히 멸망하고 말았을 것입니다. 그러므로 우리의 구원과 관련해서는 그의 수난의 이런 의미가 아주 강조되어야만 합니다. 이는 그의 수난의 구속적 의미라고 할 수 있습니다. 이는 다른 그 어떤 사람의 고난이 대신할 수 없는 아주 독특한 의미라고 할 수 있습니다.

그러나 이렇게 형벌을 대신 받아 주는 것이 그가 받으신 수난의 의미 전체는 아닙니다. 한 걸음 더 나아가서서 그는 적극적으로 우리를 사랑하셔서 우리가 마땅히 인간으로서 하나님께 드려야 하는 순종의 삶을 그가 우리를 위하여 하나님께 드림으로써 "우리에게 하나님의 은혜와 의와 영생을 얻어 주시려고" 수난을 당하신 것입니다(하이델베르크 요리문답 제 37문답). 그의 순종과 고난의 삶을 하나님께서는 인정하시고 그에 대한 공로로 우리에게 생명과 온전한 의를 부여해 주시는 것입니다. 우리가 지금 영생을 누리는 것은 그리스도께서 고난을 받아 가면서 온전하신 순종의 삶을 살아 주신 덕분입니다. 우리의 하나님께 대한 순종과 헌신의 삶도 비록 그 자체로는 흠이 많은 것일지라도 하나님께서 받아 주시는 것은 예수 그리스도의 이 온전한 순종 때문입니다.

그리스도께서 우리를 위해 고난받으신 것을 바울은 다음과 같이 요약하여 설명하고 있습니다: "우리 주 예수 그리스도의 은혜를 너희가 알거니와 부요하신 자로서 너희를 위하여 가난하게 되심은 그의 가난함을 인하여 너희로 부요케 하려 하심이니라"(고후 8:9). 이 구절에서는 우리를 위해서 그리스도께서 고난당하신 것을 "가난하게 되셨다"고 비유적으로 표현하고 있습니다. 그것은 우리를 부요하게 하기 위한 것이었다는 것, 즉 우리를 위한 것이었다고 말하는 것입니다. 우리를 사랑하셔서 우리를 구원하시고 우리에게 풍성한 삶을 주시려고 그가 고난 당하신 것을 우리를 부요하게 하시려고 그가 가난하게 되셨다고 표현한 것입니다. 그리스도의 가난하게 되심은 우리의 부요를 위한 것이라는 말입니다. 이것이야 말로 그리스도의 사랑의 표현이 아닙니까? 이러한 고난으로 그는 우리의 구원을 이룬 것입니다.

3. 그리스도의 수난과 우리의 고난

이렇게 그리스도의 수난은 우리의 구원을 이루는 수난입니다. 이에 대해서 우리는 영원을 다해 드려도 부족할 무한한 감사와 찬양을 하나님과 그리스도께 드려야 할 것입니다. 그러나 우리는 그의 수난에 대해서 감사만 하고, 찬양만 해서는 안 됩니다. 그의 수난은 또한 지금 여기서 이 세상을 살아가는 우리에게 큰 의미를 지닌 것이기 때문입니다. 구원의 수단으로서의 수난뿐만이 아니라, 수난을 당하는 우리에 대한 위로와 격려, 그리고 우리의 모범됨이 그리스도의 수난과 지금 여기에 사는 성도들과의 관계를 표현하는 것입니다.

첫째로, 그리스도께서 이런 수난의 삶을 사셨다는 것은 이 세상에서 고난을 받는 그리스도인들을 참으로 위로하고, 그들로 그 고난을 잘 감당해 갈 수 있도록 합니다. 이 세상에서의 우리의 삶이 고난스러워도 우리를 위해 더 큰 고난을 당하신 주님을 생각하면 우리는 그 어떤 고난이든지 능히 감당할 수 있는 것입니다. 그는 우리의 연약함을 체휼(體恤)하신 분이시라는 것이 우리에게 큰 위로가 되는 것입니다. 히브리서 기자는 고난당하는 성도들 앞에 그리스도를 다음과 같이 제시하고 있습니다: "예수를 바라보자. 저는 그 앞에 있는 즐거움을 위하여 십자가를 참으사 부끄러움을 개의치 아니하시더니 하나님 보좌 우편에 앉으셨느니라. 너희가 피곤하여 낙심치 않기 위하여 죄인들의 이같이 자기에게 거역한 일을 참으신 자를 생각하라"(히 12:2-3).

그 분을 생각하면 우리는 그 어떤 고난도 능히 감당할 수 있는 힘을 얻게 되는 것입니다. 이 세상에서 자신이 사는 삶이 가장 고난스럽다고 생각하는 사람이 있습니까? 자신이 당하는 고난은 너무 커서 그 누구도 이해할 수도 위로할 수도 없다고 생각하시는 분이 있습니까? 그런 분들은 그리스도께서 우리를 위해 어떤 고난을 당하셨는지를 깊이 생각해 보십시오. 그리스도는 우리에게 큰 위로가 될 것입니다. 그 누구도 그리스도께서 우리를 위해 당하신 고난보다 더한 고난을 당하고 있지는 않기 때문입니다. 고난당하신 주님은 우리를 뒤에서 밀어 주시며, 우리를 위로하시고, 후에는 우리의 눈에서 눈물을 씻어 주실 것입니다.

둘째로, 그리스도의 수난의 삶은 이 땅에서 그리스도의 뒤를 따라가는 우리의 삶도 그리스도를 위한 고난의 삶, 하나님의 나라와 교회를 위한 고난의 삶이어야 함을 생각하도록 합니다. 그리스도께서 고난의 삶을 사셨는데 그를 따른다는 우리가 고난을 마다하고 살 수 있겠습니까? 사랑에 근거한 그 고난을 바라보면서 우리도 하나님과 이웃을 사랑하기에 고난의 삶에로 나아가는 일을 그치지 말아야 하는 것입니다. 베드로는 "그리스도도 너희를 위하여 고난을 받으사 너희에게 본을 끼쳐 그 자취를 따라 오게 하려 하셨느니라"고 말하고 있습니다(벧전 2:21). 이처럼 그리스도의 수난은 우리에게 모범적인 의미도 있다는 것을 잊어서는 안 됩니다.

물론 19세기의 유럽의 어떤 이들처럼 이 사실만을 절대적인 것처럼 말하여 그리스도의 수난의 일차적인 의미인 구속을 무시하면 안됩니다. 그러나 우리가 위에서 살펴 본 바와 같이 그리스도께서 당하신 수난의 구속적 성격을 분명히 한 터 위에서 우리는 그 수난의 모범적인 의미를 무시해서는 안 되는 것입니다. 그는 우리를 위해 수난 당하셨지만, 또한 우리의 모범으로서 수난 당하시기도 했다는 사실을 유념하고서 우리도 그리스도를 믿는다는 사실에 근거한 수난의 삶에로 기꺼이 나아가는 일을 계속해야만 합니다. 이것이 우리를 위해 고난당하신 주님께 감사하는 길이기도 한 것입니다. 부디 우리 모두가 우리를 위해 자신을 주신 그리스도를 위해 우리 자신을 주와 이웃을 위해 허비하며 고난을 당하는 데로 기꺼이 나아 갈 수 있기를 원합니다. 이런 고난의 복음(the Gospel of suffering)이야 말로 이 시대에 가장 크게 선포되어야 하는 말씀인 것입니다.

제 26 강

그리스도의 생애와 사역(3):
"본디오 빌라도 치하에서 수난을 당하사"

본문: 마태복음 26:56-68, 27:1-26.

우리는 그리스도께서 고난당하신 것을 생각하는 중에 있습니다. 지난번에는 그의 생애 전체가 고난의 삶이었음을 생각했습니다. 이제 점점 더 그의 극치의 고난, 즉 십자가의 길에로 우리의 생각을 집중해 보겠습니다. 이번에는 그가 왜 당시 유대 지방을 다스리고 심판하는 자인 본디오 빌라도 치하(治下)에서 고난을 당하셨는가 하는 문제를 생각해 보도록 하겠습니다. 물론 예수님께서 재판 받으시고 처형당하실 때 유대 지방의 총독으로 파송된 이가 그였기 때문이라고 단순히 대답할 수 있지만, 우리는 이 일에도 하나님의 섭리가 작용하고 있었다고 말해야 합니다. 그러나 여기서 우리의 관심은 왜 본디오 빌라도라는 개인이 유대의 총독으로 있을 때 예수님께서 그에게서 재판을 받고 처형 받으셨는가 하는데 있는 것이 아니고, 오히려 왜 공적인 재판관에게서 재판받아 처형되셨으며, 사도신조는 어떤 의미에서 이 일을 강조하고 있는지 하는 문제에 있는 것입니다. 개혁 신학은 이 문제를 신중하게 생각해 왔는데, 하이델베르크 요리문답의 다음 질문은 그 전통을 잘 보여주고 있다고 할 수 있습니다: "왜 예수께서는 재판장으로서의 본디오 빌라도 치하에서 수난을 당하셨습니까?" (하이델베르크 요리문답 제 38 문)

1. 세속 재판장에게서 정죄되신 그리스도

그리스도께서는 무죄하신 분이신 데 당시의 유대 지방을 다스리고 있던 본디오 빌라도 총독에 의해서 정죄되셨습니다. 물론 빌라도는 예수님께서 무죄하시다는 것을 알고 그의 죄 없으심을 밝혔지만 유대의 종교적 지도자들을 두려워하여, 또한 유대 민중의 봉기를 두려워하여 예수님을 십자가에 못 박는데 내어 주었습니다. 그러므로 그가 책임을 져야 하는 것입니다. 이는 그가 당시 그 지역을 다스리고 있던 사람으로서 그의 치하에서 되어지도록 허용한 것이기 때문입니다. 이 사실들을 찬찬히 살펴보기로 합시다.

먼저 겟세마네 동산에서 체포되신 그리스도께서는 안나스에게로 끌려 가셨습니다(요 18:13). 안나스에게 심문을 받으시다가 그는 결박한 그대로 대제사장 가야바에게로 보내집니다(요 18:24). 여기에 "대제사장들과 장로들과 서기관들이 다 모였습니다"(막 14:53; 마 26:57). 그리하여 새벽에 소집된 공회[산헤드린]에서 그들은 "예수를 죽이려고 함께" 논의하였습니다. 그리고는 예수님을 결박한 채 빌라도의 궁전으로 보냈습니다(막 15:1; 요 18:28). 여기서 빌라도는 이 사건에 개입하기를 꺼렸습니다. 그래서 예수님은 다시 갈릴리를 담당하는 헤롯에게로 보내집니다(눅 23:7). 그러나 헤롯은 예수님을 빌라도에게로 다시 돌려보냈습니다.

결국 예수님을 죽이고자 하는 유대의 종교적 지도자들의 의지 때문에 빌라도가 개입되고, 그는 예수님을 심문하는 중에 "네 말과 같이 내가 왕이니라. 내가 이를 위하여 났으며 이를 위하여 세상에 왔나니 곧 진리에 대하여 증거하려 함이로라. 무릇 진리에 속한 자는 내 소리를 듣느니라"는 예수님의 선언을 듣고(요 18:37), 진리의 왕에게 "진리가 무엇이냐?"는 의미심장한 질문을 던졌습니다(요 18:38). 그리고 그는 그 대답을 들으려고 하지도 않고 유대인들에게 나아가 "나는 그에게서 아무 죄도 찾지 못하노라"라고 하며 유월절 특사를 베풀어 그를 놓아주려고 합니다(요 18:39; 막 15:9). 그러나 유대인들은 대제사장들의 충동질을 받아 바라바를 유월절 특사의 대상으로 요구하였고, 다시 예수님의 무죄함을 드러내면서 그들에게 인도되는 예수님을 향하여 다음과 ("보라 이 사람을 데리고 너희에게 나오나니 이는 내가 그에게서 아무 죄도 찾지 못한 것을 너희로 알게 하려 함이로라... 보라 이 사람이로다 [이 사람을 보라, *Ecce homo*]") 같이 외칩니다: "십자가에 못 박게 하소서. 십자가에 못 박게 하소서." 이에 대해서 빌라도는 세 번째 무죄의 선언을 합니다: "너희가 친히 데려다가 십자가에 못 박으라. 나는 그에게서 죄를 찾지 못하겠노라"(요 19:6).

이처럼 그는 계속해서 "예수를 놓으려고 힘썼으나" 유대인들은 이런 그를 향해 소리지릅니다: "이 사람을 놓으면 가이사의 충신이 아니니이다. 무릇 자기를 왕이라 하는 자는 가이사를 반역하는 것이니이다"(요 19:12). 유대인들의 이 반민족적인 외침을 들으면서 빌라도는 민란이 일어나려는 것을 보고서 자신의 지위의 위협을 느낍니다. 그래서 그는 자신이 이 사건과 관련 없음을 선언하는 물로 손을 씻는 상징적 행위를 한 뒤에(마 27:24) 예수님을 끌고 나와 박석의 재판석에 앉아 공식적인 재판을 시작합니다. 여기서 그는 유대인들의 요구에 상응하여 "무리에게 만족을 주고자 하여 … 예수는 채찍질하고" "십자가에 못 박히게 저희에게 넘겨주었습니다"(막 15:15; 마 27:26; 요 19:16).

그러므로 예수님의 정죄와 죽음 배후에는 여러 세력이 함께 작용하고 있었던 것을 알 수 있습니다. 대제사장들과 율법사들로 대변되는 유대의 종교적 지도자들, 이들의 사주를 받고서 "십자가에 못 박으라"고 외쳐 대는 비교적 단순한 유대의 민중들, 그리고 이들의 요구에 굴복하여 공식적인 사형으로 예수를 내어 주는 당시 유대 땅의 정치적, 사법적, 군사적 주관자인 로마 총독 본디오 빌라도 —— 이들이 모두 합하여 예수님을 죽음으로 몰아간 것입니다. 따라서 이들 모두가 이 죽음에 대해서 책임이 있습니다. 이 모든 과정 가운데서 가장 책임이 없어 보이는 듯한 사람 빌라도도, 그가 아무리 "이 사람의 피에 대해서 나는 무죄하니 너희가 당하라"(마 27:24)고 말하며 손을 씻었다고 해도 이일과 무관한 것이 아니라, 그도 이 일에 대해서 책임이 있는 것입니다. "그 피를 우리와 우리 자손에게 돌릴지어다"고 외치는 유대 민중들만 책임이 있는 것이 아닙니다. 빌라도가 아무리 예수님을 놓으려고 애썼다고 해도 그는 이 재판 과정 전체의 공식적 주관자이기 때문에 그는 대표자로서의 책임을 갖는 것입니다. 그래서 오고 오는 세대의 교회가 계속해서 "본디오 빌라도에게서 고난을 받으사"라고 고백하여 빌라도의 이름이 이 재판의 대표자라고 언급되는 것입니다. 본디오 빌라도로 대표되는 공식적인 세속 권력에 의해서 예수님은 공식적으로 정죄되신 것입니다.

2. 그리스도께서 세속 재판장에게서 정죄 받고 죽으신 이유

그러나 예수님은 그저 갑자기, 또는 우연히 정황에 몰려 정죄되시고 죽으신 것이 아닙니다. 베드로와 초대 교회가 잘 인식하고 있었듯이 이 모든 것 배후에는 이미 하나님의 작정과 섭리가 있는 것입니다. 베드로는 이렇게 말하고 있습니다: "그가 하나님의 정하신 뜻과 미리 아신 대로 내어 준 바 되었거늘, 너희가 법 없는 자들의 손을 빌어 못박아 죽였으냐"(행 2:23). 유대 민중들이 이방인 세속 재판장의 힘을 빌어 예수님을 정죄하고 죽였으나, 이 과정에도 하나님의 작정과 섭리가 있었다는 말입니다. 이 말씀들에 따라서 과거 우리의 선배들은 무죄하신 그리스도께서 하나님의 섭리 가운데서 이와 같이 공적으로 정죄 받고 죽으신 이유를 생각하는 일에도 열심이었습니다. 그러므로 우리도 이런 생각은 쓸데없는 사변이라고 일축하지 말고 우리 선배들의 생각을 지침으로 삼아서, 또한 그것을 성경에 근거하여 그것을 고쳐가면서 이 문제를 생각해야 할 것입니다.

중요한 것은 그리스도께서 죽으신 죽음이 사적인 죽음이 아니라, 공적인 정죄의 죽음이었음을 나타내는 데에 있습니다. 자신은 죄가 없으신 예수님께서 사형에 해당하는 공적 정죄를 받으신 것은 한편으로는 유대의 종교적 지도자들의 간악함과 당시 유대 땅의 정치적 실권자였던 빌라도의 유약함과 책임 유기가 만들어 낸 결과이지만, 또 한편으로는 그가 공적으로 사형에 해당하는 죽음을 죽으시는 것이라는 것을 온 천하에 알리는 일이기도 했습니다. 다시 한 번 더 강조하지만 예수님 자신은 이런 죽음을 당하실 아무런 죄도 범하지 않으셨고, 그는 그야말로 무죄한 자로서 억울한 죽음을 당하시는 것입니다. 당시의 정치, 종교적 세력이 그를 이런 죽음에로 몰고 간 것입니다. 그러나 그 억울한 사건 배후에도 하나님의 숨은 손길이 작용하고 있다는 것을 생각한 과거 우리의 선배들은 이 사건을 하나님의 관점에서 다시 바라보면서 예수님의 이 재판과 죽음의 과정에서 그저 억울한 죽음 이상의 의미를 찾으려고 해 왔습니다. 그래서 그들은 이것이 사형에 해당하는 죄에 대한 정죄를 받고 죽은 죽음에 대한 선언과 집행이었다는 것을 생각한 것입니다.

자신은 전혀 죄를 범하지 아니하셔서 그야 말로 죄를 알지도 못하시는 분이 이렇게 사형에 해당하는 정죄를 받으셨다면 그것은 누구의 죄에 대한 정죄란 말인가를 생각하면서 과거의 개혁 신학자들은 그것이 우리가 범한 죄에 대한 정죄를 대신 받으신 것이라고 생각했던 것입니다. 예수님에게 내려진 공식적인 정죄와 사형 집행이 사실은 우리의 죄에 대한 공식적인 정죄와 사형 집행이었다고 이해한 것입니다.

이런 이해에 의하면 예수님은 다른 형태의 죽음을 당하실 수 없으셨던 것입니다. 자연사(自然死)를 하신다든지, 병들어 돌아가신다든지, 사고로 죽으신다든지, 누군가가 암살한다든지, 사람들의 사적인 공격을 받아 죽으신다든지 했더라면 그의 죽음이 갖는 이런 뜻이 손상 받을 수도 있기 때문입니다. 그래서 그는 당시 유대 땅을 공식적으로 다스리던 로마 총독의 공식적인 사형 선고에 의해서 공식적인 수난과 죽음을 죽으셔서 사실 상 그의 죽음이 우리가 감당해야만 하는 사형에 해당하는 죄에 대한 정죄를 받고 죽으신 죽음임을 드러내신 것입니다.

여기서 우리의 죄의 성격이 잘 드러납니다. 그리스도의 이 죽음으로부터 우리가 사소한 것이라고 여기는 죄조차도 아주 심각한 것이어서 공식적인 사형 선고에 해당하는 죄임을 알게 되는 것입니다. 당시의 공식적 사형 집행의 수단이었던 십자가에서 우리는 이와 같이 우리 죄의 심각성을 보아야 합니다. 그는 그야말로 우리가 죽어야 하는 그 죽음을 우리를 대신하여 처참하게 짊어지신 것입니다. 이것이 그가 세상 죄를 짊어지고 치우시는 방식이었습니다. 이 세상 사람들의 눈에는 그저 한 개인에게 일어난 일처럼 보이는 이 사건이 하나님의 눈에서는 이 세상에서 가장 공식적인 사건(public matter)이었던 것입니다. 이 세상의 한 재판관이 무리를 무서워하여 공평하지 않게 한 사람 예수님을 사형에 해당하다고 정죄하고 내어 준 것이 사실상은 온 세상의 죄에 대한 하나님의 공식적인 정죄를 잘 보여 주는 것입니다.

이런 공식적인 정죄를 받고 죽으신 것이므로 그리스도께서는 우리가 감당해야 할 무시무시한 심판에서 우리를 구원하실 수 있는 것입니다. 그 자신이 우리가 당해야 하는 공식적인 정죄와 사형 집행을 당하셨기 때문입니다. 그리스도께서 받으신 공식적인 사형 선고와 집행을 이와 같이 바라보는 것이 과거 우리 선배들의 관점이었습니다. 그들은 그리스도의 공적인 정죄와 십자가에서 자신들의 죄와 그 심각성, 그리고 그로부터 우리를 구원하시는 하나님의 섭리적 작용을 본 것입니다. 다음에 인용되고 있는 하이델베르크 요리문답 제 38 문답은 이런 관점을 잘 대변해 주고 있습니다.

(문) 왜 그는 재판장인 본디오 빌라도 치하에서 수난을 당하셨습니까?

(답) 그는 무죄하시지만 세속 재판관에 의해서 정죄되심으로써 우리를 우리가 [우리의 죄에 의해] 노출된 하나님의 엄중한 심판에서 구원하시기 위해서 그리하신 것입니다.

3. 그리스도의 공적 수난과 우리

이 모든 것을 생각한 우리는 이제 그리스도의 이 공적 정죄와 십자가를 보면서 무엇을 생각해야 합니까? 앞의 논의를 잘 보았다면 우리는 이 과정에서 두 가지를 분명히 보아야 할 것입니다.

첫째로, 우리는 이 공적인 정죄와 십자가 사건에서 분명히 드러난 우리의 죄와 그 죄의 흉악한 성격을 보아야만 합니다. 우리의 죄는 그것 때문에 우리가 죽어 마땅할 정도로 흉악한 것입니다. 그것을 보지 못하면 십자가와 우리는 상관없는 것이 됩니다. 우리는 이 과정을 보면서 우리의 죄를 보고 겸허하게 하나님 앞에 회개와 이런 죄에서 우리를 구원해 주신 것에 대한 감사의 기도를 드려야 할 것입니다.

그런데 때때로 이 십자가에서 다른 사람들의 죄만을 생각하는 이들이 있습니다. 예를 들어서, "십자가에 못박게 하소서" 또는 "그 피를 우리와 우리 자손들에게 돌릴지어다" 라고 외쳐 대던 유대인들의 죄만을 보고서 반유대주의(Anti-Semitism)의 감정을 키우거나, 예수님의 죄 없으심을 분명히 알고 선언하고도 민중들이 무서워 그들의 요구대로 예수님을 공식적인 처형에 내어 준 빌라도의 죄만을 보는 사람들은 참으로 어리석은 사람들입니다. 우리는 이 공식적 정죄와 십자가에서 우리의 죄와 그 심각성을 볼 수 있어야 합니다. 그래야 이 사건의 공적인 성격을 바로 이해하는 것입니다. 예수님께서 받으신 공적 재판과 그 집행인 십자가를 바라보십시오! 그리고 거기서 자신의 죄를 바라보십시오!

이렇게 십자가에서 자신의 죄를 바로 본 이들은 둘째로 십자가에 나타난 하나님의 손길과 사랑을 볼 수 있을 것입니다. 여기에 참으로 놀라운 섭리의 과정이 있는 것입니다. 우리의 죄를 공적으로 선언하시며, 그것을 처리하시는 하나님의 손의 작용, 그리고 그것에 나타난 하나님의 놀라운 사랑을 보아야 합니다. 여기에 복음의 제시를 보는 눈이 있습니다. 십자가를 보십시다. 하나님의 보이지 아니하는 손길과 사랑을 그 흉악한 십자가에서 볼 수 있는 이들은 십자가의 복음을 이해한 것입니다. 이는 우리가 처해 있는 모든 상황 가운데서도 하나님의 숨기어진 손길과 사랑을 느낄 수 있도록 해줄 것입니다.

제 27 강

그리스도의 생애와 사역(4):

"십자가에 못박혀 죽으시고"

본문: 마태복음 27:22-27, 갈라디아서 3:13-14.

그리스도께서 받으신 고난의 극치는 그가 십자가에 못 박히신 것이라고 했습니다. 십자가가 그의 죽음의 방식이었던 것입니다. 여기서 우리는 두 가지 질문을 할 수 있습니다. 그 하나는 "그리스도께서 죽으시는 것이 왜 필요했습니까?"라는 질문이고, 또 다른 하나는 "그가 다른 방식으로 죽으시는 것에 비해 십자가에 못 박혀 죽으신 것에 어떤 유익이 있습니까?"라는 질문입니다. 이는 바로 하이델베르크 요리문답 제40문과 제 39 문이 각기 묻고 있는 질문이기도 합니다. 이런 질문은 그리스도의 십자가의 죽으심이라는 사건이 발생한 후에 그가 이런 식으로 죽으신 것에 무슨 독특한 뜻이 있을까를 묻는 물음과 이에 대한 하나님의 계시적 대답에 근거해서 묻고 대답될 수 있는 것입니다.

1. 그리스도의 십자가의 죽으심이란 사실 자체

그리스도께서 십자가에 죽으신 일은 당시 유대인의 지도자들이 그들의 입지(立地)에 저해가 된다고 판단된 예수님을 처리하기 위해 당시의 유대의 총독이었던 본디오 빌라도에게 예수님을 처형하도록 요구하고, 그 처형 방식을 빌라도가 물었을 때 유대 군중을 선동하여 "십자가에 못 박게 하소서!"라고 소리치도록 한 바, 이런 민중의 요구에 빌라도가 따름으로 일어난 일입니다(막 15:9-15; 마 27:22-26; 눅 23:13-25). 그리하여 예수님은 본디오 빌라도에 의해서 십자가 형을 받도록 내어준 바 되고, 그는 자신이 져야 할 십자가를 짊어지고 골고다까지 가다가 쓰러지고 구레네 시몬이 대신 그가 져야 할 십자가를 지고 골고다에 이르러 그 날 아침에 십자가에 못 박히고 희롱을 받으신 후 고통을 받으시면서 소위 '십자가 상 7 마디 말씀 [架上七言]'을 남기시고 오후 3시 즈음에 영혼이 떠나 죽으셨습니다(마 27:32-50).

　　만일에 우리가 이 세상에 되어지는 사건들 배후에 하나님의 섭리와 작정이 있음을 생각하지 않는다면, 예수님께서는 그의 독특한 가르침과 당시의 종교적 정치적 정황 가운데서 애매하게 희생되되, 로마가 통치하는 정황에서 가장 심각한 범죄자가 당하는 형벌인 십자가 형을 받고 죽으신 것일 뿐이라고 말할 수 있을 것입니다. 그러나 참새의 떨어짐과 같은 사소한 일조차도 하나님의 허락하심이 아니면 일어나지 않음을 알진대, 예수님께서 이런 방식으로 죽으신 것이 그저 이렇게 하여 우연히 일어나게 되었다고는 할 수 없을 것입니다. 그렇기에 사도들의 마음속에도 우리들의 마음에서와 같이 그가 왜 이런 식으로 죽으셨는지를 묻는 물음이 생겼을 것이고, 이를 생각하는 과정에서 하나님의 계시를 통해 이 십자가 사건이 발생할 때 그 사건에 이미 붙박혀 있던 이 사건의 의미를 깨닫고 우리에게 전할 수 있었던 것입니다.

2. 그리스도께서 죽으신 이유

먼저 그리스도께서 죽으셨다는 그 사실의 이유부터 생각해 보도록 하겠습니다. 예수 그리스도는 본래적으로 하나님의 아들이시고 인성(人性)을 취하신 후에도 죄를 전혀 모르실 정도로 무죄하신 분이시므로 죽으셔야 할 이유가 없는 분이십니다. 그래도 그가 죽으셨다는 것은 그가 자신 때문에 죽으신 것이 아님을 보여 줍니다. 이 문제에 대한 사도들의 일치하는 대답은 그가 "우리를 위해" 죽으셨다는 것입니다. 그의 죽음이 우리를 위한 죽음이라는 것에 대한 사도들의 대답에 근거한 우리 선배들의 대답은 다음과 같은 것입니다.

하나님의 공의와 진리는 우리의 죄들에 대해 마땅히 형벌함으로써 하나님의 공의가 만족될 것을 요구하는 것입니다. 그러나 우리 스스로가 이 형벌을 담당할 수 있는 능력도 없고, 우리를 위해 이 형벌을 담당할 수 있는 사람도, 천사도, 또 그 어떤 피조물도 없는 것입니다. 결국 하나님의 아들이 그의 무한한 가치의 존재를 동원하셔야 이 공의를 만족시킬 수 있기에 우리의 인성을 취하셔서 그 인성으로 죽어주신 것입니다. 즉, 하나님의 아들이 인성을 취하셔서 그 인성으로 죽으시는 것 외에는 우리의 죄들에 대한 하나님의 형벌을 다 감당하여 하나님의 요구를 만족시킬 수 없으므로 그리스도께서 죽으셨다는 것입니다.

3. 그리스도께서 십자가의 죽음을 죽으신 이유

그런데 하나님의 아들이신 그리스도께서 죽으시되 십자가의 죽음을 죽으신 이유는 무엇일까요? 그가 다른 식으로 죽지 않으시고 십자가를 지시고 죽으신 것에 어떤 의미가 있을까요? 사도들은 그가 나무로 만든 십자가에서 죽으신 것을 생각할 때 여기에 구약의 한 구절을 연관시켜 생각하지 않을 수 없었습니다. 그것은 신명기 21:23의 말씀이었습니다: "나무에 달린 자는 하나님께 저주를 받았음이니라". 예수님의 십자가의 죽음을 이런 구약적 배경에서 보면 그것은 분명히 저주의 죽음인 것입니다.

사실 신명기의 이 말씀은 구약의 하나님 백성들로 하여금 하나님 백성의 연대적 책임의식을 강조하는 말씀이었습니다. 한 사람이라도 현저하게 하나님의 백성답지 못한 죄를 범하거든 (사람의 손을 대지 않고 죽이기 위해서) 그를 돌로 쳐서 죽인 후에 나무에 달아 놓아서 온 백성으로 하여금 그가 하나님에게 저주를 받았음을 보도록 하고, 또한 자신들도 동일한 죄를 범하려는 마음에서 벗어나도록 경계를 받게 하라는 것입니다. 그러나 밤새도록 두지는 말고 당일에 장사하여 상징적으로 그 땅의 거룩함을 당일에 드러내도록 하라는 것이었습니다(신 21:22-23). 이는 결국 하나님의 백성 전체의 하나님 나라 백성다운 삶과 그런 의식의 확대를 위한 권면이 아닐 수 없습니다. 그러나 이스라엘 백성들이 이런 의미를 모두 깊이 생각한 것 같지는 않습니다. 그들에게는 나무에 달린 자마다 저주 아래 있다는 말이 좀 더 부각되었던 것 같습니다.

그러므로 로마 군대가 진주해 온 뒤로 그들이 보게 된 아주 흉악한 사형의 수단인 십자가형을 바라보면서도 그들의 마음에는 저렇게 십자가에 달려 죽은 자들마다 하나님의 저주를 받은 것이라는 생각이 강하게 다가 왔을 것입니다. 따라서 모든 유대인들에게 있어서 십자가는 저주를 뜻했습니다. 그러므로 그들이 예수님을 "십자가에 못박게 하소서"라고 외치는 것은 그가 저주받아 마땅한 존재라고 여기는 생각이 깔려 있는 것입니다. 십자가는 하나님의 저주의 상징이기 때문입니다. 따라서 이것이 예수님의 제자들에게 큰 문제로 등장했을 것임에 틀림이 없습니다. '어떻게 이 분 ――― 그리스도시요, 하나님의 아드님이신 분이 그 저주의 죽음을 죽으실 수 있다는 말인가?' 이는 예수님께서 자신의 고난과 죽음을 예언하실 때부터 제자들이 의문스럽게 여긴 것입니다. 그래서 용감하게 신앙고백을 했던 베드로는 그 고백의 다음 순간에 그리스도의 죽음의 부당성을 선언하고 주장하다가 예수님으로부터 "사단아 내 뒤로 물러가라. 너는 나를 넘어지게 하는 자로다. 네가 하나님의 일을 생각하지 아니하고 도리어 사람의 일을 생각하는 도다"(마 16:23)는 책망을 듣기도 했던 것입니다.

　　이런 문제 의식은 예수님께서 실제로 십자가의 죽으시는 모습을 보고 나서 더 심해졌음에 틀림이 없습니다. 십자가 이후 부활하신 주님을 뵈올 때까지 제자들의 마음속에서는 그리스도의 이런 죽음의 의미에 대한 끊임없는 질문이 있었을 것입니다. 이런 질문을 가진 그들을 찾아오신 부활하신 주님의 "그리스도가 이런 고난을 받고 자기 영광에 들어가야 할 것이 아니냐?"(눅 24:26)와 같은 말씀들을 통해서 그들은 예수님께서 십자가에 죽음을 죽으신 진정한 이유를 확신할 수 있었던 것입니다. 예수님의 부활 이후 예수님과 그의 교회를 핍박하다 부활하신 주님을 뵈옵고 그의 생애가 변하게 된 바울도 비슷한 고민과 질문 속에서 십자가 죽음의 의미에 대한 확신에 이르렀을 것입니다.

그 바울은 그리스도의 십자가의 죽음에 대해서 이렇게 말합니다: "그리스도께서 우리를 위하여 저주를 받은 바 되사 율법의 저주에서 우리를 속량하셨으니 기록된 바 나무에 달린 자마다 저주 아래 있는 자라 하였음이니라"(갈 3:13). 바울은 십자가에서 모든 유대인들과 같이 하나님의 저주를 봅니다. 십자가에서 예수는 저주를, 하나님의 저주를 받으셨다고 하는 것입니다. 그런데 유대인들은 예수님께서 그런 저주를 받으신 이유를 예수님 자신에게서 찾는 데 비해서 바울은 그 이유를 우리에게서 찾고 있는 것입니다. 그가 우리를 위해서 저주를 받은 것이라고 선언하는 것입니다. 그래서 그는 "그가 저주를 받으셨다"고 자랑스럽게 선언합니다. 그런데 그 저주가 우리가 받아 마땅한 율법의 저주였다고 확신하면서 이렇게 말하는 것입니다. 그래서 그는 그 율법의 저주로부터 우리를 풀어 자유하게 하셨다고 하는 것입니다. 그 결과로 저주의 십자가가 우리를 해방하는 축복의 도구가 된 것입니다. 여기에 유대인들과 그리스도인들의 차이가 있습니다. 그 둘 모두가 십자가에서 하나님의 저주를 봅니다. 그런데 유대인들은 그것을 자신들과는 상관없고 오히려 자신들이 피해야할 저주로 보는 데 반해서, 그리스도인들은 그것을 자신들이 감당해야 했던, 그러나 능히 감당할 수 없는 저주를 그리스도께서 대신 짊어져 주신 것이라고 보는 것입니다. 그래서 그리스도인들은 십자가의 죽음에서 자신들이 하나님께 받아 마땅한 저주가 그리스도에 의해 해결되었다는 확신을 갖게 되고 감사하게 되는 것입니다. 십자가의 저주가 우리를 살리는 것이라는 확신이 그리스도인의 확신의 한 부분이고, 그래서 그들은 십자가를 사랑하는 것입니다.

하이델베르크 요리문답 제 39 문답으로 그리스도의 십자가 죽음의 의미를 정리해 보기로 하겠습니다.

(문) "그리스도께서 다른 어떤 방식으로 죽으시는 것에 비해 그가 십자가에
못 박혀 죽으신 것에 그 어떤 유익이 더 있습니까?"

(답) "그렇습니다. 십자가의 죽음은 하나님의 저주를 받은 것이므로, 이로써
나는 그가 내게 내려질 저주를 취하셨다는 것을 확신하게 됩니다."

제 28 강

그리스도의 생애와 사역(5):

십자가 사건의 유익

본문: 골로새서 3:9-10.

우리는 지난번에 그리스도께서 십자가에 못 박히신 이유는 결국 우리의 죄에 대한 형벌과 저주를 그가 당하신 것이라는 논의를 했습니다. 이는 십자가 사건이 우리에게 미치는 소극적인 유익이라고 할 수 있습니다. 이와 연관된 좀더 적극적인 유익을 십자가 사건에서 찾을 수 있다면, 그것은 "우리의 옛 사람의 죽음"입니다. 2,000년 전에 발생한 십자가 사건에서 그리스도는 우리가 마땅히 받고 당할 형벌을 다 받고 죽으실 때에 아주 신비하게도 우리의 옛사람이 그 사건 안에서 죽는 일이 발생한 것입니다. 이는 그리스도와 우리의 '신비한 하나됨'(*unio mistica*, mystical union) 가운데서 발생한 것입니다. 십자가 사건이 그와는 오랜 시간적 거리를 가지고 있는 우리를 포괄하여 영향을 미치는 놀라운 일이 여기 있는 것입니다. 이번에는 십자가 사건이 우리에게 주는 유익 가운데서 옛사람의 죽음이라는 이 사실과 그 의미를 생각해 보기로 하겠습니다.

1. 우리 옛사람의 죽음이란 사실 자체

우리의 "옛사람"이란 말로써 우리는 무엇을 뜻합니까? 그것은 한 마디로 "하나님과 그리스도와 관계없이 살던 존재 전체"를 지칭하는 것이라고 할 수 있습니다. 사실 이 말은 그리스도 안에서 우리가 새로운 존재, 새 사람이 되었다는 사실과 관련하여, 이렇게 새로운 존재가 되기 "이전의 존재와 그 존재 방식 전체"를 지칭하여 사용되는 말입니다. 그러므로 옛사람은 하나님과 관련 없는 사람이요, "유혹의 욕심을 따라 썩어져 가는 구습을 좇는" 사람입니다(엡 4:22). 그런데 성경은 십자가에서 그리스도와 함께 우리의 옛사람이 죽었다고 선언하고 있습니다. 이 옛사람의 죽음은 십자가와 관련하여 각 개인에게서 오직 한 번 발생하는 일입니다. 그러므로 그리스도인들은 이제 옛사람이 아니라, 새사람이라고 여겨집니다. 예를 들어서, 바울은 이렇게 말합니다: "옛사람과 그 행위를 벗어버리고 새사람을 입었으니 이는 자기를 창조하신 자의 형상을 좇아 지식에까지 새롭다 하심을 받는 자니라"(골 3:9-10). 이 구절에 의하면 우리는 이미 옛사람과 그 옛사람에게 속하는 행위를 벗어버리고 새사람을 입은 것, 즉 새사람이 된 것입니다. 이 일은 그리스도의 십자가와 부활과 관련하여 일어난 영적이고 신비한 일입니다. 우리는 예수 그리스도와 합하여 죽고, 그와 함께 장사된 것입니다(롬 6:8, 4). 즉, 십자가에서 우리의 옛사람이 죽은 것입니다. 그러므로 그리스도를 믿는 우리는 더 이상 옛사람이 아니고 새사람인 것입니다.

그렇기 때문에 에베소서 4장 22절-24절 말씀도 지금까지의 논의의 빛에서 새롭게 해석하며 이해해야 하는 것입니다. 현재 우리말 개역성경에서는 여기 나오는 동사를 명령형으로 보고서 "옛사람을 벗고, 새사람을 입으라"고 옮기고 있습니다. 그러나 그렇게 보기보다는 이를 설명의 부정사로 보고서 앞의 주동사와 연결하여 "옛사람을 벗고 새사람을 입었다고 가르침을 받았다"고 옮기는 것이 더 좋습니다. 이미 옛사람을 벗고 새사람을 입었다고 분명히 말하는 (앞에서 인용한 바 있는) 골로새서 3장 9-11절 말씀과 비교하면 도움을 얻을 수 있을 것입니다. 그러므로 그리스도 안에 있는 사람들은 그 옛사람이 죽고, 그리스도 안에서 새롭게 창조함을 받은 새사람이라고 생각해야 합니다. 이 얼마나 놀랍고 신비한 일입니까! 이일이 구체적으로 우리에게는 어떤 의미가 있고, 어떤 유익을 주는 것일까요?

2. 옛사람의 죽음의 소극적 유익

먼저 그리스도의 죽으심과 함께 옛사람이 죽었다는 그 사실은 소극적으로는 이제 우리가 더 이상 죄와 상관이 없는 존재가 되었음을 말해 줍니다. 이는 죄의 형벌과 관계없는 존재가 되었다는 것과 죄의 세력과 관계없는 존재가 되었다는 이중적인 의미를 가지는 말입니다. 이 두 가지를 하나씩 생각해 보기로 합시다.

첫째로, 그리스도의 죽음과 함께 우리의 옛사람은 죄 때문에 우리가 마땅히 죽어야만 하는 그 죽음을 죽은 것입니다. 그것이 옛사람의 죽음의 가장 큰 의미입니다. 이로써 우리의 과거와 현재와 미래의 모든 죄에 대한 형벌이 다 내려진 것입니다.

그러나 여기서 한 가지 주의할 일이 있습니다. 그것은 옛사람의 죽음에 어떤 공로가 있는 것처럼 생각해서는 안 된다는 것입니다. 이는 모두 그리스도와의 신비한 연합 가운데서 그리스도의 죽으심에서 일어난 것이기 때문입니다. 그러므로 우리의 죄를 사하는 공로는 오직 그리스도의 죽으심에만 있는 것입니다!!

옛사람의 죽음으로 말미암아 새사람인 우리는 더 이상 죄의 형벌을 받아야 하는 존재가 아닙니다. 옛사람의 죽음과 함께 우리는 죄의 형벌로부터 자유하게 된 것입니다. 그러므로 진정 그리스도를 믿는 새사람은 죄에 대한 형벌을 두려워해서는 안 됩니다. 그것은 십자가를 믿지 않는 것이고, 옛사람의 죽음을 받아들이지 않는 불신앙이 되기 때문입니다.

둘째로, 옛사람의 죽음과 함께 악한 육의 소욕(所欲, desire, ἐπι Θυμία)이 더 이상 우리를 지배하지 않게 되었다는 것을 생각하지 않을 수 없습니다. 그리스도의 십자가에서의 죽으심 속에서 일어난 옛사람의 죽음과 함께 우리는 죄의 형벌로부터 만이 아니라, 죄의 지배(the reign of sin)로부터도 해방된 것입니다. 그리하여 새사람은 원칙상(in principle) 죄를 범하지 않을 수 있는 것입니다. 죄가 우리를 지배하여 우리로 죄를 짓지 않을 수 없게 하던 일에서 우리가 벗어나게 된 것입니다.

물론 신약성경이 때때로 "육" 또는 "육체"라고 표현하는 부패한 인간성의 잔재가 새사람 안에도 남아 있어서 우리가 끊임없이 이 육[부패한 인간성]과의 투쟁을 하게 됩니다. 그래서 우리는 이 세상에 사는 동안에는 전투하는 그리스도인이지, 결코 죄를 전혀 범하지 아니하는 승리한 그리스도인, 영광 가운데 있는 그리스도인은 아닙니다. 그럴지라도 성도는 성령님께 의존하면서 항상 부패한 인간성의 죄의 소욕과 투쟁하여 가고, 때때로 실패하여 죄를 범할지라도 항상 죄 중에 있거나 즐거이 죄를 짓지는 않은 존재인 것입니다. 다시 한 번 더 강조하자면, 성도는 죄의 지배로부터 해방된 존재인 것입니다. 그래서 이전에는 전혀 생각할 수도 없었던 죄와의 투쟁, 육의 악한 소욕과의 투쟁을 할 수 있게 된 것입니다. 그리고 그 투쟁에서 성도는 승리하게 되어 있고, 그 승리의 방도를 사도 바울은 다음과 같이 잘 제시하고 있는 것입니다: "너희는 성령을 좇아 행하라. 그리하면 육체의 욕심을 이루지 아니하리라. 육체의 소욕은 성령을 거스리고, 성령의 소욕은 육체를 거스리나니"(갈 5:16, 17). 즉, 성령을 좇아 행하는 일, 성령의 가르침을 따르고, 성령의 감동하심 가운데서 행하되, 성령이 주시는 힘으로 그리하는 것이 우리의 승리의 비결인 것입니다.

3. 옛사람의 죽음의 적극적 유익

우리는 이미 새사람의 죄와의 투쟁에 대해서 말하였습니다. 이것과 연관해서 좀 더 적극적인 유익을 말한다면, 이제 새사람은 자신을 하나님께 감사의 제사(a sacrifice of thanksgiving)로 드릴 수 있게 되었다고 말해야 합니다.

그는 더 이상 죄의 노예로 죄를 향하여 달려가는 존재가 아니고, 자신을 의의 병기로 하나님께 드릴 수 있게 된 것입니다. 그러므로 그리스도와 함께 살아남으로 그렇게 할 수 있게 된 사람들을 향하여 바울은 다음과 같이 말합니다: "너희 지체를 불의의 병기로 죄에게 드리지 말고 오직 너희 자신을 죽은 자 가운데서 다시 산 자 같이 하나님께 드리며, 너희 지체를 의의 병기로 하나님께 드리라"(롬 6:13). 자신을 하나님께 드린다는 것은 자신의 전 존재를 가지고서 하나님의 경륜을 이루기 위해 노력하는데, 그 힘씀을 하나님께서 기쁘게 받아주신다는 뜻입니다. "자신을 창조하신 자의 형상을 좇아 지식에까지 새롭게 하심을 받는 자"인(골 3:10) 새사람으로 지음을 받았기에 그는 이제 하나님의 경륜과 온 세상을 향한 하나님의 뜻을 이해하고서, 그 하나님의 경륜을 이루는데 자신을 드려나갈 수 있는 것입니다. 이렇게 자신을 드릴 수 있다는 것도 그러하지만, 우리의 드리는 바를 하나님께서 받아주신다는 것은 아주 놀라운 일이 아닐 수 없습니다. 과거 구약 시대의 제사장들이 하나님께 제물을 드리듯이, 우리가 우리 자신을 주님을 위해 드릴 수 있게 된 것입니다. 그러므로 그리스도 십자가 사건 이후에는 그리스도의 십자가와 관련된 모든 그리스도인이 제사장이라고 할 수 있습니다. 우리야말로 그리스도의 십자가로 말미암아서 진정한 의미에서 왕 같은 제사장들이 된 것입니다.

그런데 이 일은 이미 이루어진 그리스도의 희생 제사에 싸서 받아들여지는 것이므로 우리의 애씀과 힘씀 그 자체가 하나님께 받음직한 것이어서 받아들여지는 것은 아닙니다. 그래서 베드로는 "너희도 …… 예수 그리스도로 말미암아 하나님이 기쁘게 받으실 신령한 제사를 드릴 거룩한 제사장이 될지니라"고 말합니다(벧전 2:5). 즉, 하나님께서 기뻐하실 신령한 제사를 우리가 드릴 수 있는 것은 다 예수 그리스도로 말미암아 된다는 것입니다. 그리스도의 온전하신 희생 제사의 공로에 근거해서 우리가 주님께 드리는 힘씀과 노력이 받아들여지는 것입니다.

그리고 우리가 주께 드리는 삶의 열매는 결국 우리를 새사람으로 만드신 주님께 대한 감사의 표이므로, 감사의 제사라고 할 수 있는 것입니다. 우리가 주님을 위해 하는 모든 일들은 다 우리를 구원하신 일에 대한 감사의 표현일 뿐입니다. 그러므로 그 자체는 우리를 구원할 수 있는 효능이나 능력이 전혀 없는 것입니다. 그저 구원받았음을 감사함으로 표현하는 기능을 할뿐입니다. 그리고 성도는 항상 이런 감사의 제사를 드리지 않을 수 없는 것입니다.

이렇게 우리가 고찰한 바를 하이델베르크 요리문답 제 43 문답은 다음과 같이 간명하게 정리해 주고 있습니다.

> (제 43 문) "그리스도의 십자가에서의 희생 제사와 죽음에서
> 우리는 또한 어떤 유익을 얻습니까?"

> (답) "그의 능력으로 우리의 옛사람이 그와 함께 십자가에 못 박히고 죽고
> 장사지낸 바 된 것입니다. 그래서 육의 악한 소욕들이 더 이상 우리
> 를 지배하지 않게 되었을 뿐만이 아니라, 우리가 우리 자신을 감사의
> 제사로 그에게 드릴 수 있게 되었습니다."

제 29 강

그리스도의 생애와 사역(6):
"장사지낸 바 되시고": 무덤에 묻히심

본문: 마태복음 27:57-61, 마가복음 15: 42-47,
누가복음 23:50-56, 요한복음 19:38-42.

예수 그리스도께서는 죽으신 후에 장사 지낸 바 되셨습니다. 이렇게 그가 장사 지낸 바 되신 것은 어떻게 보면 아무런 특이 사항이 없는 평범한 일 같으나, 우리 주님의 생애에서 일어난 일들은 그저 일어난 일이 없는 것이기에 이 작은 사실 하나도 의미가 있고, 우리와 연관하여 가지는 뜻이 있는 것입니다. 이번에는 그리스도께서 장사 지낸 바 되신 이 사실과 그 의미를 생각해 보기로 하겠습니다.

1. "장사 지낸 바 되시고": 무덤에 묻히신 사실 자체

그리스도께서 장사 지낸 바 되신 사실 자체는 4복음서 모두에 기록된 사실입니다. 4복음서 모두에 이 장사지내는 일에 관여한 사람 중의 한 사람이 아리마대 사람 요셉이라고 기록되어 있습니다. 누가복음은 그를 "공회 의원으로 선하고 의로운 요셉"이라고 하며, "하나님의 나라를 기다리는 자"라고 표현하고 있고, 마가복음에서는 "존귀한 공회원이요, 하나님의 나라를 기다리는 자"고 표현하고 있습니다. 그런가 하면 마태복음과 요한복음에서는 그가 예수님의 제자임을 분명히 기록하고 있습니다. 우리는 여기서 산헤드린 공의회의 의원으로 하나님 나라를 기다리던 선하고 의로운 요셉이라는 분이 예수님의 가르침을 받아들이고서 예수님의 제자가 된 것을 알 수 있습니다. 예수님을 따라 다니고 그에게 가르침을 받은 무리 중에 아주 독특한 신분의 사람이 있음을 알게 되는 것입니다. 요한복음에서는 그가 예수의 제자이나 유대인을 두려워하여 이 제자 됨을 숨기더니 이 일[예수의 십자가에 죽으심] 후에 나아와 장사를 담당한 것이라고 기록하고 있습니다. 다른 제자들은 도망하는데, 여기 평소에는 그 사실을 숨기던 숨은 제자가 나서서 장사지내는 일을 담당한 것입니다.

혹시 복음서를 읽는 이들 가운데서 이 요셉이 산헤드린의 회원이라면 예수님을 정죄하고 빌라도에게 넘겨주는 일에 그가 관여했을 것이 아닌가를 궁금히 여길 사람들이 있을 것을 염려한 누가는 역사가답게 "저희의 결의와 행사에 가(可)하다고 하지 않은 자"라는 말을 덧붙이고 있습니다. 마가는 그가 "당돌히 빌라도에게 들어가 예수의 시체를 달라 하니"라고 말하고 있습니다. 그의 태도가 잘 표현된 것이라고 여겨집니다. 아리마대 요셉의 이 행동을 당돌하다고 표현한 이 평가의 독특성을 생각해야 합니다. 당시에 그 누구도 감히 그런 일을 생각하지도 못하는 상황에서 그가 이 일을 요구했다는 것입니다.

　　마가복음에서는 이 일과 관련해서 예수님의 죽으심의 확실성을 한 번 더 분명하게 하고 있습니다. 즉, 이런 요구를 받은 빌라도는 "예수께서 벌써 죽었을까 하고 이상히 여겨 백부장을 불러 죽은 지 오래냐 묻고, 백부장에게 알아 본 후에 요셉에게 시체를 내어" 주었다고 하고 있습니다. 이는 후에 보도될 부활의 확실성을 분명히 말하기 위한 말이기도 합니다. 예수님께서 참으로 돌아가신 것이 아니라면 빌라도가 예수님의 시체를 장사하도록 내어주었겠는가라고 묻도록 하는 것입니다.

　　빌라도의 허락을 받은 요셉은 예수님의 시체를 십자가에서 "내려" 세마포로 쌌습니다. 요한은 여기서 이 일에 관여한 또 한 사람이 있음을 밝혀 줍니다. 그는 "일찍 예수께 밤에 나아왔던 니고데모" 입니다. 그가 "몰약과 침향 섞은 것을 백근쯤 가져 왔다" 고 했습니다. 이는 상당히 많은 양의 몰약과 침향입니다. 왕의 장례에서나 볼 수 있을 것 같은 이런 것을 가지고 예수님의 장례에 사용한 것입니다. 그리하여 예수님은 일찍이 사용한 일이 없는 새 무덤에 묻히게 되었습니다.

2. 예수님의 무덤에 묻히신 사실의 의미

이렇게 예수님께서 장사 지낸 바 되셨다는 것과 이 사실을 강조하여 기록한 것은 예수님께서 **죽으신** 일이 **확실함**을 우리에게 보여주기 위한 것입니다. 그는 죽으셔서 무덤에 들어가실 정도로 확실히 돌아가신 것입니다. 그의 죽으심의 확실성은 십자가 처형 사실에서도 강조되어져 있고, 그를 장사지낸 이 사실에서도 강조되어져 있는 것입니다. 이 일에 특별한 관심을 가지고 있는 복음서가 요한복음서입니다. 상대적으로 후기에 쓰여진 요한복음서에서는 이 죽음의 확실성을 분명히 할 필요가 있었다고 생각했었는지, 안식일에 시체들을 십자가에 두지 않으려고 유대인이 앞장서서 "빌라도에게 그들의 다리를 꺾어 시체를 치워달라고 했습니다." 십자가에 달린 다른 두 사람은 아직 죽지 아니하였으므로 그 다리를 꺾었으나, "예수에 이르러서는 이미 죽은 것을 보고 다리를 꺾지 아니했다"고 했습니다. 그 대신에 한 군병이 창으로 그 옆구리를 찌르니 곧 피와 물이 나오더라고 했습니다. 예수님께서 확실히 죽었음을 알리고, 이런 저런 구약의 예언들이 성취되도록 하려는 것이라고 요한은 말하고 있습니다. 예수님께서는 이렇게 확실히 죽으셨습니다. 이제 그 사실을 아주 분명하게 말하기나 하려는 듯이 그의 무덤에 장사 지낸 이 사실을 우리에게 전해 주는 것입니다. 하이델베르크 요리문답 제 41문도 "그는 왜 장사 지낸 바 되셨습니까?" 라고 묻고는 "그로써 그가 참으로 죽으셨음을 보여 주기 위해서 입니다" 라고 대답하고 있습니다.

3. 예수님께서 장사 지낸 바 된 사실이
우리에게 미치는 적극적 유익

우리는 이 사실과 관련해서 어떤 유익을 얻을 수 있는 것일까요? 그리스도께서 무덤에 묻히심으로 우리에게는 무덤에 묻히는 일이 더 이상 두려워할 일이 아닌 것이 되었습니다. 저주와 두려움의 대상이 되는 무덤이 이제 그리스도 안에 있는 사람들에게는 더 이상 그런 함의를 가지지 않게 된 것입니다. 이런 의미에서 바울은 죽음과 사망을 다음과 같

이 조롱합니다: "사망아 너의 이기는 것이 어디 있느냐? 사망아 너의 쏘는 것이 어디 있느냐?"(고전 15:55) 이제 그리스도 안에서는 사망의 무서운 것이 다 제거된 것입니다. 그리스도께서 우리를 대표해서 무덤에 묻히심으로 우리의 죽음과 장례의 의미를 다 바꾸어 놓은 것입니다. 즉, 그리스도인들은 죄의 형벌로서의 죽음을 죽는 것이 아닙니다. 우리를 대신해서 그리스도께서 십자가에서 죄의 형벌로서의 죽음을 죽으시고 무덤에 장사지낸바 되신 것입니다. 그 형벌과 저주는 이제 우리와는 거리가 먼 것입니다. 죄의 죽이는 권세와 가공(可恐)할 만한 권세가 우리의 존재와는 상관없는 것이 되어 버린 것입니다. 이런 의미에서 교회와 그 성원들에게는 음부의 대문, 음부의 권세가 힘이 없게 된 것입니다. 이제 우리는 죽음을 두려워할 필요가 없습니다. 무덤이 공포의 대상이 될 수 없는 것입니다.

그렇다면 그리스도인이 경험하는 죽음은 어떤 의미를 지니는 것입니까? 우리의 죽음은 하나님께서 우리를 위해 마련하신 성화의 최종적 수단이요, 영혼의 성화를 위한 징계(discipline)의 극치라고 할 수 있습니다. 이제 죽음은 우리의 영혼의 성화를 완성하는 것입니다. 죽으면 우리의 몸은 무덤에 묻히지만, 우리의 영혼은 그리스도와 함께 하나님 면전에 있어서 하늘 영광을 목도하고 그 기쁨을 누리는 것입니다.

하나님이 계신 곳인 "하늘"(heaven)에는 영혼이 온전히 성화되지 않은 이들이 있지 않습니다. 그곳에는 "온전케 된 의인들의 영들이" 있는 것입니다(히 12:23). 그런데 이 지상에서의 우리의 성화는 어떤 수준에 이르러 있습니까? 우리 중에 완전한 성화에 이르렀다고 할 수 있는 이는 아무도 없는 것입니다. 구약의 성도들이나 신약의 사도들을 비롯한 모든 성도들도 이 지상에서는 다 온전케 되지는 못했음을 우리가 성경을 통해서 잘 배울 수 있습니다. 예를 들어서, 성경은 이렇게 말합니

다: "내가 내 마음을 정하게 하였다. 내 죄를 깨끗하게 하였다고 할 자가 누구뇨?"(잠 20:9) 그럴 수 있는 존재는 아무도 없다는 것입니다. 그런데 하나님이 계신 곳, 그곳 하늘에 있는 의인들의 영들은 다 온전케 되었다고 했으니, 우리가 내릴 수 있는 유일한 결론은 그들의 죽음에서 그들의 영혼의 성화가 완성되었다고 할 수 있는 것입니다.

그러므로 성도들에게 있어서 죽음은 이제 오히려 축복의 수단의 하나가 되는 것입니다. 죽음은 우리를 겸손하게 하고, 우리로 하나님을 더 생각하도록 하며, 인간의 유한성을 더 의식하도록 하고, 과거 우리가 죽게된 연유를 생각하면서 우리를 그 죽음의 저주와 형벌에서 해방하신 예수 그리스도께 감사를 드리게 하는 것입니다. 그리고 그 죽음 자체가 우리의 영혼을 온전히 성화시켜 그리스도와 함께 하나님 앞에 있도록 하는 것입니다.

그리고 죽으면 우리의 몸이 무덤에 묻혀서 썩게 될 것입니다. 그러나 그것이 우리에게는 두려워 할 것이 아니고, 영광의 주님이 다시 오셔서 그리스도의 영광스러우신 부활의 몸과 같은 몸으로 부활하게 될 날을 기다리며 있는 것이 됩니다. 그래서 그리스도인의 죽음에 대해서는 주 안에서 자는 것이라는 표현을 쓰기도 합니다. 언젠가는 그 몸도 다시 일으킴을 받을 날이 있기 때문입니다. 우리의 몸이 무덤 속에 있는 것은 이렇게 기다리는 것입니다. 몸은 썩으면서도 부활의 날을 기다린다고 할 수 있습니다. 그래서 바울은 이렇게 말합니다: "보라 내가 너희에게 비밀을 말하노니, 우리가 다 잠잘 것이 아니요, 마지막 나팔에 순식간에 홀연히 다 변화하리니, 나팔 소리가 나매 죽은 자들이 썩지 아니할 것으로 다시 살고 우리도 변화하리라. 이 썩을 것이 불가불 썩지 아니할 것을 입겠고, 이 죽을 것이 죽지 아니함을 입으리로다"(고전 15:51-53).

우리는 이런 부활과 변형의 소망을 가지고 있는 것입니다. 그런데 이 때 주의해야 할 일 하나에 대해서 사족(蛇足)을 달아야 하겠습니다. 그것은 그리스도인이 잠잔다고 표현할 수 있다고 해서 그 영혼이 그리스도의 재림 때까지 자고 있는 것으로 오해해서는 안 된다는 것입니다. 이는 영혼 수면설(靈魂睡眠說)이라고 불린 이단적인 견해로서 종교 개혁 시대 때에 재세례파 사람들 중의 어떤 사람들에 의해 주장되었고, 칼빈과 같은 개혁자들에 의해서 강하게 비판받은 견해이기 때문입니다. 오늘날도 이런 주장을 하는 이들이 이단에 속한 이들 가운데 있습니다만, 이는 결코 성경적인 견해라고 할 수 없는 것입니다. 부활 때까지 우리의 영혼이 잠을 잔다고 해서는 결코 안 됩니다. 위에서 밝힌 바와 같이 우리의 영혼은 그리스도와 함께 하나님 면전에서 하늘의 기쁨을 누리며 쉬고 있기 때문입니다. 이는 분명히 명백한 의식을 가지고 있는 상태인 것입니다.

그러므로 우리의 죽음과 무덤에 묻히는 일은 우리에게 전혀 두려움과 공포의 대상이 될 수 있는 것이 아닙니다. 오히려 우리는 그리스도 안에 있는 우리의 존재에 근거해서 죽음과 무덤에 묻히는 일을 당당히 맞을 수 있는 것입니다. 그리스도께서 무덤에 묻히심으로 말미암아 이런 일이 가능하게 된 것입니다. 그리스도로 말미암아 저주가 축복과 기대의 대상이 된 것입니다. 이에 대해서 우리는 그리스도와 하나님께 감사를 영원히 드려야 할 것입니다.

제 30 강
그리스도의 생애와 사역(7):
"음부에 내려 가샤"

본문: 베드로전서 3:18-22.

이탈리아 아퀼레이아의 예배당(Basilica)

이번에는 우리에게는 좀 낯선 문
제를 하나 생각해 보기로 하겠습
니다. 그것은 우리말에서는 생략
되어 있는 사도신조의 한 어귀에
대한 문제입니다. 약 390년경의
것으로 추정되는 소위 아퀼레이안
형(the Aquileian form)의 라틴어 사

도신조와 이를 따르는 다른 언어의 사도신조에는 "장사지낸 바 되시고"란 말 뒤에 "음부에 내려 가사"(descendit in inferna, He descended into Hades)라는 말이 덧붙여져 있습니다.

　이 어귀가 무엇을 뜻하는 것인지에 대해서 많은 사람들이 많은 말을 하여 왔고 또 그 때문에 오해도 많이 생겼습니다. 이제 좀 자세히 설명하겠지만 개혁주의적인 입장에서는 이 어귀를 비유적으로 보고 그렇게 해석합니다. 즉, 이 어귀를 그리스도의 십자가의 고통과 연관시켜서 이해하는 것입니다. 따라서 우리말 사도신조에서 이 어귀를 뺀 것은 어떤 의미에서 이런 해석의 전통을 따라서 오해의 소지를 미리 제거한 것이라고 할 수 있습니다. 그러므로 사실 이 어귀는 그리스도의 고난과 죽으심의 의미를 더 심화시키는 표현이라고 할 수 있습니다. 그러나 다른 이들이 이를 어떻게 해석하여 왔는지를 생각하면서 우리들의 입장이 왜 중요한지를 생각하는 것은 우리의 신앙의 의미를 생각하는 일에 있어서 큰 도움이 될 것입니다.

1. 천주교의 해석과 그 문제점

천주교에서는 이 어귀를 그들이 가지고 있는 연옥 교리와 연관시켜서 설명해 왔습니다. 전통적 천주교 사상에 의하면 죽은 후에 곧바로 "하나님과 그리스도께서 계신 곳"(heaven)에 이르지 못하는 불완전한 신자들은 일정한 기간을 연옥(purgatory)에서 지내며 그 영혼이 정화되어 후에 "하나님과 그리스도께서 계신 곳"(heaven)에 이르게 된다고 합니다. 이는 성경의 어떤 곳에서도 그것을 지지해 주지 않는 비성경적인 가르침이 아닐 수 없습니다. 그런데 천주교에 의하면 이런 연옥 외에 지옥의 주변, 혹 가장자리(limbus)에 또 다른 장소가 있는데, 그것은 구약 시대의 신자들이 죽어 그 영혼이 "구속의 계시와 적용이 나타나기를 기다리며" 있던 소위 "선조 림보"(*Limbus Patrum*)입니다.[1] 이 "선조 림보"가 그리스도께서 죽으신 후에 내려가신 음부라고 전통적 천주교에서는 해석했었던 것입니다. 즉, 죽어서 영혼과 몸이 분리되신 그리스도께서 그 몸은 아리마대 요셉의 무덤에 있었지만, 그 영으로는 이 "선조 림보"에 가셔서 그가 십자가에서 이루신 구속의 공로로 구약의 성도들을 풀어 해방하셔서 그들을 데리시고 "하나님이 계신 하늘(heaven)"로 가셨다고 해석했던 것입니다. 전통적 천주교 신학자들은 이와 연관해서 베드로전서 3:19 말씀을 즐겨 인용합니다: "저가 또한 영으로 옥에 있는 영들에게 전파하시니라."

그러나 이런 해석이 옳지 않다는 것은 성경을 조금만 주의 깊게 살펴보면 분명히 드러납니다. 성경에서는 그 어디서도 구약 시대의 성도들이 "선조 연옥"에 있다는 시사를 주지 않습니다. 오히려 구약시대라도 성도들은 하나님과 관련하여 있으며 하나님께서 계신 곳에 있다고 하시는 것입니다. 그래서 "의인의 죽음"은 불신자의 죽음과 다르다고 여겨져서 그것을 희망하는 일이 있었고(민 23:10) "의인은 그 죽음에도 소망이 있다"고 선언되었습니다(잠 14:32). 다윗은 죽음 이후에도 "주의 앞에는 기쁨이 충만하고, 주의 우편에는 영원한 즐거움이 있나이다"고 고백하기도 하고(시 16:10, 11), "나는 의로운 중에 주의 얼굴을 보리니 깰 때에 주의 형상으로 만족하리이다"고 고백하기도 했던 것입니다(시 17:15). 또 아삽의 시에서는 "주의 교훈으로 나를 인도하시고 후에는 영

---

[1] 전통적으로 아퀴나스 등이 정리한 천주교적 이해에 의하면 이와 비슷한 또 하나의 가장 자리가 영세를 받지 못하고 죽은 모든 영아들이 있는 소위 "유아 림보"(*Limbus Infantum*)였습니다. 그런데 지난 번 현재 천주교 교황이었던 베네딕트 16세는 이는 천주교의 공식적 교리가 아니라고 선언하였습니다. 그러므로 오늘날의 천주교회는 유아 림보는 인정하지 않는다고 말해야 합니다.

흥미로운 것은 베네딕트 16세는 연옥의 실재성은 인정하지 않으나 그 의미는 중요하다고 강조하는 사실입니다.

광으로 나를 영접하시리니 하늘에서는 주 외에 누가 내게 있으리요" 라고 말했습니다(시 73:24, 25).

그러므로 우리는 구약 시대의 성도들도 신약 시대의 성도와 마찬가지로 죽은 후에 곧바로 "하나님이 계신 곳"(heaven)에 있다고 말해야만 하는 것입니다. 전통적 천주교 사상이 말하듯이 하늘은 그리스도의 사역이 마쳐지기 전에는 열리지 않았던 것이 아니고, 십자가 사건의 선취(先取)로 이미 열려 있어서 하나님과 그 계시를 믿는 이들은 언제든지 이미 하나님이 계신 곳에서 천상의 복락을 누리고 있었던 것입니다. 그리고 이것은 지금도 마찬가지여서 우리도 죽으면 우리의 영혼이 곧 바로 하늘에 이르러 하나님을 뵈옵고 그와 함께 있게 되는 것입니다. 그 천상의 복락을 이 세상의 그 무엇과 비교할 수 있으며, 그리스도 안에 있는 자에게로부터 그 낙원의 복락을 그 누가 빼앗아 갈 수 있겠습니까? 그러므로 조상 연옥을 말하는 전통적 천주교의 해석과 사상은 명백히 잘못된 것이요, 비성경적인 것이라고 아니할 수 없는 것입니다.

2. 루터파의 해석과 그 문제점

루터파에서는 그리스도께서 죽으신 후에 그 영으로 음부(hades)에 내려가신 일은 있으나 천주교에서와 같이 구약의 성도들을 하늘로 인도하시기 위해서가 아니라, 사탄과 흑암의 세력들에게 자신의 승리를 드러내사 완성하시고 그들에게 명백한 유죄 선언을 하시기 위해서 음부로 내려 가셨다고 해석합니다. 이렇게 예수께서 장사지낸 바 되신 후에 그 영혼이 승리를 선언하러 음부로 내려가셨다는 해석은 천주교의 조상 림보를 말하는 견해보다는 나은 것이지만, 성경이 말하는 "음부"(구약의 "스올" [שְׁאוֹל, Sheol]과 신약의 "하데스" [ᾅδης, hades])의 성격에 주의할 때에 지지
되기 어려운 해석이 아닐 수 없습니다.

대개 이 "음부"라는 말은 대부분의 건전한 신학자들에 의해서 성
경에서 "죽음의 상태"를 지칭하는 말로 해석되고 있습니다. 학자들에
따라서 때때로 이 말이 일정한 장소를 지칭하는 의미로 사용된 때가 있
다고 이야기되기도 하나, 이는 오늘날 많이 비판되는 해석이고 이 용어
의 거의 모든 용례가 죽음의 상태의 의미로 사용됨을 지시한다고들 봅
니다. 그렇다면 그리스도께서 일정한 장소로서의 "음부"에 내려가셔서
승리를 선언하셨다는 루터파의 해석은 "음부"에 대한 그들 나름의 생
각을 전제로 한 해석이라고 할 수 있고, 오늘날의 더 밝히 드러난 성경
이해의 빛에서는 더 이상 지지되기 어려운 해석이라고 하지 않을 수 없
습니다.

또한 "영으로 …… 전파하시니라"는 말이 대개는 복음의 적극적
인 전파, 그리하여 믿고 구원을 얻게 하려는 전파를 뜻하는 것임을 볼
때에 이를 승리의 선포에 적용하려는 것은 문제가 있다고들 지적합니
다. 결코 그렇게 해석할 수 없다고는 할 수 없으나, 이는 성경이 말하
는 "선포하시니라"는 말의 일반적 용례에 비추어 볼 때에 극히 부자연
스러운 해석이라는 것입니다. 따라서 이점에 의해서도 루터파의 해석은
지지되기 어렵다고 할 수 있습니다.

3. 성공회 학자들의 해석과 그 문제점

성공회(Anglican Church)에 속하는 모든 이들은 아니지만 이 교회에서는
전통적으로 이 구절이 그리스도의 영이 하나님이 계시고 성도들이 있는

낙원(paradise)에 가서 그 곳에 있는 성도들에게 구속의 진리를 더 분명하게 선포하시고 가르치셨다고 해석합니다. 이는 어떤 면에서는 천주교의 해석을 비판하며 나온 루터파의 해석의 문제점을 보면서 나온 해석이라고 할 수 있습니다. 그래서 이전의 두 해석 보다 좀 더 세련된 면이 있고 더 현대적으로 세련되게 할 수도 있는 해석입니다.

예를 들어서, 이는 "선포하시니라"는 말의 일반적 용례에 훨씬 가까이 가는 해석입니다. 그리고 전통적으로는 이들이 말하는 낙원은 음부(hades)의 두 장소, 즉 낙원과 지옥 중의 한 곳인 낙원을 뜻하는 것이었지만, 오늘날에 이런 해석을 받아들이는 주석가들 중에서는 이 때 "음부"라는 말이 장소를 지칭하기보다는 죽음의 상태를 지칭하는 것으로 보면서, 그 죽음의 상태에서 하나님 안에 있는 이들이 있는 곳이 바로 하나님이 계신 곳, 그리스도께서 한 편 강도에게 언급하신 곳 "낙원"이며, 그리스도의 영이 그 곳에 가셔서 복음을 낙원에 있는 성도들에게 상세하게 설명하시며, 선포하셨다고 해석하기도 하는 것입니다.

그러나 이 견해의 문제점은 이런 해석이 베드로전서 3장의 구절들과는 별로 상관이 없는 해석처럼 보인다는 것입니다. 물론 이는 사도신조에 대한 해석이고 베드로전서 3장은 다른 것을 가르친다고 개혁파와 같이 말할 수도 있습니다마는 그렇게 하기에는 그들의 논의가 너무 베드로전서 3장과 연관되어서 진행되었다는 점을 지적하지 않을 수 없습니다.

4. 개혁파의 해석

이 모든 해석에 주의하면서 칼빈은 "음부로 내려 가사"라는 이 구절을 비유적으로 이해하고 해석했으며, 대부분의 개혁파 신학자들이 이를 따르고 있습니다. 칼빈과 개혁 신학자들은 이 어귀는 겟세마네와 십자가의 죽으심에서 그리스도께서 겪으신 "영의 고뇌"를 지옥과 같은 극심한 고난을 당하셨다고 비유적으로 표현하는 것이라고 해석한 것입니다. 즉, 실제로 그리스도의 영이 지옥에 가신 일이 없으나 (그렇게 생각하는 것은 비성경적인 것이므로!) 실제로 그리스도는 얼마나 극심한 영혼의 고통을 당하셨는지 우리는 그가 지옥의 고통까지도 우리를 위해 당하심으로 그로부터 우리를 풀어 주셨다고도 말할 수 있다고 해석하는 것입니다.

하이델베르크 요리문답 제 44 문답도 이런 전통을 따르면서 다음과 같이 묻고 대답하고 있습니다:

(문) "그가 음부에 내려 가사'라는 말은 왜 덧붙여져 있습니까?

(답) "개인적인 위기와 유혹의 때에
나의 주님이신 그리스도께서
특별히 십자가에서, 또한 그 이전에도
말할 수 없는 영혼의 고뇌와 고통과 공포를 감당하심으로써,
나를 지옥의 고뇌와 고통에서 구원하셨음을
나에게 확신시켜 주시기 위해서입니다".

그러므로 하이델베르크 요리문답은 "음부로 내려 가사" 라는 말을 그리스도께서 우리를 위해 당하신 "말할 수 없는 영혼의 고뇌와 고통과 공포"를 표상적으로, 비유적으로 표현하는 말로 이해한 것입니다. 그리스도께서 우리를 대신해서 우리의 자리에서 그런 고뇌와 고통을 받으셨으므로 우리를 "지옥의 고뇌와 고통에서 구원하신 것"이라고 보는 것입니다. 이렇게 하이델베르크 요리문답은 이 어귀에 대한 해석에서 복음

의 핵심의 일부를 보는 것입니다. 그리스도는 우리의 죄를 짊어지고 가시는 이인데, 그에게 "내 위에 있는 하나님의 진노와 저주"가 임하므로 지옥의 고통을 경험했다고 할 수 있다는 것입니다. 우리는 이런 주님의 구원에 대해서 큰 감사를 표하지 않을 수 없는 것입니다. 그는 참으로 우리의 구주이셔서, 지옥의 고통으로부터도 우리를 풀어 살리신 것입니다.

5. 베드로전서 3:18-22의 가르침

위와 같은 개혁파의 해석은 아주 귀한 해석이고 우리는 이와 같은 해석의 모범을 제시한 우리들의 선배들에게 감사하지 않을 수 없습니다. 그런데 이 해석은 사도신조의 "음부로 내려 가사"라는 구절에 대한 아주 좋은 해석이기는 하나, 이와 연관해서 천주교 신학자들이 언급한 베드로전서 3장 18-22절을 설명하는 해석은 아닙니다. 개혁파 신학자들은 이 본문이 이 "음부로 내려 가사"라는 어귀와는 상관이 없는 본문이라고 보는 것입니다. 이것이 바른 태도입니다. 베드로전서 3장은 그리스도의 죽으심과 부활 사이에 어떤 일이 있었는지에 관심을 나타내는 본문이 아니기 때문입니다.

그렇다면 베드로전서 3장이 우리에게 주는 교훈은 무엇일까요? 이왕 언급된 본문이므로 "음부에 내려 가사"라는 어귀와는 상관이 없지만, 이 본문의 의미와 그 교훈을 살피는 것이 도리일 것입니다.

이 본문은 ⑴ 그리스도께서 한 번 죄를 위해 죽으사 의인으로서 불의한 자를 대신 하실 때 "육에 따라서, 또는 육 안에서"(sarki, $\sigma\alpha\rho\kappa\iota$,

소위 관련의 여격) 죽임을 당하셨다고 합니다(18절). 이는 단지 그리스도의 몸만이 고난을 당하셨다고 말하는 것이 아님에 주의해야 합니다. 이와 다음 항에서의 "육을 따라"와 "영을 따라"의 대조는 딤전 3:16, 롬 1:3, 4 등의 대조와 같은 대조로 여겨져야 합니다. 그러므로 이는 구속 사적인 대조이며, 그리스도의 죽음은 자연적이고 물리적인 영역에서 발생했으나, 그의 부활은 영의 영역 안에서 일어났다는 것을 대조하는 것으로 보아야 합니다. 다시 말해서 이는 그리스도의 지상적 형태와 부활한 상태 사이의 대조인 것입니다.

(2) 그러나 그는 "영에 따라서, 또는 영 안에서"(pneumati, πνεύματι) 살리심을 입으셨다고 합니다(18절하). 이는 그리스도의 부활이 단순한 영의 부활이란 뜻이 아니고(그렇다면 부활이 아닐 것이다!), 그의 영육 단일체의 부활이 영적인 영역, 성령의 능력 가운데서 발생한 것이라는 의미입니다. 이 "영 안에서"라는 말은 "하나님의 영이 최고로 그리고 가장 뚜렷이 작용하는 그리스도의 존재의 영역"을 지칭하는 것입니다. 이는 그리스도께서 신령한 몸(spiritual body)을 입으시고 부활하신 것도 함의하는 것입니다.

(3) 그런데 그에 따라 그리스도께서 부활하신 그 영은 이전 시대에도 역사하던 영인바, 본문은 특히 노아의 시대에도 그 영이 작용하여 그 시대에 살던 사람들에게 하나님의 뜻을 선포했었다(ἐκήρυξεν)고 합니다(19절, 20절). 이는 의미 상 그 영이 노아를 통하여 하나님의 뜻을 선포했었다는 뜻이 됩니다.

(4) 그 때에 그 영이 "노아의 날 방주 예비할 동안 하나님이 오래 참고 기다리실 때에 (하나님의 뜻에) 순종하지 않던 자들"은 지금 옥에(ἐ'ν φυλακῇ) 있다고 합니다(19절, 20절). 지금 정죄하에 있는 죄인들은 그리스도의 영이 전에 노아를 통하여 그들에게 전파하였을 때에 불순종했던 사람들입니다.

(5) 그러나 그리스도는 "하늘에 오르사 하나님 우편에 계시고, 천사들과 권세들과 능력들이 저에게 순복한다"고 합니다(22절).

물론 이와 같은 해석에 모든 주석가들이 다 동의하는 것은 아닙니다. 그러나 외경의 에녹서 등에 근거한 주해보다는 여기서 간단히 제시한 주해가 더 성경 전체의 사상과 일치하는 주해라고 여겨집니다. 이에 근거해서 좀더 폭넓게 생각해 보면, 그리스도께서는 영의 영역에서 부활하셔서 하늘에 오르셨고, 그에게 속한 이들도 죽으면 그와 함께 있을 것이니, 하늘에 있을 것입니다. 그러나 어느 시대에든지 그리스도의 영이 그 시대 시대의 종들을 통해서 선포하시는 뜻에 순종하지 않으면 그 영이 옥에 있게 될 것입니다. 그리스도를 믿는 이들이 옥에 있지 않을 수 있는 것은 그들의 죄에 대한 모든 형벌을 그리스도께서 다 담당하셨기 때문입니다. 결국 이 본문 가운데서도 그리스도를 신뢰하는 이들에게 미치는 큰 위로가 담겨 있습니다. 이에 대해서 하나님께 감사하며, 그것을 우리의 삶으로 표현해야 할 것입니다.[2]

---

[2] 이 장에서의 논의를 더 깊이 숙고하고자 하시는 분들은 이승구, 『사도신경』, 제14장을 읽어 보십시오.

제 3 부 성자 하나님과 그의 위로

Ⅲ. 높아지신 그리스도와 그의 사역에서 오는 위로

제 31 강

그리스도의 생애와 사역(8):

"죽은 자 가운데서 다시 살아나시며"

본문: 마태복음 28:1-20, 누가복음 24:1-43.

이제는 우리 주 예수 그리스도의 부활 문제를 생각할 때가 되었습니다. 지금까지는 그리스도의 낮아지신[卑下, humiliation] 지위의 여러 측면을 생각하였지만 이제는 그의 높아지심[昇貴, exaltation]에 대해서 생각하는 것입니다. 그 높아지심의 첫째 일이 그의 부활입니다. 어떤 점에서 이는 가장 중요한 일이라고 할 수 있고, 이 사건에 우리의 구원에 대한 모든 것이 달려 있다고도 할 수 있습니다. 그러므로 이 부활의 사실과 의미를 생각하는 일은 매우 중요한 일이 아닐 수 없습니다. 참 성도는 날마다 이 놀라운 사건의 의미를 신중하게 묵상해야 할 것입니다.

1. 그리스도의 부활 사건 자체

제일 먼저 생각하고 강조할 것은 부활의 역사적 사실입니다. 부활의 역사적 사실을 믿지 않고서는 그리스도의 부활을 믿는다고 할 수 없기 때문입니다. 때때로 그리스도의 부활을 믿는다고 하는 이들 가운데 부활이란 그리스도적 영이 우리 안에 사는 것이라고 하든지, 그리스도적 정신이 우리 안에 있는 것이라고 설명하는 이들이 있습니다. 마치 예수님께서 사역하시는 소문을 듣고서 헤롯이 그러면 죽은 요한의 영이 그 안에서 역사(役事)한다고 말했던 것과 같은 상황이 발생하면, 그것을 부활이라고 할 수 있지 않느냐고 하는 것입니다. 이들은 역사적 시공간 내에서 그리스도께서 부활하신 것과 같은 것은 있을 수도 없고, 있지도 않았으며, 또 있어서도 안 된다고 하는 것입니다. 그러나 우리는 이런 이들에 대해서 그리스도의 부활을 믿는 사람들이라고 할 수 없습니다. 우리가 살고 있는 이 시간과 공간 내에서 죽었던 예수님께서 시공간 내에서 다시 살아나신 것 – 바로 그것이 성경이 말하는 부활입니다.

이를 믿지 않으려고 하는 사람들은 처음부터 이를 반대하기 위한 여러 반론을 제기한 바 있습니다. 가장 오래된 것은 소위 "도적설"입니다. 예수님의 제자들이 예수님의 시체를 훔쳐서 다른 곳에 유기하고서는 예수님께서 부활하셨다는 소문을 내었다는 이 견해는 이미 성경 안에 기록된 바 있는 견해입니다. 마태는 예수님의 시체를 제자들이 도적질하여 갔다는 "이 말이 오늘날까지 유대인 가운데 두루 퍼지니라"(마 28:15)고 기록하여 이런 견해가 당시 유대인들 가운데서 일반적으로 회자(膾炙)되던 견해라는 것을 분명히 하고 있습니다. 마태는 이에 대해 다음과 같이 말하여 이런 잘못된 설명이 어디서부터 왔는지를 밝힘으로써 이 견해에 대한 좋은 변증을 시도하고 있습니다:

(1) [대제사장들이] 장로들과 함께 모여 의논하고,

(2) 군병들에게 돈을 많이 주며 가로되 '너희는 말하기를 "그의 제자들이 밤에 와서 우리가 잘 때에 그를 도적질하여 갔다" 하라'

(3) 만일 이 말이 총독에게 들리면 우리가 권하여 너희에게 근심되지 않게 하리라(마 28: 12-14).

마태의 이런 변증에 의하면, 이 잘못된 설명은 그리스도의 부활이 실제로 발생한 후에 대제사장들과 장로들이 군병들을 매수하여 유포시킨 유언비어인 것입니다. 더구나 이 유언비어가 시사하듯이 제자들이 예수님의 시체를 훔쳐가서 은닉(隱匿)한 후에 그가 부활하셨다고 선언했다면, 그들이 선포하는 것은 결국 그들 자신이 만든 거짓에 근거한 것이 됩니다. 만일에 그렇다면 그런 거짓에 근거한 자신들의 선포에 자신들의 생명을 무릅쓰는 일은 있지 않았을 것입니다.

이외에도 예수님께서 실제로 돌아가신 것이 아니라 십자가에서 탈진하고 기절하셨다가 돌무덤에서 원기를 회복하시고 일어나셨다는 "기절설", 부활이 실제로 일어난 것이 아니라 예수님을 너무 사모하던 제자들에게 환상으로 보이셨다는 "환상설" 등도 제안된 바 있으나, 이 모두가 예수 그리스도의 역사적 부활을 믿지 않으려는 의지에서 나온 궁색한 말들이라고 할 수밖에 없을 것입니다.

현대의 이론가들은 좀더 약아져서 부활을 전면적으로 부인하지 않고, 부활을 인정하는 듯이 말하면서 실제로는 그 부활이 우리가 살고 있는 이 시간과 공간이 아닌 다른 영역에서 일어난 것으로 말하는 일도 있습니다. 그들에 의하면 부활은 하나님의 시간에 하나님의 방식대로 일어났으므로 그것을 타락과 죄로 물든 이 시간과 공간에서 찾아보려고 하는 것은 불신이라는 것입니다. 우리의 생각과 사고 방식을 초월한 것이 하나님의 놀라운 능력으로 일어난 것이 부활이므로, 우리가 그것을 시간과 공간 안에서 찾을 수 없다고 해도 그것을 그대로 받아들이는 부활 신앙이 중요하다는 것입니다. 그러나 이런 시도들도 사실은 부활의 역사성을 부인하는 것이며, 결국 부활의 의미도 손상시키고 마는 것입니다.

그러므로 그리스도의 부활에 대해서 말하면서 우리가 가장 먼저 말해야 하는 것은 그리스도의 부활은 이 시간과 공간 가운데서 실제로 발생한 역사적 사건이라는 것입니다. 예수님께서 부활하신 그 날 새벽에 천사들이 여인들에게 하신 말씀대로 말입니다: "너희는 무서워 말라. 십자가에 못 박히신 예수를 너희가 찾는 줄을 내가 아노라. 그가 여기 계시지 않고, 그의 말씀하시던 대로 살아나셨느니라"(마 28:5, 6). 천사들은 이 사실성을 분명히 하기 위해서 여인들로 하여금 그 사실을 확인하도록 유도하기도 했습니다: "와서 그의 누우셨던 곳을 보라"(마 28:6하). 그리고는 그 빈 무덤의 목격자들에게 다음과 같은 말을 전할 사명을 주었습니다: "또 빨리 가서 그의 제자들에게 이르되 그가 죽은 자 가운데서 살아나셨고 너희보다 먼저 갈릴리로 가시나니 거기서 너희가 뵈오리라 하라"(마 28:7). 부활의 목격자들은 무엇보다 먼저 그 부활 사실에 대한 증언자여야 하는 것입니다.

2. '그리스도의 부활'의 의미

그러나 그리스도께서 시공간 안에서 죽었다가 그 시공간 안에서 다시
살아났다는 것을 믿는다고 해도 성경이 말하는 대로 부활을 믿지 않을
수도 있습니다. 예를 들어서, 예수님의 부활을 다른 죽었다가 살아난
이들이나, 죽음에 가까이 가는 경험을 하고 다시 의식이 회복된 사람들
의 경험과 비슷하게 보는 것은 결국 그리스도의 부활을 믿지 않는 것입
니다. 이런 사람들의 경험과 그리스도의 부활 사이에는 큰 차이가 있는
것입니다. 이 사람들은 그들이 죽기 전이나 죽음에 가까이 가는 경험
이전의 생명으로 다시 돌아 온 것에 불과하지만, 그리스도는 한 번 죽
으신 후에 "다시는 죽지 아니하는 생명"으로 사신 것입니다. 바울은 이
렇게 말합니다: "그리스도께서 죽은 자 가운데서 다시 사셨으매 다시
죽지 아니하시고 사망이 다시 그를 주관하지 못할 줄을 앎이로라"(롬
6:9). 그리고 이런 삶은 "하나님께 대해 사는 삶"입니다(롬 6:10). 그것이
그리스도의 부활의 독특성입니다. 그러므로 이런 부활은 참된 의미의
생명과 삶의 부활이므로 참된 의미의 생명적 사건이라고 할 수 있습니
다.

그리고 성경에서는 이 일이 "성령 안에서, 혹은 성령으로"(ἐν πνεύ
ματι) 된 일임을 강조합니다: "성결의 영으로 죽은 가운데서 부활하여"
(롬 1:4), "영으로는 살리심을 받으셨으니"(벧전 3:18). 그러므로 그리스도
의 부활은 영적인 사건이며, 영적인 몸으로 부활하게 만드는 사건입니
다. 성경에서는 때때로 성부께서 그를 일으키셨다고도 하며, 성자께서
스스로 생명을 다시 취하셨다고도 하고, 성령께서 그를 일으키셨다고도
말합니다. 그러므로 하나님의 하시는 일이 대개 다 그러하지만 부활이

야말로 삼위일체적인 사건의 전형이라고 할 수 있습니다.

이런 부활은 구속사적인 사건입니다. 십자가와 함께 객관적으로 우리를 위한 구원의 근거가 되는 사건인 것입니다. 십자가 사건이 사실상 구원의 사건임을 선포하는 하나님의 긍정으로서의 부활은 항상 십자가와 떨어뜨려서 생각할 수 있는 일이 아닙니다. 예수 그리스도의 십자가에서의 죽음이 헛된 것이 아니고, 죽음이 마지막이 아니라는 것을 이 부활보다 더 잘 표현할 수는 없는 것입니다. 이 부활은 십자가의 궁극적 구원적 의미를 드러내는 사건이며, 우리의 구속의 객관적 근거를 마련하는 사건들 중의 하나입니다.

따라서 우리는 그리스도의 이 부활 안에서 구원받는다고 할 수 있습니다. 위에서 언급한대로 객관적으로도 그렇거니와 이 객관적 구원이 우리에게 적용되는 것도 이 부활 안에서 된다고 할 수 있습니다. 우리는 부활하신 그리스도와 하나가 되는 것이며, 그리스도와 함께 죽고 살아난 것이며(롬 6:3-5), 따라서 우리가 죽었고 우리의 생명이 그리스도와 함께 하나님 안에 감추인 것이고(골 3:3), 함께 일으키사 그리스도 예수 안에서 함께 하늘에 앉혀진 것입니다(엡 2:6). 이 부활 생명을 받아 중생하고(벧전 1:3), 이 부활로 말미암아 의롭다하심을 얻으며(롬 4:25), 부활 생명의 능력으로 날마다 거룩함을 구현해 나아가며, 후에는 우리의 몸까지도 이 부활의 능력 안에서 그리스도의 부활체와 같은 부활체로 변화할 것입니다. 이처럼 우리의 구원의 모든 과정이 다 그리스도의 부활과의 연관 가운데서 이루어지는 것입니다. 그러므로 부활은 주관적으로도 구원적 사건입니다.

마지막으로 이 모든 것을 종합해서 말하자면 부활은 종말론적 사건입니다. 이 부활은 그리스도의 생애와 선포와 십자가 사건과 함께 그리스도께서 종말의 질서를 이 세상 안에 도입해 들이시는 일의 하나이고, 그리스도의 메시아적 사역에서 우리에게 임하여 온 종말의 때에 일어난 일이고, 종말론적 구원을 이루는 사건입니다. 그러므로 부활은 (1) 아담에게 이미 약속되었던, 그러나 그가 불순종하므로 얻을 수 없었던, 그렇지만 그리스도의 순종으로 말미암아 우리에게 주어지는 종말론적 생명의 드러남이며, (2) 삼위일체 하나님의 종말론적 사역의 하나이며, (3) 구속사 중 종말에 속한 사건이고, (4) 우리의 종말론적 구원이 그 안에서 발생하는 사건이라는 의미에서 이 모든 것을 종합하는 종말론적 사건이라고 할 수 있습니다.

이와 같은 것이 그리스도 부활의 의미라고 할 수 있습니다. 이를 다시 한 번 더 정리하는 의미에서 하이델베르크 요리문답을 따라서 이 부활이 우리에게 주는 유익을 생각해 보기로 하겠습니다.

3. '그리스도의 부활'의 유익

하이델베르크 요리문답 제 45 문답에서는 부활이 우리에게 주는 유익을 다음과 같이 세 가지 측면에서 요약하여 제시하고 있습니다.

첫째로, "그의 부활로 그는 죽음을 정복하셔서 그가 자신의 죽음으로써 우리를 위해 얻으신 의에 우리가 참여할 수 있게 하십니다." 그의 부활에서 객관적으로 나타난 것은 죽음을 정복하신 것입니다. 따라서 이제는 그의 죽음과 부활로 말미암아 그가 위해 죽고 살아난 이들에게는 더 이상 죄에 대한 형벌로서의 죽음이 그 무서운 세력을 미치지 못하는 것입니다. 그 첫째 유익으로 그리스도의 죽으심과 부활에 연합된 자들은 그리스도께서 얻으신 의(義)에 참여하게 되는 것입니다. 그래서 이 사람들은 그리스도의 의 때문에 의인으로 간주되어 지는 것입니다. 이것이 "예수는 우리의 범죄함을 위하여 내어줌이 되고, 또한 우리를 의롭다 하심을 위하여 살아나셨느니라"(롬 4:25)는 말씀의 중요한 의미의 하나입니다.

둘째로, "우리는 또한 그의 능력으로 지금 새로운 생명에로 일으킴을 받는 것입니다." 이것은 우리의 중생에 대한 언급이라고 할 수 있습니다. 그리스도의 부활 생명이 우리에게 심겨져서 우리가 이 생명의 원리에 따라 살아가는 일이 가능하게 된 것입니다(롬 6:4 참조). 따라서 성도들이 지금 여기서 사는 것은 이 새 생명 가운데서 살아가는 것이라고 할 수 있습니다. 우리의 날마다의 삶을 새 생명 가운데서 사는 삶으로 살 수 있는 근거가 우리의 중생에서 발생하는 데, 이는 그리스도의 부활 생명이 우리에게 심겨지는 일입니다.

셋째로, "그리스도의 부활은 우리의 복된 부활에 대한 분명한 보증이 됩니다." 그리스도께서 부활한 것은 우리의 부활이 그와 같은 부활이 되리라는 것을 분명히 확증하는 것이 됩니다. 그리스도께서 몸을 가지고 다시 사셨으므로 우리도 몸을 가지고 살 것이며, 그리스도께서 신령한 몸으로 다시 사셨으므로 우리도 신령한 몸으로 다시 살게 되는 것입니다.

이 모든 유익이 그리스도의 부활로 말미암아 우리의 것이 되었습니다. 이 일에 대해서 그리스도께 감사하는 일이 우리에게 있어야 할 것입니다. 그것은 (1) 그리스도의 부활 사건을 성경을 따라서 그대로 인정하는 일과 (2) 그 부활 사건의 의미를 날마다 깊이 묵상하는 일과 (3) 그 부활 생명에 충실한 삶을 날마다 의미 깊게 살아가며, (4) 장차 있게 될 우리의 몸의 부활에 대한 소망을 분명히 하며 그에 걸맞게 살아 나가는 일로 표현되는 것입니다. 이런 표현이 우리에게 있지 않을 때 우리는 스스로 우리가 과연 그리스도의 부활을 믿는가 하는 것을 물어야 할 것입니다. 우리 모두가 그리스도의 부활을 참으로 인정하며 그에 대해 깊이 감사하는 사람인지요? 우리 모두가 그런 사람들이 될 수 있기를 원합니다.

제 32 강

그리스도의 생애와 사역(9):

"하늘에 오르사"

본문: 사도행전 1:6-11, 빌립보서 2:8-11,

히브리서 9:11-14, 10:11-14.

부활하신 예수님께서는 40여 일의 기간 동안 때때로 제자들에게 나타
나셔서 당신님께서 분명히 부활하셨음을 나타내 보이시며, 자신의 사역
과 죽으심의 의미를 구약 성경에 근거하여 설명해 주시고, 그들을 부활
의 증인으로 세우시며 사명을 주시고서는 하늘로 올라가셨습니다. 오늘
은 이 승천 사건과 그 의미에 대해서 생각해 보기로 하겠습니다.

1. 그리스도의 승천 사건 자체

제자들에게 때때로 나타나셔서 자신의 죽으심의 의미와 그들이 할 일을 말씀하시던 부활하신 예수님께서 베다니 앞에서는 제자들을 자신의 부활의 증인으로 세우시는 말씀을 하시고서 "저희 보는데서 올리워" 가셨습니다. 그리고 나중에는 "구름이 저를 가리워 보이지 않게 되었습니다"(행 1:9). 그리고 이 때 이 광경을 쳐다보고 서 있는 제자들 곁에 서 있던 흰 옷 입은 두 사람이 예수님께서는 "너희 가운데서 하늘로 올리우셨다"고 말하면서, 그 예수님께서는 "[너희들에] 하늘로 가심을 본 그대로 오시리라"고 약속해 주고 있습니다(행 1:11). 예수님께서 이렇게 하늘로 올라가신 것을 우리는 승천(昇天)이라고 표현합니다. 그의 처하시는 거처의 변화, 장소적 이동(local transition)이 승천에서 발생한 것입니다. 그리스도의 거처가 지상에서 하늘로 옮기신 것입니다.

그러므로 이후로는 그리스도께서 그 흰 옷 입은 두 사람들의 약속과 같이 이 땅에 다시 오실 때까지는 하나님이 계신 하늘에 계십니다. 이 "하늘"(heaven)을 바울은 "위"라고 표현하기도 하고(골 3:1), 예수님과 다른 유대인들과 같이 "낙원"(paradise)이라고 표현하기도 합니다(고후 12:4). 그런데 이 "하늘"(heaven)은 우주론적인 하늘이 아니라고 할 수 있습니다. 왜냐하면 그 하늘은 우리의 눈에 보이는 저 하늘 높이에 가면 어딘가에 있는 것이 아니기 때문입니다. 옛날에 유대인들이 생각하듯이 대기권과 성층권 밖에 있는 하늘이 하나님이 계신 하늘인 것은 아닙니다. 그러나 하나님이 계신 곳을 전통적으로 "하늘"(heaven)이라고 칭해 왔거니와 이렇게 하나님께서 계신 "하늘"은 (비록 우리가 그곳을 어디에 있는지 모르고, 그 곳이 어떤 성격을 가지고 있는지 규정할 수 없다고 해도) 분명히 실재하는 장소입니다. 그 하나님이 계신 "하늘"로 예수 그리스도께서 이 땅에서의 사역을 마치시고 오르신 것입니다. 그러므로 그 자신의 입장에서는 그가 이전에 계셨던 곳으로 되돌아가신 것이라고 할 수 있습니다. 그러나 그저 장소만 옮기신 것이 아니라, 그가 "창세 전에 아버지와 함께 가졌던 영화"를 다시 취하신 것입니다(요 17:5).

그러나 한 가지 차이가 있다면 성육신하시기 전에는 성자의 신성만이 "하늘"에서 하나님과 함께 있었던 것에 비해서, 이제 승천에서는 그의 인성이 함께 "하늘"에 오르신 것입니다. 부활하신 그리스도의 영혼과 몸은 이제 영화로운 자태를 가지고 "하늘"에 계시는 것입니다. 그렇게 때문에 그리스도의 승천에서는 그의 거처의 변화만이 아니라, 그의 존재 상태의 어떤 변화가 동반되었다고 보는 것이 합당합니다. 그가 "하늘"에서 사시기에 합당한 영광의 모습으로 변화하신 것입니다.

그러므로 승천하셔서 "하늘"에 계신 그 분을 보게 되면, 이전에 그가 지상에 계실 때나 부활 후 승천하시기 전에 그를 뵙는 것과는 다른 굉장한 영광의 빛남 앞에 서게 되는 것입니다. 예를 들어서, 바울이 다메섹 도상에서 승천하신 영광의 주님을 뵈었을 때 "홀연히 하늘로서 해보다 더 밝은 빛이 저를 둘러 비취었습니다"(행 9:3, 22:6, 26:13). 그 상태에서 진행된 주님과의 대화 후에 그는 그 영광스러운 빛의 광채로 인하여 사흘 동안 보지 못하고 음식도 전혀 먹을 수 없었습니다(행 9:9, 22:11). 또한 요한이 밧모섬에서 승천하여 하늘에 계신 주님의 현현(顯現) 앞에 서서 그의 모습을 보게 되었을 때에 요한은 "그 발 앞에 엎드려져 죽은 자 같이" 되었던 것입니다(계 1:17). 이런 것들은 하늘에 계셔서 그의 영광 가운데 계신 주님의 모습이 가진 영광과 능력을 잘 예증해 주는 것이라고 할 수 있습니다.

그러므로 승천하신 그 분은 지극히 높여진 것입니다. 이는 지금도 그러하고 후에는 모든 피조물이 이 사실을 다 인정하게 될 것입니다. 이점을 잘 알고 있는 사도 바울은 이 인정이 마치 지금 다 이루어진 일인 양 다음과 같이 찬양할 수 있었습니다: "하나님이 그를 지극히 높여 모든 이름 위에 뛰어난 이름을 주사 하늘에 있는 자들과 땅에 있는 자들과 땅 아래 있는 자들로 모든 무릎을 예수의 이름에 꿇게 하시고, 모든 입으로 예수 그리스도를 주라 시인하여 하나님 아버지께 영광을 돌리게 하셨느니라"(빌 2:10-11). 따라서 지금 이 사실을 인정하고 예수님을 주님이시라고 인정하며, 그에게 합당한 영광을 돌리는 이는 참된 지각이 있어 그것을 바로 사용하는 것입니다.

2. 승천과 관련된 신학적 문제 하나: "인성 밖에도 계시는 신성"

승천 이후의 그리스도의 존재와 관련해서 우리가 생각해 볼 수 있는 신학적 문제가 하나 있습니다. 그것은 하늘 영광 가운데 계신 그리스도는 그의 인성으로서는 더 이상 제자들과 함께 있지 않다는 것과 관련된 문제입니다. 다양한 신학 사조 가운데서 우리가 가진 개혁 신학을 하던 우리의 선배들은 이 점을 아주 분명히 천명해 왔습니다. 왜냐하면 개혁파 신학에서는 "신성은 신성이고, 인성은 인성이라는 원리"에 끝까지 충실했기 때문입니다. 승천하여 하늘 영광 가운데 있는 인성이라도 그것이 인성인 이상 인성의 고유한 특징을 유지하는 것이지, 그 인성이 신성화하는 것이 아니기 때문입니다.

개혁파 신학자들은 루터파 신학이 주장하는 바와 같이 부활 승천 이후에는 인성에도 신성의 성질이 적용될 수 있어서 그리스도의 인성도 신성과 같이 어디에나 다 있을 수 있다고는 할 수 없었습니다. 즉, 그리스도의 신성과 인성 사이의 본질적인 속성교류(*communicatio idiomatum*)는 인정할 수 없었던 것입니다. 하이델베르크 요리문답은 이런 개혁파의 전통을 잘 반영하면서 다음과 같이 매우 분명하게 이점을 선언하고 있습니다: "그의 인성으로는 그는 더 이상 땅 위에 계시지 않는 것입니다"(하이델베르크 요리문답 제47문답). 따라서 이 세상에 사는 동안 우리는 그리스도와 따로 거하는 것입니다. 그의 인성은 하늘에 있고 우리는 이 땅에 있기 때문입니다.

그러나 그의 신성은, 인성과는 달리, 시공을 초월하시므로 하늘에 계시면서도 동시에 우리와 함께 계실 수 있습니다. 이렇게 그의 신성은 그의 인성 밖에서도(*extra humanum*) 역사하시고 작용하시는 것입니다: "그의 신성과 엄위와 은혜와 영으로는 그가 그 어느 때에도 우리에게서 떠나 계신 때가 없는 것입니다"(하이델베르크 요리문답 제47문답). 그리스도의 신성이 인성 밖에서도 역사하고 사역한다는 이런 주장은 칼빈주의자들이 열심히 주장하는 것이었으므로 루터파 신학자들은 이에 대해서 "칼빈주의 신학이 주장하는 '밖에서'"(*extra Calvinisticum*)라는 별명을 붙일 정도였습니다.

그러나 이는 칼빈주의자들만이 하는 주장이 아니고 성경이 우리에게 잘 보여주고 있는 중요한 교훈의 하나인 것입니다. 예를 들자면, 부활하신 주님께서는 그의 사역을 하는 제자들과 "세상 끝날 까지 항상 함께 있으리라"고 말씀하셨고(마 28:20), 또 그 이전에 가르치실 때에도 주의 이름으로 치리를 하기 위해 "두 세 사람이 내 이름으로 모인 곳에는 나도 그들 중에 있느니라"고 말씀하셨던 것입니다(마 18:20). 그러므로 그리스도께서는 그의 신성으로 오늘도 하늘에 계시면서도 동시에 우리와 함께 하십니다. 그의 신성으로 우리들의 교회와 함께 하시고 우리를 다스리시고 인도하시는 것입니다. 이를 생각하는 것은 우리에게 얼마나 큰 힘이 되는 것인지 모릅니다. 그러나 그가 다시 이 땅에 오시기 전까지는 그의 인성(人性)으로는 그가 하늘(heaven)에만 계시는 것입니다.

3. '그리스도의 승천'의 구속사적 의의

그렇다면, 그리스도께서 하늘에 오르신 일이 그가 이루신 구속 사역과
는 어떤 관계가 있을까요? 히브리서에서는 구약의 희생 제사 제도의 빛
에서 그리스도의 승천을 그의 구속 사역과 관련하여 아주 독특하게 바
라보고 있습니다.

히브리서 기자는 먼저 다른 신약 저자들과 같이 예수님께서 십자
가에 달려 돌아가신 일이 구약의 희생 제사들이 바라보던 실질적 희생
제사를 드린 것이라고 천명하는 일을 합니다. 다음과 같은 구절들을 깊
이 생각해 보십시오: "염소와 송아지의 피로 하지 아니하고 이제 자기
를 단번에 제사로 드려 죄를 없게 하시려고 세상 끝에 나타나셨느니
라"(히 9:26); "이와 같이 그리스도도 많은 사람의 죄를 담당하시려고 단
번에 드리신 바 되셨고"(히 9:28); "예수 그리스도의 몸을 단번에 드리심
으로 우리가 거룩함을 얻었노라"(히 10:10); "오직 그리스도는 죄를 위하
여 한 영원한 제사를 드리시고"(히 10:12); "이것을[저희 죄와 불법] 사하셨은
즉 다시 죄를 위하여 제사드릴 것이 없느니라"(히 10:18). 이 속죄는 십자
가에서 이루어진 일입니다.

그런데 구약의 희생제도에 의하면, 이렇게 희생 제사를 드린 후에
는 제사장이 그 희생제물의 피를 가지고 지성소 안으로 들어가서 지성
소와 그 권속과 이스라엘 온 회중을 위해 기도하며 속죄를 이루도록 했
었습니다(레 16:14-17 참조). 히브리서 기자는 이를 상기시키면서 그리스도

도 자신의 몸과 자신의 피로 온전한 희생제사를 드린 후에 "단번에 성소에 들어가셨다"(히 9:12)라고 말하고 있습니다. 그러므로 어떤 의미에서는 그리스도께서 이루시는 속죄는 그가 희생 제사를 십자가에서 드리시고, 그 피의 공효(功效)를 가지고 하늘 성소로 들어가서서 그것을 그백성들에게 적용시켜 주실 때에 이루어진다고 할 수 있습니다. 따라서히브리서 기자의 생각에 의하면, 그리스도의 승천 사건은 그 자체로 속죄 사건의 한 부분을 감당하는 것입니다. 그리스도께서 "하늘"에 오르사 하나님 앞에 서신 것으로 그 속죄가 완성된다는 것입니다. "그리스도께서는 참 것의 그림자인 손으로 만든 성소에 들어가지 아니하시고오직 참 하늘에 들어 가사 이제 우리를 위하여 하나님 앞에 나타나시고"(히 9:24). 즉, 옛날에 대제사장이 속죄의 피를 가지고 지성소에서 백성을 위해 하나님 앞에 서서 기도하여 속죄를 이룬 것처럼, 그리스도는자신의 희생의 피를 가지시고 하늘 성소에서 우리를 위하여 하나님 앞에 나타나신 것이라는 것입니다. 이를 위해 그리스도는 승천하신 것입니다.

(그러나 여기서 사족을 하나 붙여야 할 것이 있습니다. 그것은 하늘 성소 등의 용어를 문자적으로 이해해서 마치 하늘이 성소라거나, 하늘의 한 부분에 성소가 있는 듯이 생각해서는 안 된다는 것입니다. 이런 용어를 사용하신 것은 이스라엘의 희생제사 제도를 생각하면서 그와 연관시켜 이해를 돕도록 한 조치입니다. 그러므로 이는 비유적인 의미를 가진 말입니다. 이제 그리스도께서 그의 희생의 피를 가지고 하늘에 오르셨으니 하늘이 성소와 같다는 의도로 쓴 말이라는 말입니다. 또한 하늘에 오르신 그리스도는 문자적으로 그의 피를 뿌리거나 하는 일을 하시는 것이 아닙니다. 그가 이루신 십자가 희생의 피의 적용을 비유해서 그렇게 사용할 수 있는 것입니다. 이런 것들은 성경의 용어들을 조금만 더 주의해서 생각해 보면 알 수 있는 말입니다).

그러므로, 이 둘, 즉 십자가에서의 희생 제사와 하늘 성소에서의적용은 두 가지 다른 것으로 분리할 것이 아니라, 하나의 속죄 사실의두 측면으로 이해해야만 하는 것입니다. 하나님과 그리스도의 생각 속에는 이 둘이 결코 뗄 수 없게 하나로 연관되어 있는 것입니다. 단지 히브리서 기자가 이스라엘의 희생 제사 제도에 맞게 그리스도의 희생제 사를 설명하면서 이와 같이 나누어 설명하여 그 의미를 드러낸 것입니다. 그러므로 승천은 그리스도의 속죄 사역의 한 부분을 차지하는 중요한 일입니다. 그리스도의 사역을 하나 하나 뗴어내어서 생각할 수 없고 전체적으로 바라보아야만 한다는 것을 여기서도 깊이 느끼게 됩니다.

따라서 우리는 그리스도의 생애 전체, 특히 오늘 우리가 고찰하고 있는 승천과 관련해서도 하나님께 감사를 드려야만 합니다. 그것이 이룬 '우리의 온전한 구원'이라는 놀라운 결과를 생각한다면 어찌 그렇게 하지 않을 수 있겠습니까? 하늘로 올리어 가시는 주님을 바라보면서 그 분을 생각하던 제자들 보다 더한 확신과 소망과 감사가 승천하셔서 하늘에 계신 영광스러운 주님을 생각하는 우리의 마음속에 있어야만 할 것입니다. 그렇게 되어야만 우리가 승천하셔서 하늘 영광 중에 계신 그리스도를 믿는 것이라고 할 수 있습니다. 그러므로 그리스도의 승천을 믿는가 하는 질문은 그저 그 사실을 인정하는가 하는 것 이상의 깊은 함의를 지닌 것입니다. "당신은 진정으로 그 의미를 다가지고서 그리스도의 승천을 믿는 것입니까?" 이것이 우리가 승천에 대한 논의를 마치면서 스스로에게 묻고자 하는 질문입니다.

제 33 강

그리스도의 생애와 사역(10):
"하나님 우편에 앉아 계시다가"

본문: 시편 110편, 빌립보서 2:9-11.

승천하신 예수님은 하늘에서 "하나님 우편에 앉아 계신다"고 표현하고 있습니다. 오늘은 이 표현이 과연 무슨 뜻이고, 어떤 의미를 가지고 있는지를 생각해 보도록 하겠습니다. 이는 승천하신 주님의 천상적 사역 (heavenly ministry)이 어떤 것인지를 짐작하게 해주는 매우 중요한 표현이 아닐 수 없습니다. 예수님을 사랑하는 그리스도인들은 지금 예수님은 하늘에서 무엇을 하고 계시는지를 생각하지 않을 수 없는데, 이 표현은 지금 우리가 사랑하는 주님께서 무엇을 하고 계신지를 말해 주는 것이기에 매우 흥미롭고 중요한 것이라고 할 수 없습니다. 그러면 먼저 예수님께서 "하나님 우편에 앉아 계신다"는 이 표현 자체에 대한 고찰부터 시작해 보기로 하겠습니다.

1. 그리스도께서 "하나님 우편에 앉아 계신다"는 표현 자체

예수님께서 "하나님 우편에 앉아 계신다"는 것은 문자적으로 과연 하나님의 보좌 우편에 예수님께서 앉아 계심을 뜻할까요? 그는 그 보좌에서 주무시지도 않고, 졸지도 않으시고 지난 2,000년 동안 앉아 계신 것일까요? 아니면 하늘 다른 곳에는 그의 침대도 있고 해서 일정한 시간은 쉬시고 주무시고, 또 주로는 그 보좌 우편에 앉아 계신다는 뜻일까요? 이 표현은 과연 무슨 뜻을 가진 표현입니까?

이를 바로 이해하기 위해서는 먼저 "하나님께서 하늘에 앉아 계신다"는 표현의 의미부터 잘 생각해 보아야만 합니다. 이 표현이 그저 하나님이 어디에 앉아 계신 것을 의미하는 것이 아님은 하나님의 어떠하심을 잘 생각해 보면 곧 명백히 드러납니다. 하나님은 무엇보다 먼저 "영"(靈)이시므로, 또한 영(靈)은 몸(또는 신체, body)을 가지고 있지 아니하므로, 그는 우리처럼 어디에 앉아 있고, 서 있고, 누워 있고 하시는 것이 아니시라는 것은 조금만 생각해 보면 누구나가 다 잘 알 수 있는 것입니다. 그런데도 성경에서와 신조들에서 "하나님께서 하늘에 앉아 계신다"고 표현한 것은 하나님을 인간에 비유하여 표현해서 우리로 하여금 잘 이해하도록 하기 위한 소위 "신인동형론적 표현법"(antropomorphism)의 하나입니다. 그런데 성경에서는 항상 그저 하나님이 "앉아 계신다"

고 하지 않고, 어디에 앉아 계신다는 것을 분명히 하고 말합니다. 즉, 그의 보좌에 앉으신다고 말하는 것입니다.

그런데 이렇게 여호와께서 그의 보좌를 하늘에 가지고 계시다는 것도 사실은 문자적이고 물리적인 보좌가 하늘에 있다는 것이 아니라 일종의 신인동형론적 표현으로서 인간 왕이 그의 보좌에 앉아서 그의 나라를 다스리듯이 하나님께서는 온 땅의 왕으로 온 땅을 다스리신다는 것을 그렇게 표현하는 것입니다. 이는 다음 시편 구절의 병행법적 표현에서도 잘 나타나 있습니다: "여호와께서 그 보좌를 하늘에 세우시고, 그 정권으로 만유를 통치하시도다"(시 103:19). 그 보좌를 하늘에 세우신다는 것은 결국 만유를 통치하신다는 것으로 달리 표현될 수 있다는 것입니다. 그러므로 하나님께서 보좌에 앉으셨다는 것도 하나님께서 왕으로서 온 세상을 다스리신다는 표현이 되는 것입니다.

승천하신 예수님께서 하나님 우편에 앉아 계신다는 것도 이와 같은 생각과 연관해서 이해해야만 합니다. 즉, 이것을 하나님의 통치하심, 다스리심과 연관해서 생각해야만 한다는 것입니다. 그런데 "우편"(오른 편)이란 무엇을 뜻할까요? 동양인들은 대개 우편은 바른 편이고 옳은 편이라고 생각하는 경향이 있습니다. 그래서 유대인들에게 주신 계시에서도 우편이란 그런 함의를 지니고 있었습니다. 더구나 하나님의 보좌 오른 편이란 하나님과 함께 통치하는 권능의 자리, 같은 영예의 자리, 같은 영광의 자리를 의미하는 것입니다. 그러므로 승천하신 예수님께서 하나님 우편에 앉아 계신다고 할 때에는 하늘에 보좌가 몇 개 있고 그 가운데 성부가 앉아 계시고 그 오른 편에 예수님께서 앉아 계신 것처럼 생각해서는 안되고, 이제 인성을 가지신 성자께서 승천하신 후에 권능의 자리에서 영광의 자리에서 하나님의 세계 통치에 참여하신다는 것으로 이해해야 하는 것입니다.

2. 그리스도의 통치의 의미(1): "은혜의 왕국"을 다스리시는 그리스도

승천하신 예수님께서 이제 온 세상을 다스리신다고 할 때에 가장 먼저 생각해야 하는 것은 그가 자신의 오심과 생애와 십자가 죽으심과 부활과 승천과 성령을 부어주심으로써 세우신 "하나님의 나라"(kingdom of God), 또는 하늘 나라[天國, kingdom of heaven]를 다스리신다는 것입니다. 이를 신학적으로는 "은혜의 왕국"(regnum gratiae)이라고 선인들이 불러 왔습니다.

　　그리스도는 무엇보다 먼저 이 은혜의 왕국을 다스리시고 인도하시며 이끌어 가시는 것입니다. 그것은 이 땅에서 "교회"라는 형태로 드러나는 것입니다. 하늘에 계신 교회의 왕께서 오늘도 이 땅에 있는 교회를 다스리시는 것입니다. 그의 기록된 말씀과 그에 대한 바른 해석과 선포, 그리고 성령의 사역을 통해서 그는 지금도 이 일을 하시는 것입니다. 그러므로 성령님의 인도하심에 민감하게 말씀을 통해서 다스리시는 그리스도에게 복종하는 이들은 교회의 참된 성원으로서 그들의 왕이신 그리스도를 높이고 존귀하게 하는 것입니다. 그러나 교회를 무시하거나, 교회가 하나님 나라적 성격을 가지지 못하게 하거나, 교회의 왕이신 그리스도께서 그의 말씀을 통해 주시는 바를 혼잡하게 하거나 복종하지 않거나, 교회의 참된 사랑을 파괴하는 이들은 그 왕이신 그리스도를 모독하는 것이고, 무시하는 것입니다. 우리는 이 일을 생각하면서 우리의 왕이신 그리스도께서 오늘도 우리를 다스리신다는 사실 앞에 서 있어야 합니다. 이를 유념한다는 것은 우리의 삶 가운데서 구체적으로 어떻게 나타날까요?

첫째로, 이는 그리스도의 교회가 하나님 나라적 성격을 잘 나타내도록 힘쓰는 것으로 나타나야 합니다. 우리가 교회의 바른 성원 구실을 하지 않는다면 그것은 그저 교회만을 무시하는 것이 아니라, 교회의 왕이신 그리스도를 무시하는 것이 되기 때문입니다. 우리가 속해 있는 지역 교회가 하나님 나라를 드러내는 교회다운 모습을 잘 드러내도록 해야 하는 것이 우리의 일차적인 의무입니다. 그것을 위해 교회의 모임에서는 무엇보다 먼저 하나님의 말씀에 대한 깊이 있는 이해에 그 초점이 맞추어져야 하고, 그 공동체 전체와 개인은 그 깊은 이해에 근거한 하나님 나라적 사상을 갖고, 그것에 근거해서 그 교회와 그 사회와 그 개인들이 직면한 문제를 판단하고 적용해 나가도록 해야 할 것입니다. 이런 일이 앞서면서 그 성원들은 먼저 그들간의 깊은 사랑의 교제를 나누고, 후에는 그 사랑을 교회밖에 있는 사람들에게까지 번져가게 해야만 합니다. 그것이 우리의 왕이신 그리스도께 순종하는 일의 한 부분인 것입니다.

둘째로, 교회 공동체와 개개인이 성경에서 가르치시는 그리스도의 품성이 성령의 능력으로 그들 가운데서 잘 나타나도록 해야만 합니다. 이렇게 될 때에 그리스도의 통치가 구체적으로 표현되는 것입니다. 우리가 그리스도의 어떠하심을 드러내지 못할 때, 그것은 결국 우리 왕의 통치를 잘 받지 않는 것입니다. 우리 개인의 마음의 움직임에서나 다른 이들에 대한 태도에서나, 주어진 일을 하여 나가는 과정에서 이런 것들이 잘 나타나야만 하는 것입니다. 우리가 마땅히 그렇게 해야 하는 이유는 우리의 왕이 하늘에서 지금도 우리를 다스리시기 때문입니다.

3. 그리스도의 통치의 의미(2): "권능의 왕국"을 다스리시는 그리스도

이렇게 그에게 속한 백성들과 그 공동체인 "은혜의 왕국"을 다스리시는 그리스도는 또한 "권능의 왕국"(regnum potentiae)을 다스리시는 왕이시기도 합니다. 이 "권능의 왕국"이라는 말은 온 우주와 이 세상에 보편적으로 적용되는 그리스도의 다스리심을 지칭하는 말입니다. 이런 의미에서 부활하신 주님은 "하늘과 땅의 모든 권세"를 자신이 받았다고 말씀하셨던 것입니다(마 28:18). 그러므로 이 세상에 있는 것들 중에서 우리 주 예수 그리스도의 다스림 밖에 있는 것은 하나도 없습니다. 심지어 사탄이라도 이 그리스도의 권능의 왕국의 다스림 아래에 있는 것입니다. 이렇게 온 세상에 보편적으로 적용되는 그리스도의 왕권을 그리스도의 보편적 왕권이라 하고, 그 왕권의 시행을 "권능의 왕국"이라고 하는 것입니다.

그런데 이 "권능의 왕국"은 교회, 즉 그의 은혜의 왕국에 대한 그리스도의 다스림을 위해 존재하는 일입니다. 즉, 우리 주님께서는 당신님의 교회를 위해서 이 세상 전체를 다스리시는 것입니다. 따라서 교회는 이 세상에 있으면서 두려워할 수 없습니다. 온 세상에서 가장 보편적이고 가장 큰 힘을 가지고 있는 음부의 권세라도 교회를 해할 수 없는 것은 이 세상 전체가 교회를 위해 그리스도의 다스림 아래에 있기 때문입니다. 그래서 우리 주님은 이 전에 "내가 내 교회를 세우리니, 음부의 권세가 이기지 못하리라"고 말씀하셨던 것입니다(마 16:18).

이것을 다른 측면에서 바라보면서 표현한다면, 이 세상이 지금 멸망하지 않고 존재할 수 있는 것이 결국은 이 세상 안에 존재하고 있는 교회 때문이라는 것입니다. 교회가 이 땅 위에서 세워지고 전진해 나가도록, 또 교회가 그 은혜의 왕국의 성격을 잘 드러내도록 그리스도께서는 이 세상도 주재하시며 통제해 나가시는 것입니다. 그러므로 사실은 온 세상이 이 땅에 있는 교회의 덕을 보고 있는 것이며, 그리스도의 교회에 대한 구속과 통치의 간접적인 은혜 아래에 있는 것입니다.

그리고 종국에 그리스도께서 하늘 보좌로부터 이 세상에 다시 오시게 될 때는 이 은혜의 왕국과 권능의 왕국의 구별이 사라지고 온 세상이 적극적인 의미에서 하나님의 지배 아래 있게 될 것입니다. 그러나 그 때까지는 이 땅에서 은혜의 왕국이 진전해 나가도록 하기 위해서 그리스도께서는 온 세상을 주관하시고 지배하시는 것입니다. 이것에 대해서 고린도전서에서는 "저가 모든 원수를 그 발아래 둘 때까지 불가불 왕노릇하시리라"고 표현했습니다(고전 15:25). 이는 시편 110편 1절에서 "내가 네 원수로 네 발등상이 되게 하기까지 너는 내 우편에 앉으라" 하신 말씀을 반영하는 것입니다.

그러므로 그리스도께서는 지금도 온 세상의 통치자이십니다. 비록 아직 온 세상이 이 사실을 인식하고서 그에게 합당한 영광과 영예를 돌려 드리지 못한다고 해도 그리스도께서는 온 세상을 다스리시는 것입니다. 그는 하나님 우편에서 온 세상을 다스리시는 것입니다. 지금 이 시간도 그리스도는 이 통치를 계속하고 계십니다. 이런 사실을 성경을 통해서 깨닫고 있는 사람답게 우리는 이 왕께 참된 경배와 영광을 돌려드리고 있는지요? 우리의 왕이 하늘 보좌에서 그의 은혜의 왕국에 속한 우리를 중심으로 해서 온 세상을 다스리신다는 것을 생각하면서 우리는 한없는 감사의 마음으로 가득 차서 그리스도를 높이고, 그에게 무궁한 찬양을 돌려야 할 것입니다.[1]

---

[1] 이 장에서의 논의를 더 깊이 숙고하고자 하시는 분들은 이승구, 『사도신경』, 제 17 장, 그리고 『기독교 세계관이란 무엇인가』, 제 3 장을 읽어 보십시오.

제 34 강

그리스도의 생애와 사역(11):

"산 자와 죽은 자를 심판하러 오시리라"

본문: 마태복음 24:23-51, 25:31-46. .

이제까지는 우리 주님의 사역 가운데서 그가 과거에 이루신 사역과 현재 하늘에서 통치하고 계시는 사역을 생각했습니다. 이번에는 우리 주님의 사역 가운데 미래 사역의 일부를 생각해 보기로 하겠습니다. 지금도 살아 계셔서 당신님의 교회와 온 세상을 다스리시고 계시는 주님께서는 언젠가 이 세상에 다시 오셔서, 세상을 심판하시고, 당신님의 나라를 극치에 이르게 하셔서, 그 메시아 왕국을 성부께 돌려드리고, 그

'영광의 왕국'(*regnum gloriae*)에서 삼위일체 하나님으로 영원히 다스리실 것입니다. 그러므로 그리스도의 사역의 미래적 측면은 (1) 이 세상에 다시 오셔서 세상을 심판하시는 일과 (2) 하나님의 나라를 극치에 이르게 하셔서 메시아 왕국을 성부께 돌려드리고 영원히 왕 노릇하시는 일로 구성되어 있다고 할 수 있습니다. 그 중에서 이번에는 그리스도의 다시 오심을 생각해 보도록 합시다.

1. "저리로서 …… 오시리라"

우리는 구속 사역을 이루시고 완성하신 예수님께서 "하나님 우편에 앉아 계신다"고 했습니다. 그가 그곳으로부터, 즉 그가 지금 계신 '하늘'로부터 이 세상에 오시리라고 고백하는 말이 "저리로서 …… 오시리라"는 말입니다. 우리는 이렇게 주님의 오심을 기다립니다. 주님 자신이 자신의 다시 오심을 분명히 말씀하셨기 때문이며(마 24:30, 25:19, 31, 26:64, 요 14:3), 사도들이 이를 믿고 가르쳤기 때문입니다.

그가 위로부터 오시는 것이기에 흔히 '강림'(降臨)이라는 말도 쓰고, 오셔서 현존하실 것이기에 '현존'(現存)이라는 말도 쓰기도 합니다. 이런 두 의미를 다 담아서 하던 말, 즉 현존하시기 위해 오시는 것을 지칭하기 위해 쓰던 말이 '파루시아'(παρουσία, parousia)라는 말입니다 (마 24:3, 27, 37, 고전 15:23, 살전 2:19, 3:13, 4:15, 5:23, 살후 2:1-9, 약 5:7, 8, 벧후 1:16, 3:4, 12, 요일 2:28). 그는 이 세상에 '현존'(parousia)하기 위해서 그가 지금 현존하고 계신 하늘로부터 이 세상에 "오시는 것"(parousia)입니다. 이런 '파루시아'라는 용어의 이중적 의미를 잘 표현하는 한자말은 '내림'(來臨)이라고 할 수도 있을 것입니다. 그런데 그는 이미 한 번 이 세상에 오신 일이 있기에 교회에서는 흔히 그의 이 오심을 '두 번째 오심'이란 뜻으로 '재림'(再臨, second coming)이라고 불러 왔습니다. 이는 당연한 말이므로 성경에 재림이라는 용어가 사용되지 않았다고 해도 그의 두 번째 오심은 당연히 그의 재림이라고 할 수 있습니다.

이 그리스도의 재림은 그의 영광이 나타나는 것이므로 그의 '나타나심'(ἐπιφάνεια, epiphaneia)이라고 불리기도 하고(살후 2:8, 딤전 6:14, 딤후 4:1, 8, 딛 2:13), 때로는 그의 '드러나심' [계시, ἀποκάλυψις, apokarypsis]이라고 불리기도 합니다(고전 1:7, 살후 1:7, 벧전 1:7, 13, 4;13). 그러나 어떤 용어로 불리든지 그것은 위에서 우리가 말한 그리스도의 한 강림 외에 다른 것이 아닙니다. 이 세 가지 용어가 다른 실재를 지칭하는 것이 아니라 한 사건을 지칭하는 용어들인 것입니다. 부활, 승천하셔서 영광 가운데 계신 그리스도의 그 영광이 지금 이 세상 사람들에게는 보이지 않으므로, 그 날에는 그가 영광과 권능 가운데서 다시 오시는 것입니다. 그러므로 그 재림은 그리스도의 영광의 나타남이며, 드러남이신 것입니다.

2. 그리스도의 재림의 방식

그렇기에 재림이란 승천하셔서 지금 하늘에 계신 그 예수님께서 친히 오시는 것이고, 따라서 그의 부활하셔서 승천하신 그 몸으로 오시는 것입니다. 그러기에 모든 사람이 볼 수 있게 가시적(可視的)으로 오시는 것이지, 그저 영적으로나 비가시적인 방식으로 오는 것을 재림이라고 할 수는 없는 것입니다. 물론 그는 지금도 영적으로 우리와 함께 계십니다. 즉, 그는 이미 오순절에 교회에 임재하신 성령님으로 우리에게 오셔서 교회와 세상 끝 날까지 항상 함께 하시는 것입니다. 그러나 그가 이렇게 성령으로 교회에 현존하고 계시다고 해도 그것을 그리스도의 재림이라고는 할 수 없는 것입니다. 그의 영적 임재와 현존이 그의 '파루시아' 일 수는 있으나 재림의 의미에서의 '파루시아' 는 아닌 것입니다. 그의 재림은 분명히 그의 몸으로 임하시는 가시적인 사건이기 때문입니다. 우리 주님께서는 아주 분명하게 "그 때에 땅의 모든 족속들이 통곡하며, 그들이 인자가 구름을 타고 능력과 큰 영광으로 오는 것을 보리라"(마 24:30)고 말씀하신 것입니다.

그러므로 그리스도께서 은밀하게, 비밀스럽게 임하는 사건(secret coming)은 있을 수가 없습니다. 주님께서는 "보라 그리스도가 …… 골방에 있다 하여도 믿지 말라"(마 24:26)고 하셨던 것입니다. 그의 가르침에 의하면 그의 재림은 단번에 이루어지는 공개적인 사건입니다. 따라서 먼저 그리스도의 은밀한 재림이 있고 시간이 흐른 뒤에야 가시적으로 오신다고 말하는 세대주의적 가르침은 매우 위험한 것이고 비성경적인 것이므로 매우 주의해야만 합니다. 그리스도의 가르침에 의하면 "번개가 동편에서 나서 서편까지 번쩍임 같이 인자의 임함도" 온 세상이 다 알 수 있게 공개적으로 일어나는 것입니다(마 24:27).

그러므로 이 재림은 어떤 의미에서는 갑자기 임한다고 할 수 있을 정도의 사건입니다. 주께서 다시 오실 때 사람들은 그저 평범한 일상의 일을 하고 있을 것입니다. 그런 일이 있으리라고 생각하지 않은 때에, 그래서 평범하게 일상의 일을 하고 있을 때에 주께서 오시는 것입니다. 성경에서는 이런 일상의 일 중의 네 가지를 특별히 언급하고 있습니다: "사람들이 먹고 마시고 장가가고 시집가고 있으면서"(마 24:38). 이는 이런 일들이 악한 일이라는 뜻으로 언급된 것이라기 보다는 사람들이 늘상하는 일상의 일이라는 뜻으로 사용된 것입니다. 그러고 있을 때에 갑자기 주께서 임하신다는 것입니다.

그러나 또 한 편으로 보면 하나님 백성에게는 이미 주께서 친히 자신의 재림 이전에 있을 징조들(signs)을 말씀해 주신 것이 있어서 그들은 항상 깨어서 역사의 과정을 바라보며 주의 재림을 바라고 있으므로, 그들은 "어두움에 있지 아니하매 그 날이 도적같이 임하지 못할 것"입니다(살전 5:4). 따라서 성도들은 재림에 대해서 "주의 날이 이르렀다고 쉬 동심하거나 두려워하거나 하지 아니해야" 합니다(살후 2:2). 오히려 "우리는 다른 이들과 같이 자지 말고, 오직 깨어 근신해야" 합니다(살전 5:6). 그렇게 하는 것이 "예비하고 있는 것"이 됩니다(마 24:44). 또한 우리는 "충성되고 지혜 있는 종이 되어 주인에게 그 집사람들을 맡아 때를 따라 양식을 나눠주어야" 합니다(마 24:45). 즉, 주의 오심을 생각하면서 우리에게 맡겨진 일을 열심히 해야 하는 것입니다. 그러므로 깨어 있는 것, 예비하는 것은 어떤 별 다른 일을 하는 것이 아니고, 우리에게 주어진 하나님 나라 백성으로서의 일상의 일을 하나님 나라 백성답게 건실하게 꾸준히 해 나가는 것입니다. 그것이 주의 가르침에 맞도록 재림을 준비하는 것입니다. 다른 어떤 별 다른 일을 하도록 주께서 가르치신 일이 없는 것입니다. 따라서 우리는 단정히 주의 백성답게 우리의 할 일에 열심히 있으면서 주의 재림을 기다려야만 합니다.

3. 그리스도 재림의 전조들

그러면 주께서는 당신님의 재림에 대해서 어떤 전조가 있으리라고 하셨습니까? 어떤 일을 보면 무화과나무의 "가지가 연하여지고 잎사귀를 내면 여름이 가까운 줄을 아는" 것처럼 "인자가 가까이 곧 문 앞에 이른 줄을" 알 수 있습니까?(마 24:32f.) "주의 임하심과 세상 끝에는 무슨 징조가" 있는 것입니까? 주께서는 몇 가지 "때의 징조들"을 일러 주셨습니다. 간단히 그것이 어떤 것인지를 언급하도록 하겠습니다.

(1) 여러 가지 난리가 일어남 -- 전쟁, 기근, 지진 등이 있게 됨 (마 24:6-8). 그러나 이것은 재난의 시작일 뿐이고, 끝은 아직 아님.

(2) 그리스도인들이 환난과 핍박을 받음 -- 그리스도인들이 "예수의 이름을 위하여" 모든 민족에게서 미움을 받고, 환난과 핍박, 고난에 처하게 됨, 이 과정 가운데서 "많은 사람들이 시험에 빠져 서로 잡아 주고 서로 미워하는" 일도 발생할 것임(마 24:9-10). 이는 "배도"하는 일로 나타남(살후 2:3). 그리고 불법, 즉 죄가 성하므로 "많은 사람의 사랑이 식어짐"(마 24:12). 그 일의 극치는 불법의 사람(죄의 사람), 즉 적 그리스도(Anti-Christ)가 나타나 "자존하여 하나님 성전에 앉아 자기를 보여 하나님이라 하는 일"일 것임(살후 2:3-4). 그는 정치적 권세와 경제적 권세를 사용하여 성도와 교회를 극심하게 핍박할 것임. 그러므로 이 극치의 어려움의 때는 "큰 환난"[대환난]이라고 불림. 그 어려움이 얼마나 극심한 지 "그 날들을 감하지 아니할 것이면 모든 육체가 구원을 얻지 못할 것이나, 그러나 택하신 자들을 위하여 그 날들을 감하실 것임"(마 24:22). 그러므로 끝까지 견디는 자는 구원을 얻음"(마 24:13).

(3) 거짓 그리스도와 거짓 선지자들의 출현 -- 거짓 선지자가 많이 일어나 많은 사람을 미혹케 하겠으며(마 24:11), 그들은 "큰 표적과 기사를 보이어 할 수만 있으면 택하신 자들도 미혹하게 할 것임"(마 24:24).

(4) 그러나 "천국 복음이 모든 민족에게 증거 되기 위하여 온 세상에 전파되리니, 그제야 끝이 옴"(마 24:14).

이렇게 네 가지로 정리할 수 있는 것이 주의 재림의 전조들입니다. 그런데 이 네 가지 징조들의 공통점이 있습니다. 그것은 그리스도의 초림 이후로부터 이 모든 일이 계속해서 진행하여 가서 시간이 지남에 따라서 점증해 간다는 것입니다. 예를 들어서, 환난과 핍박은 역사상의 모든 그리스도인에게 공통적으로 있는 일이지만, 최후에는 "대환난"이라고 할 수 있는 극치의 어려움의 때가 있게 된다는 것입니다. 그러므로 우리는 주님의 이런 말씀을 기억하면서 역사를 바라보며 판단을 하여가야 하지만, 동시에 항상 깨어 있어야만 하는 것입니다.

4. "산 자와 죽은 자를 심판하러 오시리라"

주께서 재림하시는 이유 중의 큰 하나는 이 땅에 임하셔서 심판을 하시기 위한 것입니다. "인자가 자기 영광으로 모든 천사와 함께 올 때에 자기 영광의 보좌에 앉아서 모든 민족을 그 앞에 모으고 각각 분별하기를 목자가 양과 염소를 분별하는 것 같이" 할 것입니다(마 25:30-32). 모든 사람들이 다 그 심판대 앞에 서는 것입니다. 그래서 "산 자와 죽은 자를 심판하러 오시리라"고 하는 것입니다. 그 당시에 살아 있는 자들만이 아니라, 죽은 자들도 그 심판대 앞에 서야 하므로 이 심판이 있기 전에 모든 죽은 자들의 부활이 있을 것입니다. 죽은 자들은 부활하고, 당시에 살아 있는 자들은 죽음을 맛보지 않고 곧 바로 부활체와 같이 변형되어 심판대 앞에 서서 자신들의 행한 대로 심판을 받을 것입니다.

그 때에 "누구든지 생명책에 기록되지 못한 자는 불 못에 던지울 것입니다"(계 20:15). 이것이 "영벌"에 들어가는 것이며(마 25:46), 이를 위해 부활한 것이 "심판의 부활"인 것입니다(요 5:29). 그들은 땅의 티끌 가운데서 깨어 "수욕을 받아서 무궁히 부끄러움을 입을 자"들입니다(단 12:2). 이들이 던져질 불 못을 우리 주님께서는 "지옥"($\gamma\acute{\epsilon}\epsilon\nu\nu\alpha$, gehenna)이라고 하셨고, "거기는 구더기도 죽지 않고 불도 꺼지지 아니한다"고 하셨습니다(막 9:48). 이는 이사야서에서 새 하늘과 새 땅과 대조되어 그 영광에 참여하지 못하는 이들의 처절함을 다음과 같이 표현하는 곳을 인유하여 말씀하신 것입니다: "내게 패역한 자들의 시체들을 볼 것이라. 그 벌레가 죽지 아니하며 그 불이 꺼지지 아니하여 모든 육체에게 가증함이 되리라"(사 66:24).

이런 지옥의 형벌을 피할 수 있는 방법은 사람으로서는 한 가지도 없습니다. 아무리 의롭게 살며, 하나님의 법을 다 지킨다고 해도 하나님의 법을 다 지킬 수 있는 사람이 없고, 하나님께서 요구하시는 그 엄격한 기준에 미칠 수 있는 사람은 없기 때문입니다. 그러면 구원받을 수 있는 방법은 없는 것입니까? "사람으로서는 할 수 없으나, 하나님으로서는 하실 수 있는 것입니다." 이 하나님의 구원을 위해 오셔서 우리를 위한 구속을 이루시고 지금 하늘에 계신 그 예수님께서 그 날에 우리의 심판 주로 오시는 것입니다. 그러므로 예수님께서 이루신 구속이 우리를 위한 것이었음을 믿는 사람만이 구원을 얻으며, 지옥의 형벌을 면하는 것입니다. 우리의 주님께서 자신의 몸으로 친히 구속을 이루신 것에 근거해서 우리를 공적으로 칭의하실 것입니다. 그 때에 공적인 칭의의 선언을 받을 사람들은 지금 예수님을 믿음으로 칭의함을 얻은 사람이며, 그들을 위해 주께서 이미 십자가에서 구속을 이루신 것입니다. 그러므로 그들은 예수를 믿음으로 의인된 자들이고, 이들이 영생의 부활에 참여할 것입니다(요 5: 29).

이렇게 주님을 믿어 의인이라 칭함을 받은 사람들은 이 땅에서 어떻게 살겠습니까? 그들은 감사하며 살 것입니다. 주님의 뒤를 따라 살 것입니다. 주님을 사랑하며, 다른 이들을 사랑하되 원수까지 사랑하며 살 것입니다. 왜냐하면 그들 자신이 주님에 의해서 많은 죄를 용서함 받은 죄인들이기 때문입니다. 그것이 우리들의 모습인가요? 그래야만 합니다. 주님의 구속 때문에 우리는 "깨어 영생을 얻을 것입니다." 그 영생이 주님으로 말미암아 이미 우리 안에 있기 때문입니다. 그러므로 주님의 재림을 바라는 마음은 기쁨과 기대와 감사에 찬 마음입니다. 주 님은 말씀하십니다: "내가 진실로 속히 오리라." 우리 모두가 다 함께 다음과 같이 반응할 수 있기 바랍니다: "아멘. 주 예수여 오시옵소서" (계 22:20).

하이델베르크 요리문답 제 52 문답은 이 주제를 다음과 같이 요 약해 줍니다:

(문) "그리스도께서 죽은 자와 산 자를 심판하러 오시리라는 것이
    당신에게는 어떤 위로를 줍니까?"

(답) "나의 모든 고뇌와 핍박 중에서 나는
    나의 눈을 들어 하늘을 향합니다.
    그 때에 나는 이미 자신을 내어 주셔서
    하나님의 심판 앞에서 내 자리에 서시어
    나의 모든 저주를 제거해 주신 바로 그 분이
    심판자로 오실 것을 확신을 가지고 기다립니다.
    그의 모든 원수들과 나의 원수들을
    그는 영원한 심판으로 정죄하실 것이며,
    나와 그의 모든 택자(擇者)들을
    그가 그와 함께 하늘의 기쁨과 영광으로
    취하여 들이실 것이라는 위로를 줍니다."

〈부록 〉
하이델베르크 요리문답

하이델베르크 요리문답

제1 문답 - 제129 문답

제 1 주일

(제 1 문) 생사간(生死間)에 당신의 유일한 위로는 무엇입니까?

(답) 생사간의 나의 유일한 위로는
내가 나 자신의 것이 아니라,
사나 죽으나 몸과 영혼으로서의 전인이
오직 나의 신실하신 구주이신
예수 그리스도께 속한다는 것입니다.

그는 그의 고귀한 피로써
나의 모든 죄 값을 온전히 다 치루셨고
나를 악마의 독재(獨裁)에서 해방시키셨습니다.
그는 또한 하늘의 나의 아버지의 뜻이 아니고서는
머리카락 하나도 떨어지지 않도록 나를 돌보십니다.

내가 그에게 속하므로 그리스도께서는
그의 성령님으로 내게 영생을 확신시키시고,
나로 하여금 이제부터는 전심(全心)으로 기꺼이
그를 위해 살도록 준비하게 하십니다.

(제 2 문) 당신이 이 위로 가운데서 복되게 살고 죽기 위해서 꼭 알아야만 하는
것들은 무엇입니까?

(답) (이 위로 가운데서 복되게 살고 죽기 위해서는)
세 가지를 알아야 합니다.
첫째는, 죄와 그것이 가져온 비참(悲慘)함이
얼마나 큰지를 알아야 하고,
둘째는, 그 모든 나의 죄와 비참(悲慘)함으로부터
구속(救贖)함을 받는 방도를 알아야 하며,
셋째는, 그렇게 구속하심에 대해서
하나님께 감사할 방도를 알아야만 합니다.

제 1 부: 타락한 인간의 참상: 비참함

제 2 주일

(제 3 문) 당신은 어떻게 당신의 비참함을 알게 됩니까?

(답) 하나님의 율법이 나에게 가르쳐 줍니다.

(제 4 문) 하나님의 율법은 우리에게 무엇을 요구합니까?

(답) 그리스도께서는 우리에게 마태복음 22장에서
이를 요약적으로 가르치셨으니,
그것은 "네 마음을 다하고 목숨을 다하고 뜻을 다하여
주 너희 하나님을 사랑하라 하셨으니,
이것이 크고 첫째 되는 계명이요.

둘째는 그와 같으니
네 이웃을 네 몸 같이 사랑하라"는 것입니다.

(제 5 문) 당신은 이를 온전히 다 지키며 살 수 있습니까?

(답) 아닙니다. 나는 하나님과 나의 이웃을 미워하는
자연적 성향을 가지고 있습니다.

제 3 주일

(제 6 문) 하나님께서 본래 사람을 그와 같이 사악하고 왜곡되게 창조하셨습니까?

(답) 아닙니다. 오히려 하나님께서는 사람을 선하게,
하나님의 형상을 따라 창조하셨습니다.
즉, 의와 참된 거룩성을 가지게끔 창조하셔서,
그가 참으로 자신의 창조자 하나님을 알 수 있게 하시고,
전심(全心)으로 하나님을 사랑하게 하시고,
영원히 하나님을 찬양하고,
그의 영광을 위해 영원한 행복 가운데서
하나님과 함께 살도록 하셨습니다.

(제 7 문) 그렇다면 사람의 이 부패한 본성은 어디서 왔습니까?

(답) 우리의 첫 부모인 아담과 하와의 낙원에서의
타락과 불순종에서 왔습니다.
이 타락은 우리의 본성을 물들여서

우리가 수태되면서부터 부패한 죄인들로 태어나게 합니다.

(제 8 문) 우리는 그 어떤 선도 전혀 행할 수 없으며,
모든 악에로 행하는 성향을 가질 정도로 그렇게 부패되었습니까?

(답) 그렇습니다.
하나님의 성령에 의해서 다시 나지 않으면 우리는 그러합니다.

제 4 주일

(제 9 문) 그렇다면 사람이 행할 수도 없는 것을 하나님께서 당신님의 율법 가운데서
사람에게 요구하시는 것은 너무한 것이 아닙니까?

(답) 그렇지 않습니다.
왜냐하면 하나님께서는 (처음에)
사람이 그것을 행할 수 있게 창조하셨으나,
사람이, 악마의 시사(示唆)를 따라서, 기꺼이[故意로] 불순종하므로
자신과 그의 모든 후손들로부터
그것을 행할 수 있는 능력을 스스로 제거한 것이기 때문입니다.

(제 10 문) 하나님께서는 그러한 불순종과 배교에 대해서
벌을 내리지 않으실 것입니까?

(답) 하나님께서는 우리의 타고난 죄와
스스로 행한 죄[自犯罪]들에 대해서
아주 불쾌하게 여기시고,
"누구든지 율법 책에 에 기록된 대로 온갖 일을

항상 행하지 않는 자는 저주 아래 있는 자라"고
당신님께서 선언하신 대로,
그 죄들에 대해서 현세와 영원 가운데서
공정한 판단을 따라 형벌(刑罰)하실 것입니다.

(제 11 문) 그렇다면 하나님은 자비(慈悲)하시지는 아니하십니까?

(답) 물론 하나님은 참으로 자비하십니다.
그러나 그는 또한 공의로우십니다.
따라서 하나님의 가장 높은 엄위(嚴威)에 대해서 범해진 죄에 대해서는
가장 극심한 형벌, 즉 몸과 영혼의 영원한 형벌로 형벌하실 것을
하나님의 공의가 요구하는 것입니다.

제 2 부: 구원 (구출)

제 5 주일

**(제 12 문) 그와 같이 하나님의 의로우신 심판에 의해서
우리가 마땅히 현세적 형벌과 영원한 형벌을 받아야만 한다면,
우리가 이 형벌을 피하고
다시 (하나님의) 애호를 받기 위해서는 무엇이 요구되어집니까?**

(답) 하나님께서는 당신님의 공의가 만족(滿足)되기를 원하십니다.
그러므로 우리는 우리 스스로나 아니면 다른 분을 통해서
하나님의 공의를 온전히 만족시켜야만 합니다.

(제 13 문) 우리 스스로 하나님의 공의를 만족시킬 수 있습니까?

(답) 우리는 오히려 날마다 우리의 죄책(罪責)을 증가시킬 뿐입니다.

(제 14 문) 어떤 단순히 피조물이기만 한 존재가 우리를 위하여
(하나님의 공의를) 만족시킬 수 있습니까?

(답) 그럴 수 없습니다.
왜냐하면,
첫째로, 하나님께서는 사람 자신이 잘못하여
죄책(罪責)이 있는 것에 대해서
그 어떤 다른 피조물에게
형벌을 내리지 않으실 것이기 때문이며,

더 나아가서 (둘째로), 단순히 피조물이기만한 존재는
죄에 대한 하나님의 영원한 진노라는 부담을 지고서
다른 이들을 그 진노로부터 구속할 수 없기 때문입니다.

(제 15 문) 그렇다면 우리는 어떤 종류의 중보자(中保者)와 구속자(救贖者)를
추구해야 합니까?

(답) 참되고 죄 없는 사람이면서 동시에 모든 피조물보다 더 강력하신 분,
즉 동시에 참되신 하나님이신 분이어야만 합니다.

제 6 주일

(제 16 문) 우리의 중보자(中保者)는 왜 참되고 죄 없는 사람이셔야만 합니까?

(답) 왜냐하면 하나님의 공의는 죄를 범한 그 같은 인간성이 죄에 대해서
(하나님께) 만족을 드릴 것을 요구하기 때문이고,
또한 사람들은 그 누구나 그 스스로가 죄인이므로
다른 사람들을 대신해서 (하나님께) 만족을 드릴 수가 없기 때문입니다.

(제 17 문) 왜 우리의 구속자는 동시에 참된 하나님이시기도 해야 합니까?

(답) 왜냐 하면 그의 신성의 능력으로
그의 인간성 가운데서
하나님의 진노를 담당하시고,
그럼으로써 우리에게 의와 생명을 얻고
회복시켜 주셔야만 하기 때문입니다.

(제 18 문) 그렇다면 (그와 같이) 동시에 참되신 하나님이시고,
참되고 죄 없으신 사람이신 중보자는 누구십니까?

(답) 온전한 구속과 의를 위하여 우리에게 값없이 주어지신
우리 주 예수 그리스도가 바로 그런 중보자이십니다.

(제 19 문) 당신은 이것을 어디서 알게 됩니까?

(답) 거룩한 복음(the Holy Gospel)으로부터입니다.
이 거룩한 복음은 하나님께서 낙원에서 처음 계시하셨고,
후에 거룩한 족장들과 선지자들을 통하여 선포하셨으며,
희생 제사들과 율법의 다른 의식들 속에서 미리 보여졌으며[豫表되었으며],
마침내 그의 사랑하시는 아들에 의해서 성취된 것입니다.

제 7 주일

(제 20 문) 모든 사람이 아담 안에서 멸망한 것처럼
그 모든 사람이 다 그리스도에 의해서 구원함을 받습니까?"

(답) 그렇지 않습니다.
오직 참된 신앙에 의해서
그리스도 안에 접붙여지고

그의 모든 유익을 얻는 사람들만이
구원함을 얻습니다.

(제 21 문) 참된 믿음이란 무엇입니까?

(답) 참된 믿음은
하나님께서 당신님의 말씀 가운데서
계시하신 모든 것이 참되다는
확실한 지식일 뿐만이 아니라,
복음을 통해서 성령님에 의해서 내 안에 창조된
마음속에 깊이 뿌리박힌 확신이기도 한데,
이는 순전한 은혜로 그리스도께서
다른 사람들을 위해서만 아니라,
나에게도 내 죄를 용서해 주시고,
영원히 하나님과 바른 관계에 있게 하시고
구원을 허락하셨다는 확신입니다.

(제 22 문) 그렇다면 그리스도인들이 반드시 믿어야만 하는 것은 무엇입니까?

(답) 우리의 보편적인 그리고 참으로 기독교적인 신앙의 조항들이
우리에게 요약적으로 가르쳐 주고 있는
복음 안에서 우리에게 약속된 모든 것입니다.

(제 23 문) 이 신앙의 조항들이란 무엇입니까?

(답) 전능하사 천지를 만드신 하나님 아버지를 내가 믿사오며,

그 외아들 예수 그리스도를 믿사오니,
이는 성령으로 잉태하사 동정녀 마리아에게 나시고,
본디오 빌라도 치하에서 고난을 받으사
십자가에 못 박혀, 죽으시고, 장사지낸바 되었다가,

장사한 지 삼일만에 (죽은 자들 가운데서) 다시 살아 나사,
하늘에 오르시고,
하나님 우편에 앉아 계시다가,
그곳으로부터 산 자와 죽은 자를 심판하러 오시리라.

성령을 믿사오며,
거룩한 공회(公會)와
성도가 서로 교통하는 것과
죄를 사하여 주시는 것과 몸이 다시 사는 것과
영원히 사는 것을 믿사옵나이다.

제 8 주일

(제 24 문) 이 조항들은 어떻게 나뉩니까?

(답) 세 부분으로 나뉘니,
첫째 부분은 성부 하나님에 대한 것이고,
둘째 부분은 성자 하나님과 우리의 구속에 대한 것이며,
셋째 부분은 성령 하나님과 우리의 성화에 관한 것입니다.

(제 25 문) 오직 한 하나님이 있을 뿐인데,
왜 당신은 성부, 성자, 성령 삼위에 대해서 말합니까?

(답) 왜냐 하면 그것이 하나님께서 당신님의 말씀 가운데서
당신님을 계시하신 방식이기 때문입니다.
이 세 가지 구별되는 위들이(these three distinct Persons)
하나의 참되고 영원하신 하나님이십니다.

성부 하나님에 대해서

제 9 주일

(제 26 문) "전능하사 천지를 만드신 하나님 아버지를 내가 믿사오며" 라고 할 때
당신이 믿는 바는 무엇입니까?

(답) 무(無)로부터 하늘과 땅과 그 안에 있는 모든 것을 창조하셨고,
또한 그의 영원하신 경륜(經綸)과 섭리(攝理)로서
지금도 그것들을 붙드시고 다스리시는
우리 주 예수 그리스도의 영원하신 아버지께서
그의 아들 예수 그리스도로 인하여
나의 하나님과 아버지시라는 것을 내가 믿는 것입니다.
그가 나의 몸과 영혼에 필요한 것은
무엇이나 공급해 주시리라는 것과
또한 이 슬픈 세상에서 그 어떤 역경을 나에게 보내시더라도
[그것을] 결국은 나의 선으로 바꾸실 것임을
의심하지 않을 만큼 하나님을 신뢰하는 것입니다.
그는 전능하신 하나님이시므로 그리하실 수 있고,
그는 신실하신 아버님이시므로 그리하시기를 원하십니다.

제 10 주일

(제 27 문) 하나님의 섭리(攝理)라는 말로써 당신이 이해하는 것은 무엇입니까?

(답) 섭리란 전능하고 어디에나 미치는 하나님의 능력으로
마치 그가 손으로 그리하시는 것처럼
하늘과 땅과 모든 피조물을 붙드시고 통치하셔서,
꽃잎이나 풀잎이나, 비나 가뭄, 풍년과 흉년,
음식이나 음료, 건강이나 병, 부나 가난,

참으로 이 모든 것들이 우연에 의해서가 아니라,
그의 아버지다운 손길로부터 우리에게 온다는 것입니다.

(제 28 문) 하나님의 창조와 섭리에 대한 지식이 어떻게 우리를 도울 수 있습니까?

(답) 우리는 사태가 우리에게 불리할 때 인내할 수 있으며,
사태가 잘 되어 갈 때 감사할 수 있고,
미래에 대해서도 우리를 그의 사랑에서 떼어놓을 수 없는
우리의 신실한 아버지이신 하나님께 선한 신뢰를 둘 수 있습니다.
모든 피조물들이 온전히 그의 손에 있어서,
그의 뜻이 아니면 그들이 움직일 수도 없고
움직여질 수도 없는 것입니다.

성자 하나님에 대해서

제 11 주일

(제 29 문) 왜 하나님의 아들이 예수, 즉 구원자라고 불립니까?

(답) 왜냐하면 그는 우리를 우리의 죄로부터 구원해 주시기 때문입니다.
그러므로 다른 어떤 다른 데서 구원을 추구하거나 찾을 수 없습니다.

**(제 30 문) 그렇다면 그들의 구원과 지복(至福)을 성인들과 자신들이나 다른 것에서
찾는 이들은 유일하신 구주 예수님을 믿는 것입니까?**

(답) 그렇지 않습니다. 비록 그들이 예수님을 자랑할지라도,
그들은 사실상 유일하신 구주 예수님을 부인하는 것입니다.
왜냐 하면 예수님이 온전하신 구원자가 아니시든지,
아니면 참된 신앙으로 이 구주를 받아들이는 사람들은 (오직) 그 안에서만

그들의 구원에 필요한 모든 것을 가져야만 하겠기 때문입니다.

제 12 주일

(제 31 문) 그는 왜 그리스도, 즉 기름부음 받은 자로 불립니까?

(답) 왜냐 하면 그는 우리에게 우리 구속에 관한 비밀스러운 경륜과 하나님의 뜻을
온전히 계시해 주시는 우리의 주된 선지자요 교사로,

그리고 그의 몸을 단번에 드리심으로 우리를 구속하시고,
항상 살아 계셔서 우리를 위해 성부(聖父)께 간구(懇求)하시는
우리의 유일한 대제사장(大祭司長)으로,

또한 그의 말씀과 영으로 우리를 통치하시며 우리를 변호(辯護)하시고,
우리를 위해 얻으신 구속 안에 우리를 견인(堅忍)시키시는 우리의 영원한 왕으로
아버지 하나님에 의해서 지정된 자(세워진 자, ordained of God the Father)요,
성령으로 기름 부음을 받은(anointed with the Holy Spirit) 분이시기 때문입니다.

(제 32 문) 그런데 왜 당신은 왜 그리스도인이라고 불립니까?

(답) 믿음으로 나는 그리스도의 지체이고
따라서 그의 기름부음 받으심에 참여하는 자이기 때문입니다.
또한 나도 그의 이름을 고백하며,
나 자신을 감사의 산제사로 그에게 드리며,
자유로운 양심을 가지고
이 세상에서 죄와 악마와 싸우고,
후에는 영원에서 그리스도와 함께
모든 피조계를 통치할 수 있기 위하여
그리스도인이라고 불리는 것입니다.

제 13 주일

(제 33 문) 우리도 하나님의 자녀인데,
왜 그는 하나님의 독생자(God's only-begotten Son)라고 불립니까?

(답) 그리스도만이 영원히 본래적인 하나님의 아들이신데 비하여,
우리는 그 덕분에 은혜로 양자됨에 의해서만 하나님의 자녀들이 되기 때문입니다.

(제 34 문) 당신은 그를 왜 '우리 주님'이라고 부릅니까?

(답) 그가 금이나 은으로가 아니라, 그의 보배로운 피로써
우리를 죄와 마귀의 모든 세력에서 구속하시고 사주셔서
그분 자신의 것이 되게 하셨기 때문입니다.

제 14 주일

(제 35 문) "성령으로 잉태하사, 동정녀 마리아에게 나시고"라는 말의 뜻은
무엇입니까?

(답) 참되고 영원하신 하나님이시고 계속 그런 분으로 계시는
하나님의 영원하신 아들이
성령님의 사역을 통해서 동정녀 마리아의 살과 피로부터
당신님 자신에게로 참된 인간성을 취하셔서
참된 다윗의 자손이 되시고,
죄를 제외하고서는 모든 면에서 그의 형제들과 같이 되신 것을 의미합니다.

(제 36 문) 그리스도의 거룩한 수태(受胎)와 탄생(誕生)으로부터 당신은 어떤 유익을
얻습니까?

(답) 그가 우리의 중보자이시라는 것과
그의 순수하심과 온전한 거룩하심이
하나님 앞에서 내가 타고난 (내가 그 안에서 난)

나의 죄를 덮으시는 유익을 얻습니다.

제 15 주일

(제 37 문) "고난을 받으사"라는 말로서 당신이 이해하는 바는 무엇입니까?"

(답) 유일한 대속적인 희생 제사(犧牲祭祀)인 그의 수난(受難)으로
우리의 몸과 영혼을 영원한 정죄에서 구원해 내시기 위해,
그리고 우리에게 하나님의 은혜와 의와 영생을 얻어 주시려고,
그가 이 땅에 사시는 동안, 그리고 특히 그의 생애의 마지막에
그의 몸과 영혼으로
온 인류의 죄에 대한 하나님의 진노를 짊어지셨다는 것을 이해합니다.

(제 38 문) 왜 그는 재판장인 본디오 빌라도 치하(治下)에서 수난을 당하셨습니까?

(답) 그는 무죄하시지만 세속 재판관에 의해서 정죄되심으로써
우리를 우리가 [우리의 죄에 의해] 노출(露出)된
하나님의 엄중한 심판에서 구원하시기 위해서 그리하신 것입니다.

(제 39 문) 그리스도께서 다른 어떤 방식으로 죽으시는 것에 비해 그가 십자가에 못
박혀 죽으신 것에 그 어떤 유익이 더 있습니까?

(답) 그렇습니다. 십자가의 죽음은 하나님의 저주(詛呪)를 받은 것이므로,
이로써 나는 그가 내게 내려질 저주를 취하셨다는 것을 확신하게 됩니다.

제 16 주일

(제 40 문) 왜 그리스도께서 반드시 죽으셔야만 했습니까?

(답) 하나님의 공의와 진리는 우리의 죄들에 대해 마땅히 형벌함으로써
하나님의 공의가 만족될 것을 요구하는 데,
하나님의 아들의 죽음 외에는 그 어떤 것도
이 요구를 만족시킬 수가 없기 때문입니다.

(제 41 문) 그는 왜 장사 지낸 바 되셨습니까?

(답) 그로써 그가 참으로 죽으셨음을 보여 주기 위해서입니다.

**(제 42 문) 그렇다면 그리스도께서 우리를 위해 죽으셨음에도 불구하고
우리도 또한 죽어야만 하는 이유는 무엇입니까?**

(답) 우리의 죽음은 우리 죄에 대한 만족을 제공하는 것이 아니고,
죄들에 대해서 죽는 것이며 영생에로 들어가는 것입니다.

**(제 43 문) 그리스도의 십자가에서의 희생 제사와 죽음에서
우리는 또한 어떤 유익을 얻니까?**

(답) 그의 능력으로 우리의 옛사람이
그와 함께 십자가에 못 박히고 죽고 장사 지낸 바 된 것입니다.
그래서 육의 악한 소욕(所欲)들이 더 이상 우리를 지배하지 않게 되었을 뿐만이 아니라,
우리가 우리 자신을 감사의 제사로 그에게 드릴 수 있게 되었습니다.

(제 44 문) "그가 음부에 내려가사"라는 말은 왜 덧붙여져 있습니까?

(답) 개인적인 위기와 유혹의 때에
나의 주님이신 그리스도께서 특별히 십자가에서, 또한 그 이전에도
말할 수 없는 영혼의 고뇌와 고통과 공포를 감당하심으로써
나를 지옥의 고뇌와 고통에서 구원하셨음을

나에게 확신시켜 주시기 위해서입니다.

제 17 주일

(제 45 문) 그리스도의 부활에서 우리가 얻게 되는 유익은 무엇입니까?

(답) 첫째로, 그의 부활로 그는 죽음을 정복하셔서
그가 자신의 죽음으로써 우리를 위해 얻으신 의에 우리가 참여할 수 있게 하십니다.
둘째로, 우리는 또한 그의 능력으로 지금 새로운 생명에로 일으킴을 받는 것입니다.
셋째로, 그리스도의 부활은 우리의 복된 부활에 대한 분명한 보증이 됩니다.

제 18 주일

(제 46 문) "하늘에 오르사"라는 말로서 당신이 이해하는 바는 무엇입니까?

(답) 그리스도께서 그의 제자들이 지켜보는 가운데서
땅으로부터 하늘로 올리우셔서
산 자와 죽은 자를 심판하러 다시 오시기까지는
우리를 위해서 계속해서 하늘에 계신다는 것을 이해합니다.

**(제 47 문) 그렇다면, 그리스도께서는 그가 약속하신 대로
세상 끝날 까지 우리와 함께 계시지 않습니까?**

(답) 그리스도는 참 사람이요 참 하나님이십니다.
그러므로 그의 인성으로는 그는 더 이상 땅 위에 계시지 않는 것입니다.
그러나, 그의 신성과 엄위(嚴威)와 은혜와 영으로는
그가 그 어느 때에도 우리에게서 떠나 계신 때가 없는 것입니다.

(제 48 문) 그러나 그렇게 그의 신성(神性)이 있는 곳마다 그의 인간성이
현존하지 않는다면, 그리스도의 양성은 서로 떨어져 있는 것이 아닙니까?

(답) 결코 그렇지 않습니다.
신성은 불가해적이고 어디에나 계시므로
그리스도의 신성은 그가 취하신 인간성의 한계를 뛰어넘는 것이라는 것은 분명합니다.
그러나 그럼에도 불구하고 그의 신성은 그의 인간성 안에 덜 있는 것이 아니고,
여전히 인격적으로 연합되어 있는 것입니다.

(제 49 문) 그리스도께서 하늘에 승천하신 것에서 우리가 얻는 유익은 무엇입니까?

(답) 첫째로 그가 하늘에서 그의 아버지의 면전(面前)에서
우리를 위한 변호자가 되어
우리를 위해 호소(呼訴)하시는 유익이 있습니다.

둘째로는 우리의 머리이신 그리스도께서
그의 지체(肢體)들인 우리들도
그가 계신 하늘로 취하실 것을 보증(保證)하는 것으로
우리 자신이 하늘에 있다는 유익이 있습니다.

셋째로 그는 또 하나의 보증으로 우리에게
그의 성령을 보내시는 유익이 있습니다.
성령의 능력으로 우리는
지상적인 것들을 우리의 삶의 목적으로 삼지 않고,
그리스도께서 하나님 우편에 앉아 계신,
위에 있는 것들을 우리의 삶의 목적으로 삶는 것입니다.

제 19 주일

(제 50 문) "하나님 우편에 앉아 계시다가"라는 말은 왜 덧붙여져 있습니까?

(답) 그리스도는 바로 그 목적을 위해 하늘에 오르셨기 때문입니다.
거기서 그는 그가 교회의 머리이심을 보이시며,
아버지께서 그를 통하여 모든 것을 통치하시는 것입니다.

**(제 51 문) 우리의 머리이신 그리스도의 이 영광으로부터 우리가 받는 유익은
무엇입니까?**

(답) 첫째로 그의 성령으로 그의 지체들인 우리들에게
하늘의 은사(恩賜)들을 내려 주실 것이라는 것과
그의 능력으로 그가 모든 원수들에 대항(對抗)해서
우리를 보호하시며 보존(保存)하실 것이라는 유익을 얻습니다.

**(제 52 문) 그리스도께서 죽은 자와 산 자를 심판하러 오시리라는 것이 당신에게는
어떤 위로를 줍니까?**

(답) 나의 모든 고뇌와 핍박 중에서
나는 나의 눈을 들어 하늘을 향합니다.
그 때에 나는 이미 자신을 내어 주셔서
하나님의 심판 앞에서 내 자리에 서시어
나의 모든 저주를 제거해 주신 바로 그 분이
심판자로 오실 것을 확신을 가지고 기다립니다.
그의 모든 원수들과 나의 원수들을
그는 영원한 심판으로 정죄하실 것이며,
나와 그의 모든 택자(擇者)들을 그가 그와 함께
하늘의 기쁨과 영광으로 취하여 들이실 것이라는 위로를 줍니다.

성령님에 대해서

제 20 주일

(제 53 문) 당신은 성령님에 관해서 무엇을 믿습니까?

(답) 첫째로, 나는 성령이 성부와 성자와 함께
영원하신 하나님이심을 믿습니다.

둘째로, 나는 그가 개인적으로 내게 주어진 바 되었다는 것을 믿습니다.
그래서 그는 나로 하여금 참된 신앙에 의해서
그리스도와 그의 모든 축복에 참여하게 하시고,
나를 위로하시며,
나와 영원히 함께 하심을 믿습니다.

제 21 주일

(제 54 문) "거룩한 공교회"(the Holy Catholic Church)에 대해서
당신이 믿는 바는 무엇입니까?

(답) 나는 세상의 처음부터 마지막까지의 온 인류 가운데서
하나님의 아드님께서, 그의 성령과 말씀을 통해서,
참된 신앙의 연합 가운데 있는 선택된 공동체를
당신님을 위하여 영생을 하도록
모으시고, 보호하시며, 보존하신다는 것을 믿습니다.
그리고 나는 지금도 그렇고 앞으로도
영원히 이 공동체의 산 지체인 것입니다.

(제 55 문) "성도들의 교통(交通)"이라는 말로써 당신은 무엇을 의미합니까?

(답) 첫째로, 모든 신자들은 이 공동체의 지체들로서
그리스도의 한 부분이며,
그의 모든 보화와 은사들에 참여한다는 뜻이고,

둘째로 각각의 지체들이 자신의 은사들을
다른 지체들의 유익과 복지를 위해
기꺼이, 그리고 즐겁게 사용하는 것을
의무로 여겨야만 한다는 것입니다.

(제 56 문) "죄 용서"에 대하여 당신은 무엇을 믿습니까?

(답) 나는 하나님께서 그리스도께서 이루신 만족[구속] 때문에
나의 어떤 죄에 대해서나
내 일생 동안 투쟁해 나갈 필요가 있는 나의 죄 된 본성도
기억하지 않으시고 [문책하지 않으실 것을] 믿습니다.

오히려 하나님께서는 은혜스럽게
내가 영원히 정죄(定罪)에 이르지 않도록
그리스도의 의(義)를 제공해 주십니다.

제 22 주일

(제 57 문) "몸이 다시 사는 것"을 믿음은 당신에게 어떤 위로를 줍니까?

(답) 이 생이 끝나면 즉시로 나의 영혼이
그 머리되신 그리스도께로 취(取)하여질 뿐만 아니라,
이 나의 몸까지도 그리스도의 능력으로 일으킴 받아
나의 영혼과 다시 연합하여
그리스도의 영광스러우신 몸과 같아 질 것이라는 위로를 줍니다.

(제 58 문) "영원히 사는 것"에 대한 조항은 당신에게 어떤 위로를 줍니까?

(답) 지금도 내가 영원한 기쁨의 시작을
나의 마음 가운데서 경험하는 것과 같이,

이 삶이 마쳐진 후에도 나는 그 누구의 눈도 본 일이 없고,
그 누구의 귀도 들어 본 일이 없고,
그 어떤 인간의 마음으로도 상상하지 못할 그런 완전한 복됨,
즉, 영원토록 하나님을 찬양하는 복됨을 갖게 될 것이라는
위로를 나에게 줍니다.

제 23 주일

(제 59 문) 당신이 이 모든 것을 믿는다는 것이 당신에게 무슨 도움을 줍니까?

(답) 내가 하나님 앞에서 그리스도 안에서 의롭다는 것과
영원한 생명의 상속자라는 유익을 얻습니다.

(제 60 문) 당신은 하나님 앞에서 어떻게 의롭다함을 얻습니까?

(답) 오직 예수 그리스도에 대한 참된 신앙에 의해서 입니다.

비록 나의 양심이 모든 하나님의 계명에 반해서
심각하게 죄를 지었음과
그 어느 하나도 결코 온전하게 지키지 못했음에 대해서
나에게 가책을 주고
또한 지금도 나에게 모든 악으로 향하는 성향이 있어도,
그럼에도 불구하고 내가 받을 만 하지도 않지만
순전한 은혜로써
하나님께서는 마치 내가 죄를 한 번도 짓지 않은 것처럼
또 죄인이 아니었던 것처럼,
또한 그리스도께서 나를 대신해서 복종하신 것처럼
내가 온전히 복종한 듯이
하나님께서는 그리스도의 온전한 만족, 의, 거룩하심을
내게 허락하시고 내 것으로 여겨주십니다.

내가 해야만 하는 것이라고는

이 하나님의 은사를 믿는 마음으로 받아들이는 것입니다.

(제 61 문) 당신은 왜 오직 믿음으로만 의롭다함을 받는다고 말합니까?

(답) 나는 나의 신앙의 가치에 근거해서
하나님에 의해 받아들여 질 수 있는 것이 아니고,
그리스도께서 이루신 만족, 의, 거룩함만이
하나님 앞에서 나의 의이기 때문이며,
나는 오직 믿음으로만
그것들을 받고 나 자신의 것으로 만들 수 있기 때문입니다.

제 24 주일

(제 62 문) 왜 우리의 선행이 하나님 앞에서 전혀 의(義)가 될 수 없는 것입니까?

(답) 왜냐하면 하나님의 심판대 앞에 설 수 있는 의는 철두철미 완전하고
하나님의 법에 전적으로 따르는 것이어야 하기 때문입니다.

그런데 이 세상에서의 우리의 최고의 선행조차도 모두 불완전하고,
죄로 물들어 있기 때문입니다.

**(제 63 문) 우리는 어떻게 우리의 선행이 아무 공로를 가지지 못한다고 말하면서,
동시에 기독교적 선행을 하는 자들을
이 생에서나 오는 생에서 보상(報償)하시는 것이
하나님의 뜻이라고 말할 수 있습니까?**

(답) (하나님의) 보상[상급, 賞給]은 공로(功勞)로 되는 것이 아니라,
은혜로 되는 것이기 때문입니다.

(제 64 문) 그러나 이 교리[以信稱義의 교리]는 사람들을
부주의하게 하고 세속적으로 만들지 않습니까?

(답) 그렇지 않습니다.
왜냐하면 참된 신앙으로 그리스도에게 심겨진 사람들은
반드시 의의 열매를 맺기 때문입니다.

제 25 주일

(제 65 문) 우리가 믿음으로써만 그리스도와 그리스도의 모든 유익에 참여하게
된다면, 이 믿음은 어디서 옵니까?

(답) 성령께서는 거룩한 복음의 선포로 우리 마음 안에서 역사하시고
성례를 사용하셔서 그것을 확증시키십니다.

(제 66 문) 성례란 무엇입니까?

(답) 성례란 우리들로 보도록 하신 거룩한 표(標, signs)와 인호(印號, seals)입니다.
하나님께서는 우리가 이 성례들을 사용하도록 제정하셨습니다.
그리하여 복음의 약속을 더 분명히 이해하도록 온전히 선포하시며,
그 복음의 약속을 우리에게 인(印)쳐 주시는 것입니다.

성례로 인쳐지는 하나님의 복음의 약속이란
십자가에서 완성된 그리스도의 유일한 희생 제사 때문에
아무 값없이 순전히 은혜로 그가 우리 죄를 용서하시고,
우리에게 영원한 생명을 주시는 것입니다."

(제 67 문) 말씀과 성례 모두가 우리의 구원의 유일한 근거인
십자가에서의 예수 그리스도의 희생 제사에 대한
우리의 믿음을 지향하게 하려는 의도를 가지고 있습니까?

(답) 바로 그렇습니다.
성령께서는 복음으로 우리를 가르치시며, 거룩한 성례를 통해서
우리의 구원 전체가 십자가에서의 우리를 위한 유일한 희생 제사에
근거하고 있음을 확신시켜 주십니다.

(제 68 문) 그리스도께서는 신약에서 얼마나 많은 성례들을 제정하셨습니까?

(답) 둘 뿐이니, 그것들은 거룩한 세례와 성찬입니다.

제 26 주일

**(제 69 문) 십자가에서의 그리스도의 하나의 희생 제사가
개인적으로 당신을 위한 것임을
세례가 어떻게 상기시켜 주고, 확신을 줍니까?**

(답) 그리스도께서 이 외적인 씻음을 제정하셨고,
이와 함께 마치 물이 몸에서 더러운 것을 씻듯이
그의 피와 성령이 분명히 내 영혼이 정결치 못함을,
다른 말로 하면 나의 모든 죄를 씻으시리라는
약속을 주셨기 때문입니다.

(제 70 문) 그리스도의 피와 영으로 씻음을 받는다는 것은 무슨 뜻입니까?

(답) 그것은 십자가에서의 그의 희생 제사에서
그가 우리를 위하여 쏟으신 그리스도의 피에 근거해서
은혜로 하나님께서 우리의 죄를 용서하신다는 뜻입니다.

그리고 우리가 성령에 의해서 새롭게 되고,
그리스도의 지체들로 거룩하게 되어,

우리가 점점 더 죄에 대해서는 죽게 되고,
거룩하고 흠 없는 삶을 살게 된다는 뜻입니다.

(제 71 문) 세례의 물과 같이 그의 피와 영으로 우리가 분명히 씻음을 받는다고 그리스도께서는 어디서 약속하셨습니까?

(답) 다음과 같이 말씀하신 세례의 제정에서 약속하신 것입니다:

"그러므로 너희는 가서
모든 족속으로 제자를 삼아
아버지와 아들과 성령의 이름으로 세례를 주고,
내가 너희에게 분부한 모든 것을 가르쳐 지키게 하라.
믿고 세례를 받는 사람은 구원을 얻을 것이요,
믿지 않는 사람은 정죄(定罪)를 받으리라".

성경이 세례를 중생의 씻음과 죄를 씻음이라고 부를 때
이 약속은 또 반복된 것입니다.

제 27 주일

(제 72 문) 그렇다면 물에 의한 외적인 씻음 자체가 죄를 씻음이 되는 것입니까?

(답) 아닙니다. 왜냐하면 오직 예수 그리스도의 피와 성령께서만이
우리를 모든 죄로부터 깨끗케 하실 수 있기 때문입니다.

(제 73 문) 그렇다면 왜 성령께서는 세례를 중생의 씻음과 죄를 씻는 것이라고 하셨습니까?

(답) 하나님께서는 아무 이유도 없이 그렇게 말씀하신 것은 아닙니다.
그것은 우리들에게 몸의 더러움이 물에 의해서 씻겨지듯이

우리의 죄도 그리스도의 피와 영에 의해서 제거된다는 것을
가르쳐 주시기 위해서 그리하신 것이며,
또한 이 신적 맹세와 증표로서 하나님께서는
우리의 몸이 물로 씻겨지듯이
우리의 죄가 영적으로 참으로 씻겨진다는 확신을 우리에게 주시기 위해서
그렇게 말씀하신 것입니다.

(제74문) 유아들도 세례를 받아야만 합니까?

(답) 그렇습니다. 그들의 부모들만이 아니라, 어린아이들도
하나님의 언약 안에 있고 하나님의 백성입니다.
어린아이들도 어른에 못지 않게
그리스도의 피와 신앙을 생성시키는 성령을 통해서
죄 용서함을 받도록 약속되었습니다.
그러므로 그 언약의 표인 세례로써 어린아이들도
그리스도의 교회로 받아들여져야 하며,
불신자들의 자녀들과 구별되어야 합니다.
이것이 구약 시대에는 할례로써 이루어졌지만,
신약에서는 세례로 대체되었습니다.

제 28 주일

**(제75문) 성찬에서 당신이 십자가에서 이루신 그리스도의 한 희생 제사와 그의
모든 유익에 참여한다는 것이 당신에게 어떻게 표해지고, 인쳐 집니까?**

(답) 그리스도께서는 나와 모든 신자들에게 이 찢겨진 떡을 먹고,
이 잔을 마시라고 명령하셨습니다.
이 명령과 함께 그는 다음과 같은 약속을 주셨습니다.

첫째로는,
내가 나의 눈으로 나를 위하여 찢기신 주님의 떡과

나를 위해 주신 잔을 분명히 보듯이,
십자가에서 그의 몸이 나를 위하여 내어 준 바 되고 찢겨 졌음과
그의 피가 나를 위하여 부어졌음이 분명해 질 것이라는 약속입니다.

둘째로는,
내가, 섬기는 이의 손으로부터
그리스도의 몸과 피에 대한 분명한 표로써 나에게 주어진
주님의 떡과 잔을 받고 내 입으로 맛보는 것이 분명한 것과 같이,
그가 분명히 그의 십자가에 못 박히신 몸과 흘리신 보혈로써
영원한 생명에 이르기까지
나의 영혼을 먹이시고 새롭게 하신다는 약속입니다.

(제 76 문) 그리스도의 십자가에 못 박히신 몸을 먹고, 그의 흘리신 피를 마신다는 것은 무엇을 뜻합니까?

(답) 그것은 그리스도의 모든 수난과 죽음을 믿는 마음으로 받아들이고,
믿음으로써 죄에 대한 용서와 영생을 받음을 의미합니다.
그러나 그것은 또한 더 많은 의미를 가지니,
즉 그리스도 안에, 그리고 우리 안에 거하시는 성령을 통하여
우리가 점점 더 그리스도의 거룩한 몸에 연합되고,
그리하여 비록 그는 하늘에 계시고 우리는 땅에 있어도,
우리가 그의 살 중의 살이요, 뼈 중의 뼈가 되는 것입니다.
그리하여 마치 우리 몸의 각 지체들이 한 영혼의 지배를 받는 것과 같이
우리는 영원히 한 성령의 통치를 받아 살게 되는 것입니다.

**(제 77 문) 그리스도께서는 우리가 쪼개진 떡으로부터 먹고
이 잔으로부터 마시는 것과 같이,
분명히 그의 몸과 피로 신자들을 먹이시고 양육하시리라는
약속을 어디서 주셨습니까?**

(답) 다음과 같은 성찬 제정의 말씀을 하실 때 약속하신 것입니다:

주 예수께서 잡히시던 밤에 떡을 가지고 축사(祝辭)하시고 떼어 가라사대
"이것은 너희를 위하는 내 몸이니
이것을 행하여 나를 기념하라"하시고,
식후(食後)에 또한 이와 같이 잔(盞)을 가지시고 가라사대
"이 잔(盞)은 내 피로 세우는 새 언약이니
이것을 행하여 마실 때마다 나를 기념하라"하셨으니
너희가 이 떡을 먹으며 이 잔을 마실 때마다
주의 죽으심을 오실 때까지 전하는 것이니라.

또한 이 약속은 성 바울이 다음과 같이 말할 때도 또한 반복되었습니다:
"우리가 축복하는 바 축복의 잔은 그리스도의 피에 참여함이 아니며,
우리가 떼는 떡은 그리스도의 몸에 참여함이 아니냐?
떡이 하나요, 많은 우리가 한 몸이니,
이는 우리가 다 한 떡에 참여함이라".

제 29 주일

(제 78 문) 그렇다면 떡과 포도주는 그리스도의 실재적인 몸과 피가 되는 것입니까?

(답) 아닙니다.
마치 세례의 물이 그리스도의 피로 변화하거나,
그 자체가 죄를 씻어내는 것이 아니라,
단지 하나님의 표(標)요 확신[印號]이듯이,
주의 만찬의 떡도 그리스도의 실제적 몸으로 변화되는 것이 아닙니다.
비록 우리가 성례의 성질과 언어에 따라서
그것을 그리스도의 몸이라고 부를지라도 말입니다.

(제 79 문) 그렇다면 왜 그리스도께서는 (성찬의) 떡을 그의 몸이라고 하시고
잔을 그의 비 또는 그의 피로 세우는 새 언약이라고 하셨으며,
바울은 그리스도의 몸과 피에 참여함이라고 했습니까?

(답) 그리스도께서 그렇게 말씀하시는 충분한 이유가 있습니다.

그는 우리에게 떡과 포도주가

우리의 현세의 생명에 영양을 공급하듯이

그의 십자가에 못 박하신 몸과 그의 흘리신 피가

영생을 위하여 우리의 영혼에 참된 영향을 공급한다는 것을

가르치시기를 원하시는 것입니다.

그는 이 눈에 보이는 표와 보증으로써

우리가 성령의 사역을 통해서

우리가 그를 기념하여 이 거룩한 표를 우리의 입으로 분명히 받을 때,

우리가 그의 참된 몸과 피에 참여한다는 것을 확신시켜 주시며,

그의 수난과 순종은

마치 우리가 개인적으로 수난을 받고, 우리의 죄를 위해 값을 치르신 것처럼

분명히 우리의 것임을 확신시켜 주시기를 원하는 것입니다.

제 30 주일

(제 80 문) 주의 만찬과 교황적 미사의 차이점은 무엇입니까?[1]

(답) 주의 만찬은 우리에게 예수 그리스도께서 십자가에서 단번에 이루신 한번의 희생

제사로 우리의 모든 죄들에 대한 온전한 사죄가 주어졌음을

우리에게 증언하는 것입니다.

(그리고 성령에 의해서 우리가 그리스도께,

즉 그 몸으로 하늘에 오르셔서 하나님 우편에서 경배를 받으시는 그리스도께

접붙여졌다는 것을 증언하는 것입니다).

그러나 미사는 사제들에 의해서 그리스도를 산 자들과 죽은 자들을 위해서

---

[1] "What difference is there between the Lord's Supper and the Popish Mass?" 이 질문은 하이델베르크 요리 문답 초판에는 없었으나, 초판이 나온 같은 해인 1653년 3월 이전에 출판된 것으로 여겨지는 제 2 판과 같은 시기에 나온 라틴어 판에 삽입된 것이다. 올레비아누스는 자신이 선제후 프레데릭 3 세에게 이 문답을 덧붙이도록 격려했다고 칼빈에게 편지한 바 있다. 그리고 같은 해 4월에 나온 제 3 판에 첨가된 것이 있다. 그것을 본문 중에서 ( ) 안에 넣어 표하였음에 유의하십시오.

날마다 (제사로) 드리지 않는 한(限),
그리스도의 수난에 의해서 산 자들과 죽은 자들이
죄 용서함을 받지 못한다고 가르칩니다.
(그리고 떡과 포도주의 형태 아래 그리스도께서 신체적으로 임재(臨在)해 계시며,
따라서 그 안에서 경배를 받으신다고 가르치는 것입니다).
그러므로 미사는 결국 예수 그리스도의 한 희생 제사와 수난에 대한 부인이며 (따라서
저주받을 우상 숭배입니다).

(제 81 문) 누가 주의 만찬에 와야 합니까?

(답) 자신들의 죄에 대해서 자신들이 참으로 불만스러워하고,
그러나 그리스도의 수난과 죽음에 의해서 자신들의 죄가 용서되었고,
자신들의 남은 연약성이 (그리스도의 수난과 죽음에 의해서)
덮여졌다고 참으로 믿으며,
자신들의 신앙을 강화하고 더 나은 삶을 살려고
점점 더 열망하는 이들은 모두 와야 합니다.
그러나 회개하지 않는 자들과 위선자들은
자신들에 대한 심판을 먹고 마시는 것입니다.

(제 82 문) 그들의 말과 행위로 자신들이 믿지 않으며,
경건하지 않음을 나타내 보이는 이들이
주의 만찬에 받아 들여져야 합니까?

(답) 믿지 않고 불경건(不敬虔)한 자들이 (주의 만찬에) 허용되는 것은
하나님의 언약을 모독하는 것이며,
전체 회중(會衆)에게 하나님의 진노를 가져오게 하는 것입니다.
그러므로 그리스도와 그의 사도들의 가르침에 의하면,
기독교회는 천국의 열쇠를 공식적으로 사용함으로써
그런 자들이 그들의 삶을 고칠 때까지는
(주의 만찬에서) 배제(排除)시키는 것이 교회의 의무입니다.

제 31 주일

(제 83 문) (천국의) 열쇠의 직임(職任)이란² 무엇입니까?

(답) 거룩한 복음의 선포와 교회의 권징(勸懲)입니다.
이 둘로써 천국이 신자(信者)들에게는 열려지고
불신자(不信者)들에게는 닫혀지는 것입니다.

(제 84 문) 어떻게 천국이 거룩한 복음의 선포를 통해서 열려지고 닫히게 됩니까?

(답) 그것은 다음과 같습니다:

그리스도의 명령에 의하면,
모든 참 신자들 각자에게
그들이 복음의 약속을 참된 신앙으로 받아들일 때,
하나님께서는 그리스도의 공로 때문에
그들의 모든 죄를 참으로 용서하신다고 선포하고,
공적으로 선언함에 의해서
천국이 열려집니다.

그러나 그 반대로
모든 불신자들과 위선자들에게
그들이 회개하지 않는 한
하나님의 진노와 영원한 정죄(定罪)가 그들에 머물러 있으리라고
선포하고 공적으로 선언함으로써 천국이 닫혀집니다.

현세에서나 오는 세상에서
이 복음의 증언에 따라
하나님의 심판이 내려지는 것입니다.

---

² The Office of the Keys.

(제 85 문) 어떻게 천국이 교회의 권징(勸懲)에 의해서 닫혀지고 열려집니까?

(답) 그것은 다음과 같습니다:

그리스도의 명령에 의하면
그 자신을 그리스도인이라고 부르면서도 비기독교적인 가르침을 고백하거나
비기독교적인 삶을 사는 이들과,
반복적인 형제로서의 사랑의 권고에도 불구하고
그들의 오류들과 사악한 삶을 버리기를 거부하는 이들은
교회나 (교회의) 적법한 직원들에게 알려져야 하고,
그들의 권고에도 불구하고 그들의 권고에 대해서도 반응하지 않으면
(교회의) 직원들은 그와 같은 이에게는
성례를 베풀지 않음으로써
기독교적 교제에서 배제해야 하고,
그러면 하나님께서도 그들을
그리스도의 왕국에서 배제시키십니다.

그러나 그런 자들이라도 참된 변화를 약속하고 나타내 보이면
그리스도와 그의 교회의 지체들로서
다시 받아들여져야 합니다.

제 3 부: 감사

제 32 주일

(제 86 문) 우리가 우리의 비참함으로부터 우리의 공로에 의하지 않고
그리스도를 통해서 은혜로 구속함을 받았는데,
그런데 왜 우리는 선행을 행해야만 합니까?

(답) 우리를 그의 피로 구속하신 그리스도께서는

또한 그의 성령으로 우리를
그 자신의 형상을 따라 새롭게 하셔서,
우리의 전 삶으로
하나님께서 복 주신 것에 대해서 감사함을 나타내 보이고
우리를 통해 하나님께서 영광을 받으시도록 하시기 때문입니다.
그리고 또한 우리는 그 열매로 우리의 신앙을 확신하게 되고
우리의 선한 삶으로 우리의 이웃을 그리스도에게로 인도할 수 있기 위해서
그리하는 것입니다.

**(제 87 문) 그렇다면, 계속해서 사악하고 감사하지 않는 삶 가운데서
하나님께로 돌이키지 않는 사람들은 구원받을 수 없습니까?**

(답) 결코 구원받을 수 없습니다.
왜냐하면 성경은 정결하지 않은 사람이나, 우상숭배자나, 간음하는 사람이나, 도적이나,
탐하는 사람이나, 술 취하는 사람이나, 중상하는 사람이나, 강도나 그와 같은 사람들은
하나님 나라를 상속받지 못한다고 선언하고 있기 때문입니다.

(제 88 문) 사람의 참된 돌이킴[變改 또는 回心]은 몇 부분으로 구성되어 있습니까?

(답) 두 부분으로 구성되어 있으니,
옛 사람을 죽임과 새 사람을 살림입니다.

(제 89 문) 옛 사람의 죽임이란 무엇입니까?
(답) 그것은 우리가 우리들의 죄들로써 하나님의 진노를 불러 일으켰다는 것을
마음속에서 참으로 슬퍼하고
죄들을 점점 더 미워하고, 그들로부터 도망하는 것입니다.

(제 90 문) 새 사람을 살림이란 무엇입니까?

(답) 그것은 가슴 속 깊은 곳으로부터 하나님을 즐거워하여

우리들로 하여금 모든 선한 일에
하나님의 뜻에 따라 사는 것을
즐거워하게 하는 것입니다.

(제 91 문) 그렇다면 선행이란 무엇입니까?

(답) 선행이란 하나님의 율법에 따라,
하나님의 영광을 위하여,
참된 신앙에서 행해지는 것들입니다.
그러므로 우리 자신의 의견에 따른 것들이나
사람들의 계명에 근거한 것들은 선행이 아닙니다.

제 34 주일

(제 92 문) 하나님의 법이란 무엇입니까?

(답) 하나님께서 이 모든 말씀을 하셨습니다.
출애굽기 20:1-17, 그리고 신명기 5:6-21.
하나님이 이 모든 말씀으로 말씀하여 이르시되
나는 너를 애굽 땅, 종 되었던 집에서 인도하여 낸 네 하나님 여호와니라.

제 1 계명: 너는 나 외에는 다른 신들을 네게 두지 말라.

제 2 계명: 너를 위하여 새긴 우상을 만들지 말고,
또 위로 하늘에 있는 것이나 아래로 땅에 있는 것이나
땅 아래 물속에 있는 것의 어떤 형상도 만들지 말며
그것들에게 절하지 말며 그것들을 섬기지 말라.
나 네 하나님 여호와는 질투하는 하나님인즉
나를 미워하는 자의 죄를 갚되
아버지로부터 아들에게로 삼사 대까지 이르게 하거니와
나를 사랑하고 내 계명을 지키는 자에게는 천 대까지 은혜를 베푸느니라.

제 3 계명: 너는 네 하나님 여호와의 이름을 망령되게 부르지 말라.

제 4 계명: 여호와는 그의 이름을 망령되게 부르는 자를
죄 없다 하지 아니하리라.
안식일을 기억하여 거룩하게 지키라.
엿새 동안은 힘써 네 모든 일을 행할 것이나,
일곱째 날은 네 하나님 여호와의 안식일인즉
너나 네 아들이나 네 딸이나 네 남종이나 네 여종이나
네 가축이나 네 문안에 머무는 객이라도 아무 일도 하지 말라.
이는 엿새 동안에 나 여호와가 하늘과 땅과 바다와
그 가운데 모든 것을 만들고
일곱째 날에 쉬었음이라.
그러므로 나 여호와가 안식일을 복되게 하여 그 날을 거룩하게 하였느니라.

제 5 계명: 네 부모를 공경하라.
그리하면 네 하나님 여호와가 네게 준 땅에서 네 생명이 길리라.

제 6 계명: 살인하지 말라.

제 7 계명: 간음하지 말라.

제 8 계명: 도둑질하지 말라.

제 9 계명: 네 이웃에 대하여 거짓 증거하지 말라.

제 10 계명: 네 이웃의 집을 탐내지 말라.
네 이웃의 아내나 그의 남종이나 그의 여종이나
그의 소나 그의 나귀나 무릇 네 이웃의 소유를 탐내지 말라.

(제 93 문) 이 계명들은 어떻게 구분됩니까?

(답) 두 판으로 구별되니,
그 첫째 부분은 하나님께 대해서 어떻게 행하여야 하는지를 가르쳐주고,
그 둘째 부분은 우리들이 이웃에게 어떤 의무를 가지고 있는지를 가르쳐줍니다.

(제 94 문) 제 1 계명에서 하나님께서 명령하신 것은 무엇입니까?

(답) (제 1 계명에서 하나님께서 명령하신 것은)
나 자신의 영혼의 구원을 참으로 열망하는 만큼
모든 우상 숭배(idolatry)와
사술(sorcery)과 점치는 것과 미신과
성자들이나 다른 피조물들을 부르는 것을 금하고 피하는 것과
유일하신 참 하나님을 바르게 알도록 배우는 것과
그만을 신뢰하고,
겸손과 인내를 가지고 하나님께 순복하며,
모든 선한 일을 오직 하나님으로부터만 기대하고,
나의 모든 마음을 다하여[全心으로]
하나님을 사랑하고 경외하며 영화롭게 하여,
하나님의 뜻에 조금이라도 어긋나는 것을 행해야 하는 상황에서라면
모든 것을 부인하고 버려야 한다는 것입니다.

(제 95 문) 우상숭배란 무엇입니까?

(답) 우상숭배란
당신님의 말씀 가운데서 당신님을 계시하신
참되고 유일하신 하나님 대신에 또는 그 외에
사람들이 의지하는 다른 대상을 가지는 것입니다.

제 35 주일

(제 96 문) 제 2 계명에서 하나님께서 요구하신 것은 무엇입니까?

(답) (제 2 계명에서 하나님께서 우리들에게 요구하신 것은)
그 어떤 방식으로도 하나님을 상(像, image)으로 표현하지 말고,

그의 말씀 가운데서 명령하신 것과는 다른 방식으로 그에게 예배하지 말라는 것입니다.

(제 97 문) 상들은 전혀 만들면 안 됩니까?

(답) 하나님은 그 어떤 방식으로 표상할 수도 없고, 표상화될 수도 없습니다.
물론 피조물의 형상은 만들 수는 있으나,
그것들을 예배하기 위해서나 그것들로 하나님을 섬기기 위해서
피조물의 상을 만들거나 그와 비슷한 것을 만드는 것은 금하신 것입니다.

(제 98 문) 그러나 성도들에게 보여 주기 위해서
상들은 예배당 안에서 사용하거나 하는 것은 허용될 수 있지 않습니까?

(답) 그렇지 않습니다. 우리들은 하나님보다 더 지혜로운 것처럼 하면 안 되니,
하나님께서는 당신님의 백성들을 말 못하는 상들로서가 아니라,
당신님의 말씀의 생동력 있는 선포로 교육시키기를 원하셨기 때문입니다.

제 36 주일

(제 99 문) 세 번째 계명에서 요구하신 것은 무엇입니까?

(답) (세 번째 계명에서 요구하신 것은)
저주나 위증으로만이 아니라 성급한 맹세로도
하나님의 이름을 세속적으로 사용하거나 잘못 사용하지 말라는 것입니다.
또한 침묵으로나 다른 사람들의 죄를 묵인함으로써
그들의 죄에 동참하는 자들이 되지 말라는 것입니다.
요약하자면, 하나님의 거룩한 이름을 참으로 경외하는 방식으로만 사용하라는 것입니다.
그러하여 우리들이 하나님을 바르게 고백하고
바르게 경배를 하며,
우리의 모든 말과 행동을 통해
하나님이 영광스럽게 되셔야 한다는 것입니다.

(제 100 문) 그렇다면 저주나 맹세 때에 하나님의 이름을 잘못 사용하는 것은
그렇게 하는 사람들뿐만 아니라,
그런 저주나 맹세하는 것을 막으려고 애쓰지 않는 사람들에게도
하나님의 저주가 쏟아 부어질 정도로 그렇게 심각하고 악한 죄입니까?

(답) 전혀 의심할 나위도 없이 참으로 그렇습니다.
하나님의 이름을 더럽히는 죄보다
하나님을 더 격동시키는 큰 죄가 없기 때문입니다.
따라서 하나님께서는 그런 자들은 죽음으로 처벌할 것을 명하셨습니다.

제 37 주일

(제 101문) 그렇다면 우리가 하나님의 이름으로
종교적으로 바르게 맹세할 수도 없는 것입니까?

(답) 할 수 있습니다.
통치자가 그 백성들에게 그렇게 맹세하도록 할 때든지,
아니면 하나님의 영광으로 위하고
우리 이웃의 안전을 위하여
신실하거 진리를 증언해야 할 필요성이 있는 때는
하나님의 이름으로 맹세할 수 있습니다.
그런 맹세는 하나님의 말씀에 토대를 가진 것이고,
따라서 구약과 신약의 성도들이 바르게 사용하였던 것입니다.

(제 102 문) 우리들은 성자들이나 다른 피조물들의 이름으로 맹세할 수도 있습니까?

(답) 그럴 수 없습니다. 왜냐하면 합법적인 맹세는
하나님을 마음을 아시는 유일한 분으로,
그러므로 (내 마음의) 진리에 대해서 증거하실 수 있고
만일 내게 거짓으로 맹세하면 나를 벌하실 분으로 불러 아뢰는 것이기 때문입니다.

이와 같은 영예는 그 어떤 피조물에게 줄 수 없는 것입니다.

제 38 주일

(제 103 문) 제 4 계명에서 요구하신 것은 무엇입니까?

(답) (제 4 계명에서 하나님께서 요구하신 것은)
첫째로,
복음 사역과 이를 위한 교육이 유지되어져야 한다는 것입니다.
특히 안식일에는 하나님의 백성들의 모임에 나도 부지런히 참여해야 한다는 것입니다.
하나님의 말씀이 가르치는 바를 배우고,
성례에 참여하며,
하나님께 공적으로 기도하고,
가난한 자들을 위한 기독교적 헌금을 하도록 하기 위해서 말입니다.

둘째로,
세상에 사는 모든 날 동안에
주님께서 성령님으로 내 안에서 역사하도록 하시기 위해
악한 모든 것으로부터 쉬어야 한다는 것입니다.
그리하여 이 세상에서부터
영원한 안식을 시작하도록 하시는 것입니다.

제 39 주일

(제 104 문) 제 5 계명에서 하나님께서는 무엇을 요구하십니까?

(답) 내가 나의 부모님께 대해,
그리고 내 위에 권위를 지닌 모든 이들에게(all in authority over me)
모든 공경과 사랑과 신실함을 보일 것을 요구합니다.
그래서 마땅한 순종하는 마음을 가지고서
나 자신을 그들의 모든 선한 가르침과 고쳐주심에 복속시키며,

그들의 연약함에 대해 인내할 것을 요구하십니다.
왜냐하면 그들의 손을 통해서 우리를 통치하시는 것이
하나님의 뜻이시기 때문입니다.

제 40 주일

(제 105 문) 제 6 계명에서 하나님께서 무엇을 요구하십니까?

(답) (제 6계명에서 하나님께서 요구하신 것은)
생각으로나 말로나 몸짓으로나 더구나 행동으로
나의 이웃을 불명예스럽게 하거나, 미워하거나, 상하게 하거나,
나 자신이나 다른 사람들에 의해 죽이지 말 뿐만 아니라,
복수하려는 모든 욕망을 내려놓으라는 것입니다.
또한 나 자신을 해치지도 말고,
자신을 의도적으로 위험에 노출시키지도 말라는 것입니다.
이것을 위해서 위정자들은 살인을 막도록 하기 위해
칼로 무장하게 된 것입니다.

(제 106 문) 이 계명은 오직 살인에 대해서만 말하는 것입니까?

(답) 살인하는 것을 금하실 때에 하나님께서는
시기라든지, 미움이라든지, 분노라든지, 보복(報復)하려고 하는 욕망이든지,
살인의 원인이 되는 것들도 역겨워하신다고 가르치십니다.
그러므로 하나님께서는 이 모든 것들도 살인과 같이 여기시는 것입니다.

(제 107 문) 위에서 언급한 방식으로 어떤 사람을 죽이지 않는 것으로
족하지 않습니까?

(답) 그렇지 않습니다. 하나님께서 시기와 이움과 분노를 금하셨을 때,
하나님께서는 우리 이웃을 우리와 같이 사랑하도록 명령하셨습니다.

즉, 그에게 인내와 평화와 온유함과
자비와 모든 친절함을 베풀라고 하셨습니다.
그리고 그가 해쳐지는 것을 우리가 해쳐지는 것만큼 금하라고 하셨습니다.
우리들로 선을 행하되, 원수들에게까지 그리하라고 하신 것입니다.

제 41 주일

(제 108 문) 제 7 계명이 우리들에게 가르치는 것은 무엇입니까?

(답) (제 7 계명이 우리들에게 가르치는 것은)
모든 부정함은 하나님께서 저주하시는 것이라는 것입니다.
그러므로 우리들은 거룩하게 혼인한 상태에서나 독신으로 있을 때에도
우리의 전심(全心)으로 부정함을 혐오해야 하고,
정숙하고 절제하면서 살아야 합니다.

(제 109 문) 하나님께서는 이 계명에서 간음이나 그와 같은 심각한 죄들만 그하신 것입니까?

(답) 하나님께서는 우리들의 몸과 영혼이 모두 성령님의 전(殿)이므로
전인을 순결과 거룩하게 보존해야 한다고 명령하셨습니다.
그러므로 하나님께서는 사람들을 간음 등에로 이끌 수 있는
모든 정숙하지 않은 행동들과 몸짓과
말과 생각과 갈망들까지도 금하신 것입니다.

제 42 주일

(제 110 문) 제 8 계명에서 하나님께서 금하신 것은 무엇입니까?

(답) 하나님께서는 세상 통치자들이 형벌하게 되어 있는

도적질이나 강도질만을 금하신 것이 아닙니다.
하나님께서는 도적질이라는 이름 아래 많은 것을 포괄하여 금하셨으니,
우리 이웃에게 속해 있는 재회를 우리의 것으로 만들기 위해 고안한
모든 사악한 사기나 방식을 모두 금하신 것입니다.
강압적인 방식으로 그리하는 것은 물론이거니와
공정하지 못한 추(unjust weights)를 사용하거나
그런 척도나 도량형을 사용하거나,
유사품을 만들거나 위조 동전이나 사전을 만드는 것이나
고리 대금을 하거나 하나님께서 금하신 그 어떤 방법을 사용하든지 간에,
합법적인 것처럼 보이는 방식으로라도 그리하는 것을 금하신 것입니다.
또한 하나님께서는 모든 탐심도 금하셨고, 하나님의 은사의 오용과 남용도 금하신
것입니다.

(제 111 문) 하나님께서 이 계명에서 요구하신 것은 무엇입니까?

(답) (하나님께서 이 계명에서 요구하신 것은)
내가 가질 수 있는 모든 기회에 나의 이웃의 유익을 증진시키라는 것입니다.
그리고 다른 사람들이 나에 해 주었으면 하는 그런 방식으로 그를 대하고,
더 나아가 신실하게 노력해서
필요한 자들의 필요를 채우려고 하라는 것입니다.

제 43 주일

(제 112 문) 제 9 계명이 요구하는 것은 무엇입니까?

(답) (제 9 계명이 요구하는 것은)
그 누구에 대해서도 거짓 증언을 하지 말고,
그 어떤 사람의 말도 거짓되게 만들지 말며,
뒤에서 욕하는 사람이나 중상(中傷)하는 사람이 되지 말고,
성급하거나 (상황에 대해서) 듣지 않고서 판단하거나
어떤 사람을 정죄하는 데에 감당하지 말고,
모든 거짓과 사기를 마귀의 적절한 행위들로 여겨 피하고,

그리하지 아니하면 하나님의 무거운 저주를 가져 올 것임을
분명히 하라는 것입니다.
그와 같이, 판단에서나 다른 모든 일에서
진리를 사랑하고, 진리에 대해서 바르게 말하고 고백하며,
할 수 있는 한 나의 이웃의 명예와 선한 성품을
변호하고 증진시키는데 힘쓰라는 것입니다.

제 44 주일

(제 113 문) 제 10 계명의 목적은 무엇입니까?

(답) 하나님의 계명들 중 어떤 것에 대해서라도 반대되는
최소한의 욕망이나 생각도
우리의 마음에 일어나서는 안 된다는 것입니다.

오히려 우리들은 우리의 모든 마음을 다하여
항상 죄를 미워해야만 하고,
옳은 모든 것을 기뻐해야 한다는 것입니다.

(제 114 문) 하나님께로 돌이킨 사람들은 이 계명들을 완벽하게 지킬 수 있습니까?

(답) 그렇지 않습니다.
가장 거룩한 사람들이라도,
이 세상에서 사는 동안에는
마땅히 해야 하는 순종의 지극히 작은 부분을 순종하기 시작한 것뿐입니다.
(have only a small beginning of this obedience)
비록 그럴지라도 그들은 진지한 결단으로 그저 몇 계명만을 따라서가 아니라,
하나님의 모든 계명들을 따라 사는 일을 시작한 것입니다.

(제 115 문) 이 세상에서는 그 누구도 이 계명들을 다 지킬 수 없다면,

하나님께서는 십계명에 대해서 왜 그렇게 엄격하게 설교하게 하십니까?

(답) 무엇보다 먼저,
우리가 이 세상을 사는 동안 우리들의 죄된 본성을 더 잘 배워 알도록 하시며,
그럼으로써 그리스도 안에 있는 죄의 용서와 의를
더 진지하게 추구하도록 하시려는 것입니다.
또한 우리들로 하여금 끊임없이 노력하고 성령의 은혜를 간구하게 하셔서,
우리들이 점점 더 하나님의 형상에 합당하게 하시려는 것입니다.
급기야 오는 세상에는 우리에게 약속된 그 온전함에 이르기까지 말입니다.

제 45 주일

(제 116 문) 그리스도인들은 왜 기도할 필요가 있습니까?

(답) 왜냐하면 기도는 하나님께서 우리에게 요구하시는
감사의 가장 중요한 부분이기 때문입니다.

또한 하나님께서는 이 은사들을 하나님께 구하고,
그로 인해 감사하면서 끊임없이 기도하고
내적으로 신음하는 이들에게만
그의 은혜와 성령을 주시기 때문입니다.

(제 117 문) 하나님께서 받으실만 하고 들으시도록 하기 위해서
우리가 어떻게 기도해야만 합니까?

(답) 첫째로, 우리는 당신님 자신을 그의 말씀에서 계시하셔서
모든 것에 대하여 구하라고 하신 한 분,
참 하나님께만
우리의 심령으로부터 기도해야만 합니다.

둘째로, 우리는 그 어떤 것도 숨기지 말고,

그의 엄위하신 임재 앞에 우리 자신을 낮추어서
우리의 필요와 비참함을 인정해야만 합니다.

셋째로, 비록 우리가 그것을 받을 만하지 못하지만,
우리의 주이신 그리스도 때문에
하나님께서 분명히 우리의 기도를 들으실 것이라는
이 흔들림 없는 기초에 근거해야 합니다.
그것이 하나님께서 그의 말씀 가운데서 약속하신 것입니다.

(제 118 문) 하나님께서는 우리에게 무엇에 대하여 구하라고 명령하셨습니까?

(답) 그리스도 우리 주님께서
친히 우리에게 가르치신 기도에 포함되어 있는 대로
영육간에 우리가 필요로 하는 모든 것에 대하여
(구하라고 하셨습니다.)

(제 119 문) 주께서 가르치신 기도는 무엇입니까?

(답) 하늘에 계신 우리 아버지여,
이름이 거룩히 여김을 받으시오며,
나라가 임하시오며,
뜻이 하늘에서 이루어진 것 같이
땅에서도 이루어지이다.
오늘 우리에게 일용한 양식을 주시옵고,
우리가 우리에게 죄 지은 자를 사하여 준 것 같이
우리 죄를 사하여 주시옵고,
우리를 시험에 들게 하지 마옵시고,
다만 악에서 구하시옵소서.
(대개 나라와 권세와 영광이
아버지께 영원히 있사옵나이다. 아멘.)

제 46 주일

(제 120 문) 왜 그리스도께서는 우리로 하여금
하나님을 "우리 아버지"라고 부르도록 하셨습니까? "

(답) 우리의 기도의 가장 앞부분에 그리스도께서는
우리 안에 우리의 기도에 가장 기본적인 것을 일으키기를 원하십니다.
어린 아이 같은 경외와 신뢰.
하나님께서 그리스도를 통하여 우리 아버지 되심을 말입니다.

우리의 아버지들이 이 세상에 속한 것들을 우리에게 주는 것보다
우리 아버지 하나님께서는
우리가 신앙으로 구하는 것을 더해 주실 것임이 분명합니다.

(제 121 문) "하늘에 계신"이라는 말이 여기 붙여진 이유는 무엇입니까?

(답) 우리들로 하여금 하나님의 천상적 엄위에 대한
어떤 지상적인 개념을 가지지 않도록 하기 위해서,
그리고 몸과 영혼을 위해 필요한 모든 것을
그의 전능한 능력에 기대하도록 하기 위해서
("하늘에 계신"이라고 고백하도록 하신 것) 입니다.

제 47 주일

(제 122 문) 첫째 기원은 무엇입니까?

(답) "이름이 거룩히 여김을 받으시오며"
즉
우리들로 하여금 하나님 당신님을 참으로 알며,
당신님의 모든 일에 대하여서와

그로부터 빛나는 모든 것에 대하여서,
즉 당신님의 전능하신 능력, 지혜, 인자하심, 의로우심, 자비,
그리고 진리를 축복하고, 경배하며,
찬양하도록 우리들을 도와주시옵소서.

또한
우리의 모든 삶을 잘 통제하도록 도우소서!
우리들이 생각하는 것, 말하는 것,
그리고 행하는 것을 말입니다.
그리하여 우리들 때문에 당신님의 이름이
결코 모독을 받지 않도록 하옵시며,
언제나 영광을 받으시고, 찬양을 받으시옵소서.

제 48 주일

(제 123 문) 둘째 기원은 무엇입니까?

(답) "당신님의 나라가 임하옵시며."
즉,
우리들이 점점 더 당신님께 순종해 가도록
우리들을 당신님의 말씀과 성령님으로 다스리시옵소서.
당신님의 교회를 강하게 하옵시며, 더하여 주시옵소서.
악마의 사역을 멸하시고,
당신님께 반역하는 모든 세력을 파괴하시며,
당신님의 말씀에 반하는 모든 모략을 멸하소서.
당신님의 나라가 온전하여져서
그 안에서 당신님이 모든 것 안에 모든 것이 되시기까지 그리하옵소서.

제 49 주일

(제 124 문) 셋째 기원은 무엇입니까?

(답) "당신님의 뜻이 하늘에서 이룬 것처럼 땅에서도 이루어지리이다."
즉,
우리들과 모든 사람들이 우리들 자신의 의지를 버리고서
아무런 불평 없이 당신님의 뜻에 순종하게 도와주옵소서.
당신님의 뜻만이 선하옵나이다.

우리들 각자로 하여금 하늘의 천사들처럼
자원해서, 그리고 신실하게
우리들이 부름 받은 그 사역을 수행할 수 있도록 도우소서.

제 50 주일

(제 125 문) 넷째 기원은 무엇입니까?

(답) "오늘 우리에게 일용한 양식을 주옵시며."
즉,
우리들의 모든 물리적 필요를 돌보아 주소서.
그리하여 우리들로 하여금 당신님만이 모든 선한 것의 유일한 원천이시요,
당신님의 축복이 없이는 우리의 노력이나 근심과 염려, 또 그 어떤 은사도
그 어떤 선을 이룰 수 없음을 알게 하여 주옵소서.
그리고 우리들로 하여금 그 어떤 피조물에게 신뢰를 두지 않고,
오직 당신님에게만 신뢰를 드릴 수 있도록 도우소서.

제 51 주일

(제 126 문) 다섯째 기원은 무엇입니까?

(답) "우리가 우리에게 죄 지은 자를 사하여 준 것같이
우리 죄를 사하여 주옵소서."
즉,

우리들 자신은 비록 심각한 죄인들이지만, 그리스도의 피를 보셔서
우리들이 행하는 그 어떤 죄나 우리들이 끊임없이 집착하는 악 때문에
우리들에게 대립하여 서지 마소서.
우리들 안에 있는 당신님의 은혜의 증거로서
우리들이 우리의 이웃을 용서하기로 온전히 결심하는 것처럼
우리들을 용서하여 주시옵소서.

제 52 주일

(제 127 문) 여섯째 기원은 무엇입니까?

(답) "우리를 시험에 들게 하지 마옵시고,
다만 악에서 구하시옵소서."
즉,
그러니 주님이시여,
당신님의 성령님의 힘으로써 우리들을 붙들어 주시고,
강하게 하여 주시옵소서.
그리하여 우리들이 이 영적 전투에서 패하지 않도록 하시며,
우리들이 온전한 승리를 종국적으로 얻기까지
우리들의 적들에게 확고하게 저항할 수 있도록 하옵소서.

(제 128 문) 주께서 가르치신 기도는 어떻게 마쳐집니까?

(답) "대개 나라와 권세와 영광이 영원히 아버지께 있사옵나이다."
즉,
우리들이 이 모든 것을 당신님께 구한 것은
당신님은 전능하신 왕이시요,
당신님은 모든 선한 것들을 우리들에게 주시기를 원하실 뿐 아니라,
실제로 주실 수 있기 때문이며,
우리들 자신이 아니라 당신님의 거룩하신 이름이
영원히 모든 찬양을 받으셔야 하기 때문입니다.

(제 129 문) "아멘"이라는 말은 무엇을 표현합니까? "

(답) "아멘"은 다음과 같은 것을 의미합니다:
이것은 분명히 이루어질 것입니다!
내가 나 자신이 기도한 것을 실제로 원하는 것보다도
하나님께서 나의 기도에 더 귀 기울이신다는 것은 분명합니다.

저자 소개

지은이는 개혁신학을 전문적으로 연구하는 이로서 현재 합동신학대학원 대학교 조직신학 교수로 있다. 총신대학교 기독교 교육과 졸업(B. A.)하고, 서울대학교 대학원에서 윤리학과 가치 교육에 관한 논문으로 석사 학위를 취득하고, 합동신학원을 졸업하였으며, 영국 The University of St. Andrews 신학부에서 연구(research)에 의한 신학 석사(M. Phil., 1985) 학위와 신학 박사(Ph. D., 1990)를 취득하였고, 미국 Yale University Divinity School에서 연구원(Research Fellow)로 있다가(1990-1992) 귀국하여, 웨스트민스터신학원(1992-1999)과 국제신학대학원대학교(1999-2009)에서 조직신학 교수, 부총장 등을 역임한 후, 지금은 합동신학대학원대학교의 조직신학 교수로 있다.

그 동안 다음 같은 책을 내었다.

『현대 영국 신학자들과의 대담』(대담 및 편집). 서울: 엠마오, 1992.

『개혁신학에의 한 탐구』. 서울: 웨스트민스터 출판부, 1995, 재판, 2004.

『교회론 강설: 교회란 무엇인가?』 서울: 여수룬, 1996, 2판, 2002. 개정판. 서울: 도서
       출판 나눔과 섬김. 2010. 3쇄, 2014. 2016, 2018. 재개정판, 서울: 말씀
       과 언약, 2020.

『하이델베르크 요리문답 강해 1: 진정한 기독교적 위로』. 서울: 여수룬, 1998, 2002.
       개정판. 서울: 도서출판 나눔과 섬김, 2011. 2쇄. 2013. 3쇄, 2015. 본서.

『하이델베르크 요리문답 강해 2: 성령의 위로와 교회』. 서울: 이레서원, 2001, 2003,
       2005, 2009, 2013, 2016, 2018.

『인간 복제: 그 위험한 도전』. 서울: 예영, 2003. 개정판, 2006.

『기독교 세계관이란 무엇인가』. 서울: SFC, 2003. 개정판 5쇄, 2009. 재개정, 2014,
       2016, 2018.

『기독교 세계관으로 바라보는 21세기 한국 사회와 교회』. 서울: SFC, 2005; 2쇄,
       2008; 3쇄, 2010; 4쇄, 2013

『사도신경』. 서울: SFC, 2005, 개정판, 2009. 재개정판, 2013, 2019. 개정판. 서울 :
       CCP. 2018.

Kierkegaard on Becoming and Being a Christian. Zoetermeer: Meinema, 2006.

『21세기 개혁신학의 동향』. 서울: SFC, 2005, 2쇄, 2008. 개정판. 서울: CCP, 2018

『한국 교회가 나아 갈 길』. 서울: SFC, 2007, 2011. 개정판. 서울: CCP, 2018.

『코넬리우스 반틸』. 서울: 도서출판 살림, 2007, 2012.

『전환기의 개혁신학』. 서울: 이레서원, 2008, 2쇄, 3쇄, 2016.

『광장의 신학』. 수원: 합신대학원출판부, 2010, 2쇄.

『우리 사회 속의 기독교』. 서울: 도서출판 나눔과 섬김, 2010, 2쇄.
       개정판, 『거짓과 분별』. 서울: 예책, 2014.

『개혁신학 탐구』. 서울: 도서출판 하나, 1999, 2001.
       개정판, 수원: 합신대학원 출판부, 2012.

『톰 라이트에 대한 개혁신학적 반응』. 수원: 합신대학원 출판부, 2013.

『우리 이웃의 신학들』. 서울: 도서출판 나눔과 섬김, 2014. 2쇄, 2015.

『묵상과 기도, 생각과 실천』. 서울: 도서출판 나눔과 섬김, 2015.

『하이델베르크 요리문답강해 3 : 위로받은 성도의 삶』. 서울: 나눔과 섬김, 2015,
　　　　2쇄, 2017. 개정판, 서울: 말씀과 언약, 2020.

『성경신학과 조직신학』. 서울: SFC, 2018.

『하나님께 아룁니다』. 서울: 말씀과 언약 2020.

『교회, 그 그리운 이름』. 서울: 말씀과 언약, 2021.

『데이비드 웰스와 함께 하는 하루』. 서울: 말씀과 언약, 2021.

『성경적 종말론과 하나님 백성의 삶』. 서울: 말씀과 언약, 2022.

저자 번역선

Bavinck, Herman. *The Doctrine of God.* 『개혁주의 신론』 서울: 기독교문서선교회,
　　　　1988, 2001.

Berkouwer, G. C. *Church.* 나용화와 공역. 『개혁주의 신론』 서울: 기독교문서선교
　　　　회, 2006.

Bockmuehl, K. *Evangelical Social Ethics.* 『복음주의 사회 윤리』 서울: 엠마오, 1988.

Bloesch, Donald. *Ground of Certainty.* 『신학 서론』 서울: 엠마오, 1986.

Clark, James Kelly. *Return to Reason.* 『이성에로의 복귀』 서울: 여수룬, 1998.

Harper, Norman E. *Making Disciples.* 『현대 기독교 교육』 서울: 엠마오, 1984. 개
　　　　정역. 서울: 토라, 2005.

Holmes, Arthur. *The Contours of a World View.* 『기독교 세계관』 서울: 엠마오,
　　　　1985. 개정역, 서울: 솔로몬, 2018.

Helm, Paul. *The Providence of God.* 『하나님의 섭리』 서울: IVP, 2004.

Hick, John, Clark Pinnock, Alister E. McGrath et al., 『다원주의 논쟁』 서울: CLC,
　　　　2001.

Klooster, Fred H. *A Mighty Comfort.* 『하이델베르크 요리문답에 나타난 기독교 신
　　　　앙』 서울: 엠마오, 1993. 개정역. 『하나님의 강력한 위로』 서
　　　　울: 나눔과 섬김, 2014.

Ladd, G. E. *Last Things*. 『마지막에 될 일들』 서울: 엠마오, 1983. 개정역. 『개혁주의 종말론 강의』 서울: 이레서원, 2000.

Lee, F. Nigel. *The Origin and Destiny of Man*. 『성경에서 본 인간』 서울: 엠마오, 1984. 개정역. 서울: 토라, 2006.

Melanchton, Philip. *Loci Communes, 1555*. 『신학 총론』 서울: 크리스천 다이제스트사, 2000.

Morris, Leon. *Cross in the New Testament*. 『신약의 십자가』 서울: CLC, 1987.

──────. *Cross of Christ*. 조호영과의 공역. 『그리스도의 십자가』 서울: 바이블리더스, 2007.

Noll, Mark and Wells, David, eds. *Christian Faith and Practice in the Modern World* 『포스트모던 세계의 기독교 신학과 신앙』 서울: 엠마오, 1994.

Packer, J. Ⅰ. *Freedom, Authority and Scripture*. 『자유, 성경, 권위』 서울: 엠마오, 1983.

Reymond, Robert L. *The Justification of Knowledge*. 『개혁주의 변증학』 서울: CLC, 1989.

Stibbs, A. M. and Packer, J. Ⅰ. *The Spirit Within You*. 『그리스도인 안에 계신 성령』 서울: 웨스트민스터 출판부, 1996.

Van Til, Cornelius. *The Reformed Pastor and Modern Thought*. 『현대사상과 개혁신앙』 서울: 엠마오, 1984. 개정역. 서울: SFC, 2009.

──────. *An Introduction of Systematic Theology*. 『개혁주의 신학 서론』 서울: CLC, 1995. 강웅산과의 개정역. 서울: 크리스챤, 2009.

Vos, Geerhardus. *Biblical Theology*. 『성경신학』 서울: CLC, 1985; 개정판, 2000.

──────. *Self-Disclosure of Jesus*. 『예수의 자기 계시』 서울: 엠마오, 1987. 개정역, 서울: 도서출판 그 나라, 2014.

──────. *Pauline Eschatology*. 오광만 교수와 공역. 『바울의 종말론』 서울: 엠마오, 1989.

Weber, Robert. *Secular Saint*. 『기독교 문화관』 서울: 엠마오, 1985. 개정역. 토라, 2008.

Wells, David. *The Person of Christ*. 『기독론: 그리스도는 누구신가?』 서울: 엠마오, 1994. 개정역. 서울: 부흥과 개혁사, 2015.

Yandel, Keith E. *Christianity and Philosophy*. 『기독교와 철학』 서울: 엠마오, 1985. 개정역. 서울: 이컴비즈니스, 2007.